Heinz Kotte • Rüdiger Siebert

LAOS

Aufbruch am Mekong

Mit einem Vorwort von Hans U. Luther

HORLEMANN

Die Deutsche Bibliothek – CIP-Einheitsaufnahme
Für diese Publikation ist ein Titeldatensatz
Der Deutschen Bibliothek erhältlich

© 2002 Horlemann
Alle Rechte vorbehalten
© 2002 aller Bilder
Rüdiger Siebert / Heinz Kotte

Bitte fordern Sie unser aktuelles Gesamtverzeichnis an
Horlemann Verlag • Postfach 1307 • 53583 Bad Honnef
Telefax (0 22 24) 54 29 • E-Mail: info@horlemann-verlag.de
Internet: www.horlemann-verlag.de

Gedruckt in Deutschland

1 2 3 4 5 | 05 04 03 02

Inhalt

7   Vorwort

10 Das Geheimnis der Tonkrüge

Geographie
20 Binnenland in Bedrängnis: Von allen Nachbarn bedroht
25 Grenzerfahrungen

Geschichte I
34 Das Erbe der Khmer: Funan, Chenla, Aufstieg und Fall von Angkor
39 Lingam im Reisfeld

Geschichte II
50 Fremdbestimmung: Siam, Frankreich und Vietnam mischen sich ein
57 Grabmal am Fluß
63 Boules und Baguettes

Geschichte III
68 Der geheime Krieg: Von der französischen
    Kolonialzeit zur amerikanischen Intervention
77 Der geschändete Buddha
84 Eine kleine alte Frau erinnert sich
89 Explosive Ernte noch nach drei Jahrzehnten

Politik der Gegenwart
98   Der Übergang: Sozialistisches System und marktwirtschaftliche Öffnung
108 Brückenschläge
112 Politische Unterdrückung und die Qual der Gefangenen
122 Ein Agrarexperte und sein wechselndes Saatgut
130 Ein Damm, Asche und Proteste

Wirtschaft
140   Umstrittene Reform: Armut und Ausverkauf des Landes
151   Der neue Ho-Chi-Minh-Pfad
160   Backpackers und Minderheiten
165   Lao Robusta und die Bruderhilfe
169   Mit deutscher Hilfe zum professionellen Durchblick

Gesellschaft und Kultur
176   Ethnische Vielfalt: Auf der Suche nach Identität
185   Veränderungen in Luang Prabang
196   Palmblätter und Computer
206   Die Stimme ihrer Herren
210   Kleine Brötchen und das Filmemachen
214   Frauen, Schnaps und Selbstbewußtsein

Perspektiven
224   Das Land dazwischen: Laos wohin?
231   Discolärm nach Sonnenuntergang
236   Im Wirbel der Geschichte

243   Zeittafel
247   Glossar
251   Literaturauswahl
254   Die Autoren

Vielen Dank

an alle, die unsere Reise unterstützt, Gesprächspartner vermittelt, auf Literatur hingewiesen und das Manuskript durchgesehen haben, besonders an Christiane Oermann, Holger und Boundeun Grages, Ines Wiedemann und Jens Berger vom Deutschen Entwicklungsdienst in Laos sowie Gottfried Wirtz in Bonn, Hans U. Luther und Frank Tibitanzl von der Gesellschaft für Technische Zusammenarbeit in Vientiane, Bounthone und Sysay Chanthavixay in Hagen, Jutta Krahn in Köln und Laos, Volker Grabowsky von der Universität Münster, Jörg Wischermann von der Freien Universität Berlin sowie die Laotinnen und Laoten, die aus Sicherheitsgründen nicht genannt werden können.

h.k. / r.s.

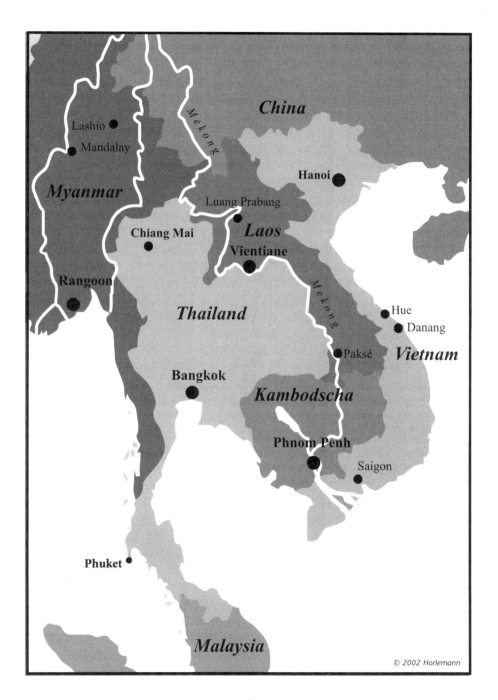

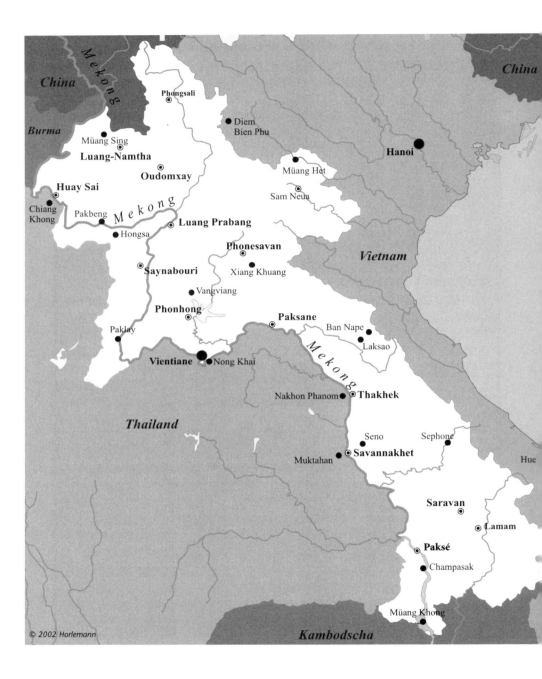

Vorwort

Zu Laos gibt es noch immer wenig zuverlässige Informationen und Daten. Nach einer offiziellen Pressekonferenz sagte mir einmal ironisch ein laotischer Beamter: „Wenn Sie nun glauben, alles verstanden zu haben, dann sind Sie wieder mal schlecht informiert."

Laos ist kein sozialistisches Land im Sinne der marxistischen Theorie – und es ist auch nie eins gewesen. Es ist aber eines der wenigen Länder in der Welt, in dem noch eine pro-sozialistische Regierung an der Macht ist. Reformbereitschaft in Richtung genuiner Demokratie und Marktwirtschaft ist hier oft nur ein rhetorisches Manöver, um mehr ausländische Hilfe zu bekommen und somit das Überleben der fragilen Einparteienherrschaft zu sichern.

Im Prinzip basiert das sozio-ökonomische System des Landes auf einer „Familienökonomie", wie sie auch immer wieder mit Nachdruck von Partei und Regierung propagiert wird. Das Problem dabei ist jedoch, daß die wichtigen Bereiche der Wirtschaft und die natürlichen Ressourcen des Landes in den Händen von einigen *wenigen* Familien liegen, deren Hauptinteresse es ist, ihren Besitzstand zu verteidigen oder wenn möglich noch zu vergrößern. Von dieser *Macht*wirtschaft zur Marktwirtschaft ist es noch ein langer Weg. Deshalb ist auch die Angst bei den Verwaltern der Staatsmacht groß, daß umfassende Reformen den sozialen und politischen *status quo* nachhaltig verändern könnten „If we are not careful, we would reform ourselves out of office", sagte mir einmal ein laotischer Minister.

So ist zum Beispiel die Bewältigung des Hauptproblems der laotischen Landwirtschaft, nämlich der Übergang von extensiver zu intensiver Bodennutzung, bisher daran gescheitert, daß flankierende Reformen versäumt wurden und es deshalb für die Bauern wenig Anreize gibt, die traditionelle Subsistenzwirtschaft und Brandrodung aufzugeben. Aufgrund des Reformstaus ist Laos auch zu einem – allerdings selten zitierten – Stolperstein der internationalen Entwicklungsindustrie geworden. In der Zeit zwischen 1986, dem Beginn der Reformen, bis 2000 ist der Anteil der Entwicklungshilfe von 6% des Bruttosozialprodukts auf über 20% gestiegen. Die Zahlen zeigen, daß Laos besonders in der letzten Dekade immer abhängiger von ausländischer Hilfe geworden ist. Nicht die Menge der Produktion von Gütern und Dienstleistungen bestimmt die Wirtschaft sondern das Volumen der ausländischen Hilfsleistungen.

Es zeigt sich dabei aber auch, daß die Geberländer Reformen nicht kaufen können.

Vielmehr haben üppige Hilfsmaßnahmen den sozialen Druck gemildert und dringend notwendige Reformen verhindert. Nur die enge Koppelung von Reformen *und* Hilfe hat langfristig Aussicht auf Erfolg.

Laos war das letzte der drei ehemaligen Indochina-Länder welches nach Vietnam und Kambodscha 1975 von pro-sozialistischen Kräften erobert wurde. Es wird wahrscheinlich auch das letzte der drei Länder sein, in dem sich das Regime umfassend verändert. Weiter gilt also die Devise: Alles muß nach Veränderung aussehen, damit es so bleiben kann, wie es ist.

Das ist den Touristen nur recht, denn sie suchen das „traditionelle" Asien wie es noch zu Discountpreisen vor Modernisierung und Globalisierung im Angebot war. Solche pittoreske Rückständigkeit bedeutet aber auch bittere Armut, hohe Kindersterblichkeit und dürftige medizinische und schulische Versorgung für den größten Teil der Bevölkerung.

Über Laos gibt es wenig zu lesen – schon gar nicht auf Deutsch. Heinz Kotte und Rüdiger Siebert haben mit diesem Buch einen wichtigen und sehr lesbaren Beitrag zum besseren Verständnis von Laos geleistet. Sie haben eine Fülle von Informationen und Beobachtungen gesammelt und in einer Mischung von Reisenotizen und sozialhistorischen Fakten geschickt aufgearbeitet. Leider ist vieles davon auch den meisten Laoten nicht bekannt. Deswegen ist es sehr schade, daß dieses Buch nicht auch auf Laotisch – oder zumindest auf Englisch – verfügbar ist. Es trifft nämlich auch in diesem Lande auf ein eklatantes Informationsdefizit und damit auf eine große Marktlücke.

Hans U. Luther
Vientiane, im März 2002

Das Geheimnis der Tonkrüge

Das Geheimnis der Tonkrüge

Die betagte klapprige Propellermaschine chinesischer Bauart schraubt sich von Luang Prabang in den Himmel über den Bergen und kämpft mit ihren zwölf Passagieren gegen böigen Gegenwind an. Mir ist, als habe ich mich einer Coladose mit Flügeln anvertraut. Das Schwanken reizt die Magengegend. Sollte mein Unterwegs-Sein ausgerechnet in Laos ein jähes Ende finden? Die grünen Gipfel bleiben zurück. Nach einer halben Stunde breitet sich in der Tiefe ödes flaches Land aus, kahl, ausgetrocknet, braun; umgeben von Hügeln im blauen Dunst. Das könnte auch die Innere Mongolei sein. Doch es ist die Ebene der Tonkrüge. The Plain of Jars.

Das Wort haftet tief im politischen Gedächtnis. Was während des Vietnamkriegs ein strategischer Terminus war, eine Chiffre für Dauer-Bombardement, Inbegriff maßloser Zerstörung und ungeahnten Leides, liegt plötzlich als ein riesiger löchriger Teppich unter uns. Was ist das? Brandflecken? Pockennarben? Genaues Hinschauen. Krater sind es. Unverkennbar. Bombentrichter zu Hunderten. Nach all den Jahren sind sie makabre Kennzeichen der Ebene der Tonkrüge geblieben. Nein, das ist keine heitere Landschaft, doch sie packt einen auf geheimnisvolle Weise bereits bei der Draufsicht. Schon beim Anflug zur neuen Provinzhauptstadt Phonesavan kommt Geschichte in den Blick.

Wir sind in einem Land unterwegs, das stets von mächtigen Nachbarn bevormundet, beherrscht, geprägt worden war. Ein Nebenschauplatz der Geschichte, in der die Menschen häufiger auf die Machtgelüste der Anrainer reagierten, als daß sie selbst in kriegerisch raumgreifender Attacke agierten. Das Land dazwischen. Wir sind unterwegs auf der Suche nach der Eigenart dieses Staates und seiner Menschen, die keinen direkten Zugang zum Meer haben und immer darauf angewiesen waren, den Ausgleich, den Kompromiß mit den anderen zu finden. Im Westen der große Bruder Thailand, wo mehr ethnische Laoten leben als in Laos – auch das Ergebnis kolonialer Grenzziehung. Im Osten und Süden die einstigen Indochina-„Brüder" Vietnam und Kambodscha, die die administrative Willkür französischer Vorherrschaft zusammenbrachte. Im Norden die Grenze zu Burma/Myanmar und zur übermächtigen Volksrepublik China. Der Spielraum für Eigenständigkeit ist im Gefolge der Auflösung der kommunistischen Welt, der Globalisierung, der Abhängigkeit von internationalen Finanzplätzen und der grenzüberschreitenden Massenmedien noch komplizierter geworden. Durch die rigorose Abschottungspolitik bis in die jüngste Vergangenheit hat die laotische Führung gemäß der uralten Maxime im Lande, nur nichts zu überstürzen, weder kritische Geister geduldet, noch ein Klima öffentlichen Gedankenaustauschs zugelassen. Eine „bürgerliche" Elite, die nach mehr Einfluß und Beteiligung an der politischen Macht verlangen würde, konnte sich bislang gar nicht heranbilden. Die politische Öffnung findet nur sehr zögerlich statt. Transit Laos.

Wir setzen die Reise fort, die in den eigenen Biographien über Jahrzehnte andauert und auf unterschiedliche Weise individuelle Weltbilder und politische Perspektiven bestimmte. Für den einen, für Heinz Kotte, reicht die erste Begegnung mit Südostasien in die Jahre des Vietnamkrieges der 1960er Jahre zurück: Theologe, Sanitäter, Sozialarbeiter, der sich vor Ort einmischte, Leid zu lindern, das ihm selbst zum Trauma werden sollte, unauslöschlich. Für den anderen, für Rüdiger Siebert, begann die Auseinandersetzung mit Südostasien in Indonesien zu Anfang der 1970er Jahre: Journalist, Schriftsteller, Kritiker jener menschenverachtenden Suharto-Diktatur, die sich auf einem Berg von Leichen etablierte, den Ermordeten im Machtkampf von 1965/66. Über Opfer und Täter war in all den folgenden Jahren zu schreiben gewesen. Solcher Zugang zu Südostasien aus unterschiedlicher Sicht und Beteiligung schärft den Blick, schafft Distanz und verlangt doch immer wieder erneuerte Nähe zu Menschen und Landschaften, zu Politik und Kultur: trotz allem.

So sind wir denn abermals unterwegs, nach den gemeinsamen Reisen in Vietnam und Kambodscha und den gemeinsam verfaßten Büchern über diese Länder, ein weiteres Land zu erkunden, das auf den Trümmern der Kriege und fremdbestimmten Ideologien seinen neuen Anfang, seine Identität sucht. Beide schauen wir aus den Fenstern des kleinen Flugzeuges hinab auf die geschundene Hochebene mit den Runzeln des Alters und den Narben der Kriege. Unsere Blicke treffen sich. Kein Wort. Ein Kopfschütteln nur. Soviel Unbegreifliches da unter uns.

Neben dem Militärflugplatz rollt die Coladose aus, holpernd gelandet im zivilen Bereich. In der Abfertigungsbaracke registrieren Soldaten mit verschlossener Amtsmiene die Ankunft, so mißtrauisch, als seien die Besucher in ein neues Land eingereist und befänden sich nicht längst mit gültigem Visum in diesem Laos, wo das kommunistische Regime einen schwierigen Balanceakt vollführt: einerseits die Macht des Politbüros zu erhalten, andererseits den Markt der Privatwirtschaft zu öffnen. Die rote Fahne mit Hammer und Sichel und die blauweißrote Nationalflagge wehen in zwillingshafter Eintracht nebeneinander. Touristen sind willkommen. Aber hier oben, über tausend Meter hoch, steckt Tourismus noch in den Anfängen. Die liebenswerte junge Dame der inländischen Lao-Aviation bestätigt am Schalter den Weiterflug in die Hauptstadt Vientiane ein paar Tage später. Ihr Lächeln wirkt ungemein beruhigend. Eine Art freundlicher Rückversicherung, aus dieser hochgelegenen Ecke von Laos auch wieder wegzukommen. Transit Laos.

Das schlaglocherprobte Taxi russischer Bauart zieht eine lange Staubwolke hinter sich her. In den Außenbezirken von Phonesavan verstärkt sich der Eindruck von Goldgräber-Aufbruch und improvisierter Geschäftigkeit. Die maroden Überlandstraßen werden von Arbeitstrupps chinesischer Firmen wetterfest gemacht und ausgebaut. Robuste Maschinen bewegen rot-braune Erdmassen. Am innerstädtischen Straßennetz schuften vietnamesische Arbeiter, erkennbar an ihren grünen Tropenhelmen. Phonesavan gibt sich Mühe, eine Stadt zu werden. Noch hat das Durcheinander von Hütten und Häusern, von Verwaltungsneubauten mit Säulen und sonstigem Zierrat sozialistischer Repräsentation, von Markt und Schulen den Charme eines Steinbruchs. Phonesavan hat keine Ruinen. Als Verwaltungszentrum wurde die Stadt erst nach dem Krieg gegründet. Sie hat nichts von der buddhistischen Gelassenheit, die Luang Prabang am Mekong mit seinen Pagoden ausstrahlt; nichts vom Laisser-faire der Altstadt von Vientiane mit den Alleen eines südfranzösischen Provinznestes; nichts von der tropischen Heiterkeit der Mekonginseln im südlichen Laos nahe der kambodschanischen Grenze. Die Provinz Xiang Khuang ist anders.

Die Vergangenheit ragt kriegerisch ins Bild. Phallusartig stehen mannshohe Bomben als Türpfosten herum. Im Flur des Dokkhoun-Gästehauses an der Hauptstraße ist eine Kollektion des Schreckens ausgestellt: Granathülsen, Geschosse, Bombies – Eisenkugeln von der Größe einer geballten Männerfaust, die mit ihren explodierenden Splittern eine zerfetzende Wirkung haben. Eine Hälfte davon dient nun auf dem Tresen als Aschenbecher. Patronenhülsen überdauern als Schlüsselanhänger den lange beendeten Krieg. Entschärfte Landminen werden zu Kerzenständern umfunktioniert. Makabre Fundstücke allesamt, die noch heute im Boden der Provinz Xian Khuang liegen. Vor allem hier.

Der verzweifelte Versuch der untereinander zerstrittenen Laoten, während des Vietnamkriegs neutral bleiben zu wollen, ging im Geschoßhagel der Amerikaner unter und machte Laos in den 1960er und 70er Jahren im Ost-West-Konflikt zum Spielball der Weltmächte. Auf das Binnenland am Mekong wurden mehr Bomben abgeworfen als im gesamten Zweiten Weltkrieg auf Europa. Die Ebene der Tonkrüge, dem Ho-Chi-Minh-Pfad benachbart, Rückzugsgebiet der kommunistischen Pathet-Lao-Truppen und ihrer vietnamesischen Waffenbrüder, war von den Kriegsgreueln besonders betroffen. Es ist, als liege das Leid der frühen Jahre wie ein Leichentuch noch immer über dieser Landschaft, obwohl doch längst eine neue Generation das Leben bestimmt.

Welch ein Weitblick. Von einem Hügel aus wandert das Auge durch ein geschichtsträchtiges Panorama. Mutter Erde wirkt gerade hier greisenhaft alt und verbraucht; die irdene Haut zerschlissen; müde nach all dem Elend. Da die Hangars des Militärflugplatzes, schäbige Schuppen, die in der Ebene wie übrig gebliebene, längst vergessene Kulissen eines Kriegsfilmes herumstehen; ein martialischer Streifen, der vor ewi-

Tonnenschwer und unverrückbar

gen Zeiten bereits gedreht worden war. Statisten und Helden, Führer und Verführte verschwunden. Niemand mehr auszumachen, der Verantwortung übernehmen würde. Eine gespenstische Leblosigkeit. Aus der Höhe ist kein Mensch zu erkennen. Im Sonnenschein des Nachmittags flirren die Flugzeuge, verpackt wie in Aspik. In der Ferne sind sie so weit weg wie Krieg und Vernichtung, winzig und nur scheinbar harmlos. Eine unendliche Ruhe erfüllt die Landschaft. Von irgendwoher, nicht zu lokalisieren, tönt das Geläut weidender Kühe zu uns herauf. Ein seltsam an- und abschwellender Klang, der einem die Illusion von Frieden vorgaukelt. Rauchschwaden steigen auf, zart und grau. An Bombeneinschläge ist zu denken, und doch sind es bloß brennende Heuhaufen, von Bauern angezündet, den kargen Boden zu düngen.

Vom Winde davongetragen die Schreie der Flüchtenden, die in dieser umkämpften Hochebene während des Vietnamkriegs vor den Einschlägen aus der Luft wegzulaufen versuchten. Die Menschen wurden in makaber-wörtlichem Sinne in die Steinzeit zurückgebombt und versteckten sich in Höhlen: zu unwürdig primitivem Verkriechen verdammt, wollten sie im Inferno überleben. Vom Bombenhagel aufgeschreckt, retteten sie sich in Erdschächte, in Felsritzen, in Höhlen – so wie sich die Vorfahren in prähistorischer Zeit vor Wind und Wetter ins Innere der Hügel und Berge zurückzogen. Wir folgen den überwucherten Pfaden von einst, dringen ein in die

Düsternis solcher Felslöcher und spüren etwas von der bedrückenden Last der Verfolgten. Kühl ist's und still, unheimlich still. Steinmassen in verwinkelten Gängen wölben sich kuppelartig über unseren Köpfen. Durch einige gezackte Öffnungen fällt Tageslicht herein wie matter, bleicher Schnee. Hier durchlitten Familien, Nachbarn, Zivilisten ihre Todesängste. Die Höhlen waren Rettung und Gefängnis zugleich. Tragödien sind überliefert. Zufluchtsorte in Mutter Erdes Schoß waren zu Todesfallen geworden. Gerade solche Felsen wurden bombardiert und mit Raketen beschossen. Die Wände hallten wider vom Entsetzen der Sterbenden. Wir hören hinein ins Dämmerlicht und vernehmen das Schweigen, das nur noch dem Eingeweihten, dem Überlebenden, dem Kundigen eine Botschaft der verratenen Seelen zu vermitteln vermag.

Vermutlich würde es nur den an dieser unbewältigten Vergangenheit interessierten Reisenden auf die Ebene der Tonkrüge ziehen, wenn es da nicht die eigenartigen Behältnisse gäbe, die der Region zu ihrem Namen verhalfen. Beides zusammen wird zum einzigartigen Erlebnis: die Spannung aus explosiver Zeitgeschichte und Archäologie der offenen Fragen – das Nebeneinander von Bombentrichtern und den Gefäßen aus grauer Vorzeit.

In der stellenweise noch immer unzugänglichen Ebene voller Blindgänger und unberechenbarer Bombies sind drei Gebiete gefahrlos zu erreichen. Site 1, Thong Hai Hin, breitet sich zwölf Kilometer südwestlich von Phonesavan aus; Site 2, Hai Hin Phu Salato, liegt 25 Kilometer südlich von Phonesavan; Site 3, Hai Hin Loat Khai, weitere zehn Kilometer entfernt. Insgesamt sind da etwa 500 der berühmten Tonkrüge über das Land verstreut. Thong Hai Hin verhilft zu ersten Einsichten und Zweifeln. Tonkrüge? Jars? Jarres? Wer nur hat diesen unzutreffenden Begriff geprägt? Das Wort läßt an leichtgewichtige Trinkgefäße denken. Was da aber schwer und massig auf dem kargen Boden liegt, sind steinere Brocken, die meisten eineinhalb, einige bis zu dreieinhalb Meter hoch, innen hohl, ein Meter im Durchmesser, oben mit einer Öffnung. 250 davon sind über Site 1 verteilt, hingeworfen wie von der Hand eines Giganten, der, seines Spielzeugs überdrüssig, weitergezogen war. Zwischen 600 Kilogramm bis zu einer Tonne wiegen die Kolosse. Zur Seite geneigt, bauchig und geschwungen. Der Vergleich mit wuchtigen Mörsern drängt sich auf, deren schwarze Schlünde auf imaginäre Feinde gerichtet sind.

Kein Gefäß ist wie das andere. Massenproduktion wohl in nebulöser Vergangenheit, aber handwerklich einzigartig jedes Stück. In welchem Auftrag waren die Riesendinger gefertigt worden? Wer gab die Maße an? In sinnloser Zufälligkeit liegen sie herum, so zumindest scheint es dem Besucher. Greifbar und doch unbegreiflich. An einer der Tonnen sind menschliche Umrisse zu erkennen: ein Wesen in das Gestein gekratzt, einen halben Meter hoch, die Arme ausgebreitet – segnend? –, die Gesichtszüge schemenhaft von lepraähnlichen Flechten überdeckt. Eine Figur schamanischer

Beschwörung? Ein ins Gestein gebannter Geist? Auch dies ist denkbar: Es kann sein, daß solches Kunstwerk lange nach der Herstellung der Gefäße in die Oberfläche geritzt wurde: das altbekannte Bedürfnis durchreisender Besucher, sich auf antiker Hinterlassenschaft zu verewigen. Man wandert an den merkwürdigen Gebilden entlang, die so fremd und völlig nutzlos das Land beherrschen; und bald ertappt man sich bei Spekulationen über Sinn und Herkunft, die dem Laien ebenso die Phantasie beflügeln wie dem Fachmann asiatischer Prähistorie.

Das Alter der Tonnen wird mit 2000 bis 3000 Jahren bestimmt; nicht mal darin sind sich die Gelehrten einig. Sind die „Krüge" aus gewachsenem Sandstein geschlagen worden? Oder sind sie aus künstlichem Gestein geformt und gebrannt, aus einer Mischung von Büffelhaut, Zuckerrohrsaft und Sand? Keine eindeutige Antwort. Wer hat die Dinger hierher geschleppt, wo doch weit und breit kein solches Gestein vorkommt? Fehlanzeige. Elefanten, Arbeitselefanten vermutlich – aber von wem geführt? Die lokale Legende, die die Leute vor Ort gern erzählen, berichtet von einem Saufgelage. Demnach war im 6. Jahrhundert ein Sieg nach beendetem Krieg zu feiern. Die „Krüge" waren eigens angefertigt worden, um den Wein zu speichern. Wenig glaubhaft. Und die Speisekammer-Version? Auch als vielhundertfache Vorratsbehälter für Getreide und Öl scheint der Aufwand der Steinmetz-Plackerei kaum wahrscheinlich gewesen zu sein.

Je weiter man geht, da auf eine solche Tonne klettert, dort hineinschaut, mit einem Stein gegen die Außenwand schlägt und einen dumpfen Klang vernimmt, der wie eine unverständliche Mitteilung aus Urzeiten tönt, die es zu entschlüsseln gilt; je mehr man sich auf diese klobigen von Flechten und Moos überwucherten Gefäße einläßt, desto klarer wird: Hier begegnet man der Hinterlassenschaft einer vorgeschichtlichen Kultur, einer Siedlung von Menschen, die in keiner Quelle genannt werden; Menschen, die wohl weitergezogen waren wegen Wassermangel oder kriegerischer Vertreibung. Und eine wissenschaftliche Theorie erscheint als immer überzeugender, für die schon Archäologen eintraten, als hier noch die französischen Kolonialherren das Sagen hatten: Die vermeintlichen Krüge waren Urnen, riesenhafte Grabmale einer hierarchisch geordneten Gemeinschaft, die den Verstorbenen je nach Rang und Würde ein steinernes Behältnis bereitete.

Erstmals in europäischer Wahrnehmung wurden die Gefäße 1909 von einem französischen Beamten in seinen Berichten erwähnt und weckten damit das Interesse westlicher Wissenschaftler. Der französische Archäologe Henri Parmentier machte 1923 erste Studien an Ort und Stelle. Seine Funde veranlaßten ihn schon damals zur Annahme, es müsse sich um Begräbnisstätten gehandelt haben. Er vermutete Totenbeigaben im Innern, Schmuckstücke aus Stein und Glas, Bronzeglocken, Äxte – und menschliche Knochen. Gefunden wurden derartig handfeste Beweise der frühzeitli-

Herausforderung für die Wissenschaft

chen Bestattung damals nicht. Wenn die Theorie stimmt, dann waren Grabräuber und Umwelteinflüsse zuvor sehr aktiv gewesen. Die französische Archäologin Madelaine Colani ging den Riesenpötten in den 1930ern auf den Grund – wortwörtlich. Die 1866 in Straßburg geborene Tochter eines protestantischen Predigers reiste im Alter von 33 Jahren nach Indochina und arbeitete als Lehrerin im Geologischen Dienst der französischen Kolonialverwaltung. Nach Feldforschungen in Nordvietnam widmete sie sich zusammen mit ihrer Schwester Eleonore den vermeintlichen Tonkrügen im Hochland von Laos. Es sollte die Herausforderung ihres Lebens werden. Die Ergebnisse ihrer Untersuchungen füllen ihr 600-Seiten-Werk „The Megaliths of Upper Laos". Madelaine Colani ordnet die Gefäße einem Volk der Bronzezeit zu. Von der Verwendung als Grabstätten ist sie überzeugt. Darin sind sich auch die zeitgenössischen Forscher ziemlich sicher. Der japanische Archäologe Eiji Nitta bestätigte 1994 in seinen Forschungsarbeiten diese Einschätzung der „Tonkrüge". Er fand in einigen die Reste menschlicher Knochen und Zähne.

In allen frühen Kulturen wurden stets mehr Schweiß und Arbeit für die Totenrituale aufgebracht als für das tägliche Leben. Warum sollte es hier anders gewesen sein? Die Ebene der Tonkrüge – ein prähistorischer Friedhof. Doch woher kam dieses Volk, das seinen Toten so viel harte Arbeit widmete? Wo verlieren sich die Spuren? Die Wissenschaftler nehmen heute an, daß eine austro-indonesische Volksgruppe hier vorübergehend siedelte und weiterzog. Madelaine Colani vertrat die These der großen Handelswege, die die Hochebene von Laos passierten. Von der vietnamesischen Küste bis nach Indien sei die Route zu verfolgen, auf der vor allem Salz transportiert worden sei. Laos schon damals, als es noch gar kein Laos gab, das Land dazwischen, einbezogen in die Interessen weitreisender Händler und Häuptlinge. Transit Laos. Hierarchien scheint es stets gegeben zu haben. Dies würde die unterschiedliche Größe, die variationsreichen Formen und die auseinanderliegenden Fundorte erklären: abgestuft nach Rang und Bedeutung der Verstorbenen. Oder der Gefallenen. Beendete eine Schlacht um Pfründe und Wegezoll den florierenden Handel, dessen Überschüsse diese arbeitsintensiven Steinbehälter erst ermöglicht hatten? Fragen bleiben. Warum so viele Gefäße? Warum ausgerechnet hier in solcher Häufung? Den Wanderer umfängt der Zauber einer rätselhaften Zivilisation, die keine anderen Zeugnisse hinterließ als zentnerschwere Steingefäße. Nicht das Leben zeichnete Spuren, sondern der Tod.

Und noch ein Bild, das uns in der Erinnerung bleibt, als sich Tage danach das kleine Colabüchsen-Flugzeug wieder über diese Landschaft schwingt: CBU, Cluster Bomb Unit, sogenannte Mutterbomben, im Slang menschenverachtender US-Militärs auch Uterus-Bomben genannt; eineinhalb Meter lang. Sie teilten sich beim Abwurf, und aus ihrem stählernen Leib sprangen die 150 kleinen Bomben heraus, Tennisbällen ähnlich; jede verspritzte beim Aufprall 250 Stahlkugeln in alle Himmelsrichtungen. Teuflische Intelligenz hatte solch raffiniertes Vernichtungswerkzeug ersonnen und war nicht zum sofortigen Töten bestimmt, sondern sollte aus Menschen Krüppel machen. In den Dörfern der Ebene der Tonkrüge sind die jeweiligen Hälften einer solchen Bombe zu sehen. Als Pflanztröge nun, mit Erde gefüllt, liegen sie auf zwei Holzpfosten. Aus den Bomben wachsen Zwiebeln, Kräuter, Blumen. Es grünt aus rostendem Eisen.

Transit Laos. Wir sind mittendrin.

r.s.

Binnenland in Bedrängnis:
Von allen Nachbarn bedroht

Laos liegt im „toten Winkel" der Halbinsel Südostasiens, ist „rückständig" und ein „vergessenes Land", so die Standardbeschreibung. Die Schlüsselfunktion des Landes als Puffer zwischen den Mächten in der Region wird dabei übersehen. In Laos selbst ist der Verlust an Territorium und Bevölkerung, die ständige Gefährdung der nationalen Unabhängigkeit sowie die Bedrohung von Kultur und Identität durch mächtige Nachbarn am Mekong ein uraltes Thema, mehr noch ein Trauma.

Laos – politisch heute die „Demokratische Volksrepublik Laos" – ist mit 236.800 Quadratkilometern (Größe der alten Bundesrepublik) und 5,4 Millionen Einwohnern (Schätzung vom Juli 1999, die auf der Volkszählung von 1995 basiert) das kleinste Land auf der Halbinsel Südostasiens. Alle umliegenden Länder sind größer und haben eine zahlreichere Bevölkerung: Vietnam 76,5 Millionen, Thailand 61,2 Millionen, Burma 44,5 Millionen und Kambodscha wieder 11,5 Millionen. In China leben 1,2 Milliarden Menschen, in der unmittelbaren Grenzprovinz Yünnan 50 Millionen.

Auch die Bevölkerung der Nachbarländer ist viel homogener als in Laos. Die Mon-Khmer stellen in Kambodscha 87 Prozent der Bevölkerung, und die Tai Kadai in Thailand schätzt man auf 83 Prozent. So ist es auch mit der dominierenden Bevölkerung in Burma (69 Prozent Burmanen) und Vietnam (87 Prozent Kinh – Bewohner der Ebene). Anders in Laos: Die größte Ethnie der Lao bildet nur 52 Prozent der Bevölkerung, zusammen mit den ethno-linguistisch verwandten Tai Kadai 63 Prozent. Das Land besteht nach offiziellen Angaben aus 47 Ethnien in fünf verschiedenen Sprachfamilien.

Einwanderung und Verdrängung

Seit dem 8. Jahrhundert und verstärkt im 13. Jahrhundert besiedeln die Tai Kadai – bedrängt von den Mongolen – auf der „Südwanderung" aus China die Flußtäler Südostasiens. Sie folgten in Laos den großen Mekongzuflüssen Nam Ou, Nam Khan und dem Mekong selbst bis tief in die fruchtbaren Ebenen und Flußtäler auf der Suche nach Land für den Anbau von Naßreis. Die einheimischen austro-asiatischen Bevölkerungsgruppen werden auf die Berghänge abgedrängt. Man nennt sie Lao Theung

(Laoten der Berghänge), im Unterschied zu den Lao Lum (Laoten der Ebene). Entsprechend werden die im 19. Jahrhundert in die nördlichen Bergregionen eingewanderten Völker der Hmong-Yao und Tibeto-Burmesen Lao Sung (Laoten der Berge) genannt. Infolge von Deportationen nach Siam/Thailand nach den siamesischen Angriffen und laotischen Niederlagen von 1778 und 1828 und der Übertragung aller Gebiete westlich des Mekong an Siam in den Siamesisch-Französischen Verträgen von 1893 und 1907 leben heute in Thailand sieben mal mehr Angehörige der Lao als in Laos selbst.

Das hat zur Folge, daß das verbliebene Territorium von Laos der gebirgigste Teil der Halbinsel ist – nur 16 Prozent des Landes liegen unterhalb 200 Metern – mit der größten ethnischen Vielfalt. Seit der kolonialen Teilung ist der Mekong nicht mehr die Lebensader von laotischen Völkern, sondern bildet die Staatsgrenze von Laos zu Thailand und Burma. Die unwegsamen Bergregionen und die Vielfalt der Ethnien machen die Kommunikation und Verwaltung des Landes besonders schwierig.

Die Bergregion von Nordlaos besteht aus 500 Kilometern Berge, Täler und Hochplateaus – von Huay Sai am Mekong im Nordwesten bis Sam Neua an der vietnamesischen Grenze im Nordosten des Landes. Zwischen dem Mekong und den Annamitischen Kordilleren in Mittellaos ist das Land schmal, auf der Höhe von Thakhek nur 150 Kilometer breit. Die Nord-Süd-Ausdehnung beträgt 1835 Straßenkilometer oder 1865 Kilometer Mekong – von China im Norden bis an die kambodschanische Grenze im Süden.

Die großen Zuflüsse des Mekong formen in Nordlaos eine eindrucksvolle Gebirgslandschaft, die sich wie ein mächtiger Fächer in südwestlicher Richtung entfaltet. Zwischen den Flüssen und tiefen Tälern ragen steile Berge, scharfe Klippen und mächtige Massive in den Himmel. In der geographischen Mitte des Landes erhebt sich das Hochplateau von Xiang Khuang (Ebene der Tonkrüge) auf 1200 Metern Höhe wie der Kopf eines Pilzes und ist fest mit den nördlichen Ausläufern der Kordilleren verwachsen, umstellt von den höchsten Bergen des Landes. Südlich des Plateaus auf halbem Wege nach Vientiane liegt der schroffe Phu Bia mit 2820 Metern, und nördlich nahe an der vietnamesischen Grenze erhebt sich die Klippe des Phu Pha Thi mit 2225 Metern, der von 1964 bis 1973 von den USA als Radar-Leitstation für den „geheimen" Bombenkrieg gegen Laos und die Luftangriffe gegen Vietnam genutzt wurde. Die Wasserscheide des Plateaus wirkt wie ein mächtiger Schirm, von dem der Monsunregen in alle Richtungen abläuft, selbst ins Tal des Song Ca in Nordvietnam und ins Südchinesische Meer.

Die schroffen und unwegsamen Annamitischen Kordilleren, nur über die Pässe Barthelemy, Keo Neua, Mu Gia und Lao Bao zu überqueren, trennen das südliche Mekongbecken von der Küstenebene Mittelvietnams. Im Süden besteht eine direkte

Verbindung des fruchtbaren vulkanischen Bolaven Plateau auf laotischer Seite mit der Hochebene von Kontum, Pleiku und Daklak in Mittelvietnam, dem Lebensraum vieler Ethnien und einem Waldgebiet mit einer reichen Pflanzen- und Tierwelt. Durch das Grenzgebiet verlief im Vietnamkrieg der Nachschubweg zur Versorgung des Vietcong in Südvietnam, der sogenannte „Ho-Chi-Minh-Pfad", von den USA massiv bombardiert.

Eingekeilt zwischen den Kordilleren und dem Mekong als Staatsgrenzen liegt das südliche Laos wie ein langestreckter Puffer zwischen Vietnam und Thailand, nach naheliegender Assoziation auch „Pfannenstiel" genannt.

Land des Mekong und der Wälder

Der Mekong bestimmt Geographie und Landschaft von Laos, formt das Land in einem weiten südöstlichen Längsbogen und fließt nur von Huay Sai bis Luang Prabang und von Xanakham bis Vientiane und Paksan in östlicher Richtung. Nach Verlassen der Gebirgsregion öffnet der Mekong das weite Becken des Plateaus von Khorat auf thailändischer Seite. Auf laotischer Seite weitet sich das Tal nur von Vientiane bis Thakhek und noch einmal östlich von Savannakhet zu fruchtbaren Ebenen zum Anbau von Naßreis, wo die Besiedlung am dichtesten und der Bevölkerungsanteil der Lao Lum am stärksten ist.

Für den Anbau von Naß- und Trockenreis und allen anderen Kulturen ist Laos auf den Mekong und den Monsunregen angewiesen. Es gibt kaum künstliche Bewässerung. Von Mai bis November bringt der feuchte Südwestmonsun reichlich Regen, in unterschiedlicher Menge nach Längengrad und Höhenlage. In Luang Namtha im Nordwesten, im Mekonggürtel von Vientiane, Bolikhamsay und Khammouane sowie in Champasak und Attapeu im Süden liegt der Jahresniederschlag über 300 Millimeter, in den nördlichen Bergregionen und Mittellaos bei 200 Millimeter und auf dem Plateau von Xiang Khuang in Mittellaos nur bei 150 Millimeter. Dementsprechend sind die Vegetation und die Anbaumöglichkeit von Reis, dem Hauptnahrungsmittel des Landes schlechthin.

Der Nordostmonsun bestimmt die kühle Trockenzeit von November bis Januar mit niedrigen Temperaturen von durchschnittlich 25 Grad am Mekong und 15 Grad in den Bergen, wo sie nachts nicht selten unter Null Grad absinken. Sobald sich die kühlen Winde des Nordostmonsuns verzogen haben, steigen die Temperaturen von Februar bis April auf 38 Grad im Mekongbecken und bis 25 Grad in den Bergen mit starken Tages- und Nachtschwankungen.

Für das ausgeglichene Klima sorgen die Monsunwälder des Landes, und die hohen

Niederschläge bewirken die üppige Vegetation. Die Wälder reagieren jedoch auch selbst sehr sensibel auf Niederschläge und Temperaturschwankungen. Monsunwälder werfen anders als Regenwälder in der Trockenzeit ihre Blätter ab und bilden auf dem Boden des Waldes einen dicken Teppich aus Schwämmen und Humus, der in der dreimonatigen Regenzeit große Mengen Wasser aufnimmt und in der Trockenperiode wieder an die Flüsse abgibt.

Der monsunale Fallaubwald ist ein großer Reichtum des Landes, ein primärer Mischwald mit Eichen- und subtropischem Kiefernwald. Bei den starken Niederschlägen wachsen im Norden und Süden des Landes 30 Meter hohe Bäume, Harthölzer wie Teak und asiatisches Rosenholz mit dichten Baumkronen. Darunter gedeihen Fruchtbäume, Buschwerk und Gräser zur Ernährung und zum Unterschlupf von Tieren. Auf dem Bolaven-Plateau in Südlaos steht offener Hochwald ohne mittlere und untere Walddichte, dessen Bestand wegen des leichten Zugangs für den Holzeinschlag und industriellen Raubbau besonders gefährdet ist.

Über den wirklichen Bestand an Primär- und Sekundärwald gibt es in Laos keine einhellige Information. Nach Angaben der Regierung von 1999 sind 42 Prozent des Landes noch bewaldet (Baumdichte über 20 Prozent). Internationale Untersuchungen haben ergeben, daß der Bestand bereits unter 30 Prozent liegt. Solche Angaben sind jedoch nicht anerkannt und werden nicht veröffentlicht. Die Regierung bestätigt jedoch, daß der Waldbestand von 70 Prozent im Jahre 1940 auf 42 Prozent im Jahre 1999 gesunken sei, also in 60 Jahren um 28 Prozent. Der Raubbau des Waldbestandes hat seit der wirtschaftlichen Öffnung des Landes Anfang der 1990er Jahre mächtig zugenommen, teils bedingt durch bessere Straßen und Wege zu geplanten oder im Bau befindlichen hydroelektrischen Wasserkraftwerken. Das wird auf einer Reise durch Laos ganz augenfällig.

Gefahren und Chancen eines „Pufferstaates"

Die geographische und historische Bedeutung von Laos liegt in seiner Funktion als „Zwischenraum" und „Pufferstaat" im Zentrum des südostasiatischen Festlandes. Diese Rolle hat das Land Jahrhunderte lang eingenommen, es ist fast immer von wenigstens einer stärkeren Macht in der Region abhängig. Bis ins 14. Jahrhundert verhindern die laotischen Fürstentümer das Vordringen der Herrscher und Könige von Yünnan und Südchina ins Mekongdelta. Das laotische Königreich Lane Xang (Eine Million Elefanten) – ein Zusammenschluß der Fürstentümer Luang Prabang, Vientiane, Champasak und Xiang Khuang unter König Fa Ngum im Jahre 1353 – bildet 350 Jahre eine Pufferzone zwischen Burma und Siam im Westen und Vietnam im Osten. Im 19. Jahrhundert ist Laos der Puffer zwischen den britischen und französischen Kolonialmächten auf der Halbinsel, allerdings durch die französisch-thailändischen Verträge um Land und Bewohner beraubt und zu einer Provinz von Französisch-Indochina herabgewürdigt. Im 20. Jahrhundert ziehen die USA zur Verteidigung der „freien Welt" eine Trennungslinie zwischen dem kommunistischen Einflußbereich Nordvietnams und den USA mitten durch Laos. Vergleichbar mit der Demarkationslinie am 17. Breitengrad in Vietnam wird Laos der Länge nach von Sam Neua in Hua Phan an der vietnamesischen Grenze im Nordosten bis Pakse und Champasak im Süden geteilt. Nach der Machtübernahme des Pathet Lao von 1975 spielt Laos in enger Bindung an Vietnam die Rolle eines „Frontstaates" des Kalten Krieges in Asien.

Mit der wirtschaftlichen Öffnung seit Anfang der 1990er Jahre ist eine Dynamik in Gang gesetzt worden, die neue Chancen für das Land bietet. Ob sich daraus Kräfte entwickeln, die Laos aus der ideologischen und parteipolitischen Umklammerung Vietnams zu lösen vermögen und dem wirtschaftlichen Druck Thailands widerstehen können, um eine eigenständige Rolle für Laos in der Region zu finden, bleibt abzuwarten.

h.k.

Grenzerfahrungen

Da liegt er vor uns, in gewaltiger Breite dahinströmend, unaufhaltsam, kraftvoll: der Mekong. Ein Strom, natürlich, und was für einer; und doch läßt der Anblick an eine Persönlichkeit denken: eine beherrschende Gestalt, die sich einmischt in Geschichte, Geographie, in Politik. Kulturräume hat der Mekong geschaffen, Menschen zueinander gebracht und Menschen verachtet, die sich seiner Macht zu widersetzen versuchten. Nahezu fünftausend Kilometer legt er zwischen der eisigen Quelle in den Bergen Chinas bis zu seinem Delta im südlichen Vietnam zurück. Die Hauptschlagader Südostasiens; Leben spendend für über 200 Millionen Menschen in sechs Ländern.

Wir stehen am Ufer von Chiang Khong in Thailands Norden und schauen hinüber nach Laos. Huay Xai heißt der Ort am anderen Ufer. Auf beiden Seiten ragt es hoch auf, und in majestätischer Breite fließt der Mekong südwärts. Eine wunderbare Ruhe geht von dem Wasser aus, das so gewaltige Barrieren überwindet und für viele Menschen immer wieder Hindernis und Verbindung gewesen ist. Je nach den historischen Umständen. Grenzfluß. Gerade in dieser Region trennt der Mekong nicht nur Staaten, sondern auch Systeme. Doch es ist eine Grenze im Fluß. Das Geld hat sie durchlässiger gemacht.

Auf dem Hochufer von Chiang Khong reihen sich die neuen Gästehäuser mit malerischem Fernblick. An jeder Hauswand hängen Schilder mit der Offerte, innerhalb von ein, zwei Tagen das Einreisevisum für Laos zu besorgen. Die aktuellen Kosten werden in US-Dollar beziffert. Es scheint eine Art Eintrittspreis zu sein. Mit zunehmendem Bedarf an Devisen nimmt der Wert von Ideologie deutlich ab. Eine offenbar einfache Rechnung, die uns auf laotischem Gebiet immer wieder bestätigt werden wird. Hin zum Ufer stehen die Baracken von Zoll und Polizei. Daneben schwingt sich auf dem abschüssigen Weg zur Anlegestelle der Fähren ein hölzerner Bogen, Willkommen und Abschied zugleich. „Gate to Indochina" ist in großen Buchstaben darauf gemalt. Das Wort erstaunt an dieser Stelle. Indochina war Inbegriff der französischen Kolonialpolitik. Die Europäer haben das Doppelwort geprägt, um siegessicher zu benennen, was sie meinten, in den Griff bekommen zu haben.

Ausgerechnet hier, wo doch die Kolonialherren schon vor einem halben Jahrhundert eben diesen Griff hatten lockern müssen, gezwungenermaßen und als Verlierer im kriegerischen Poker um Pfründe, Einfluß, Politik; ausgerechnet hier im Neuland des Tourismus auf ein solch belastetes Wort zu stoßen, verblüfft beim ersten Eindruck.

Doch dann wird einem klar, daß die neuen jungen Generationen beiderseits des Gate mit solch historischer Belastung nichts mehr am Hute haben und die Öffnung des bis vor wenigen Jahren noch verschlossenen Tores die großen Veränderungen in der Region signalisiert. Südostasien mit Thailand, Burma, Laos, Kambodscha, Vietnam ist wieder in einer fast selbstverständlichen Weise zugänglich, wie es zu Zeiten des Kalten Krieges kaum vorstellbar gewesen war. Mit wirtschaftspolitisch motiviertem und von leeren Staatskassen diktiertem Pragmatismus in Rangoon, Vientiane, Phnom Penh und Hanoi hob sich der Bambusvorhang vor den Bühnen, auf denen nun mit internationaler Investoren-Besetzung die Stücke „Doi Moi" und „New Economic Mechanism" gespielt werden.

Indochina als Triumphbogen aus Brettern zusammengenagelt hat eine neue Bedeutung bekommen und wurzelt doch auf uraltem Boden. Die Franzosen haben die Verwaltungseinheit nach ihren kolonialen Vorstellungen zurechtgezimmert, doch sie haben Indochina nicht erst erfunden. Der Raum, den der Mekong so kraftvoll durchströmt und nährend umarmt, ist aus beiden Kulturen geformt worden: aus der indischen und der chinesischen Geisteswelt. Hinduismus und Buddhismus, Konfuzianismus und Daoismus standen Pate beim Werden Südostasiens, das aus dem Reichtum der fernen großen Nachbarn schöpfte und doch Eigenständiges entwickelte.

Es ist nur ein kümmerliches Holztor, das als „Gate to Indochina" verloren am Uferweg steht, eine Kulisse des in Gang gekommenen Tourismus, ein Werbegag, den der nächste Regenguß lädieren und wegfegen wird, und doch berührt es uns eigenartig, als wir das Brettergestell passieren. Wir lassen uns auf ein Abenteuer ein: auf Laos im Umbruch. Der thailändische Fährmann winkt und wartet nicht erst unsere Order ab; selbstverständlich bugsiert er uns nebst Gepäck in sein schmales Holzboot, kassiert den festen Fahrpreis in Baht und tuckert uns hinüber mit knatterndem Motor. Alles bereits eingespielt. Der kleine Grenzverkehr ist zur Normalität geworden.

Der laotische Militär schaut gar nicht auf, als wir ihm unsere Pässe durch das Fenster des Abfertigungshäuschens schieben. Kein mißtrauischer, kein gelangweilter – überhaupt kein Blick, an dem sich der Grenz-Wechsel in einer menschlichen Regung ablesen ließe. Amtliches Desinteresse an unserer Person empfängt uns. Keine Fragen, kein Verlangen nach Extragebühren. Daß ein Visumseintrag in der laotischen Botschaft in Berlin mit Tipp-Ex korrigiert worden war und nun den Verdacht auf Manipulation womöglich durch den Paßinhaber geradezu provoziert, bleibt unbeachtet. Geräuschlos und mit bläßlicher Tinte wird der Stempel ins Reisepapier gedrückt. So unauffällig und eher nebenbei und routiniert, als habe sich Laos nicht bis in die jüngere Vergangenheit demonstrativ von der Außenwelt abgeschottet.

Gerade hier im Norden, im Einzugsbereich des Goldenen Dreiecks, hatten Ausländer offiziell keine Chance. Der Grenzübergang von Huay Sai ist erst seit Ende der

1990er Jahre für uns Langnasen geöffnet, für die Farangs und ihre höchst willkommenen Finanzen.

Neben dem Immigrationsschalter hat die staatliche Bank eine bescheidene Filiale eingerichtet. Wir wußten ja, daß der größte laotische Geldschein weniger wert ist als ein einziger US-Dollar. Daran hatte sich seit unserer vorigen Einreise nichts geändert. Daß der Mann des Geldes aber ein mit Gummis gebändigtes Bündel nach dem anderen vor uns auftürmte, war doch wieder ein Erlebnis der besonderen Art. Innerhalb weniger Minuten waren wir zu Millionären geworden. Onkel Dagobert hätte einen Luftsprung vollführt. Die gewechselten 200 US-Dollar ließen einen Kip-Berg wachsen, der in keinen Brustbeutel paßt. Wir zahlten fortan aus der Plastiktasche; und die Sorgen, solch leichtsinnige Geldaufbewahrung könnte diebische Begehrlichkeit wecken, sollte sich als unbegründet erweisen.

Zweifaches Fahnentuch weht als politisches Markenzeichen im Wind. Die blauweißrot gestreifte Nationalflagge mit dem weißen Kreis in der Mitte und die rote Fahne der kommunistischen Partei mit gelbem Hammer und Sichel flattern als amtliche Gemeinschaftsbekundung von Staat und Partei in nachbarlicher Einheit. Die Hauptstraße von Huay Sai wird von neuen Häusern gesäumt. Mehrgeschossig das weiße Hotel mit Säulen und viel Gipsverzierung, unverkennbar Thai-Barock der Boom-Architektur. Die Geschäfte offerieren Konsumwaren, die zumeist thailändischer Herkunft sind. Ein Hauch von wirtschaftlicher Entwicklung liegt in der Luft.

Ja, die Grenzöffnung habe vieles verändert, so berichtet der alte Mann, der eine kleine Reiseagentur betreibt und uns abends zum Essen in sein Holzhaus einlädt. Fischsuppe, eine grüne Gemüse-Fischpaste, eine Paste aus Leber und Innereien, Klebreis, nicht sehr scharf und lauwarm; reichlich Lao-Bier, Kaffee, Tee. Das Festmahl in bescheidener Umgebung. Ein Sohn und eine Tochter bedienen uns, beide schon erwachsen. Im faltigen Gesicht des Hausherrn sind die Furchen schicksalshafter Leiden eingegraben. Der Gastgeber war Französischlehrer gewesen und nach 1975 in die politischen Mühlen der Machtveränderungen geraten. „Offiziell hieß das Liberation", sagt er lächelnd und macht mit seinem müden Mienenspiel deutlich, wie wenig erheiternd er das verstanden wissen will. Es folgten Monate des Arbeitslagers; Steine schleppen, Straßenbau, Umerziehung. Verwandte setzten sich über den Mekong nach Thailand ab. Heute sind Geschwister, Onkel, Nichten über den Erdball verstreut. In leisem Tonfall erfahren wir davon. Die Lebensläufe einer zerrissenen Familie durchziehen die jüngere Geschichte des Landes. Der zurückgebliebene Mann erzählt in verletzter Trauer. Uns ist, als schauten wir in einen trüben Spiegel mit vielen Flecken.

Mit der Grenzöffnung kehrte Lebensmut zurück. Der Mann hat einen Borderpaß, der es ihm erlaubt, den Mekong zu überqueren, drüben einzukaufen und ein wenig am Handel teilzuhaben, der in Gang gekommen ist. Das Reisedokument ist voller

Stempel. Das große Geschäft im kleinen Grenzverkehr machen freilich andere. Der einstige Lehrer, dessen Vokabeln nun bei gelegentlichen französischen Touristen wieder gefragt sind, faßt die eigentlichen Veränderungen in dieser Welt zwischen den Systemen mit einem Wort zusammen: „Mafia-Kapitalismus", sagt er unfroh. Ansonsten bleibt er mit Meinungen, Wertungen, gar mit Kritik an den Verhältnissen sehr zurückhaltend. Ein Mann, der es mit schmerzlichen Grenzerfahrungen gelernt hat, sich anzupassen, um zu überleben: eine laotische Grundeigenschaft.

Tage später beteiligen wir uns am Mekong-Rennen. Halb liegend, halb sitzend, den Oberkörper fest in eine Rettungsweste geschnallt, brettern wir in einem Speedboat den Strom nordwärts. Mit ohrenbetäubendem Gedröhn schießt die knallbunt gestrichene Nußschale made in Thailand wie eine Rakete über das Wasser. Die Aggressivität der neuen Zeit quirlt hinter uns auf und zerwühlt mit PS-starkem Propeller den Mekong. Der Steuermann muß höllisch aufpassen. Treibende Äste, Untiefen, Wirbel im Wasser. Der vermeintlich harmlose Mekong wird bei solchem Tempo zur Höllenfahrt. Anthrazitfarbene Felsen versperren die Passage und zwingen zu schnellen Wenden. Urzeitlichen Tieren gleichen die Steine. Eine riesige Schildkröte schiebt sich ins Bild. Da eine scharfkantige Echse mit dornengespicktem Schwanz. Ein liegender Elefant, von Strudeln umspült. Ein Dinosaurier in der Gischt. Das Auge macht im Fahrtwind ständig neue Phantasiegebilde aus. Der Mekong liebt die Abwechslung. Mal wälzt er sich breit dahin, mehr See denn Fluß. Dann wieder prescht die Flut durch enge Felstore. Goldenes Dreieck. Am westlichen Ufer heben sich weiße Hotelklötze gegen den blauen Himmel ab, Restaurants. Der einstmals berüchtigte Name, Synonym für Opium, Schmuggel, Kriminalität, ist zum touristischen Aushängeschild geworden. Eine Nobelherberge mit rotem Dach ist zu sehen; in dieser Flußlandschaft der herben Natur ist der seltsame Fremdkörper als Mittelding von Krankenhaus und Festung eine Außenstation der kommerzialisierten Welt mit vermeintlichem Nervenkitzel im Pauschalangebot.

Zur Rechten breitet sich das nun flache Ufer von Laos aus, zur Linken ragen schließlich die Hügel von Burma auf, das die militärischen Machthaber in Myanmar umbenannten. Aus der Mekong-Perspektive erscheint Burma sehr bescheiden. Vereinzelte Holzhütten mit wehender Nationalfahne wirken wie Vorposten kolonialer Machtentfaltung. So sahen Handels- und Militärstützpunkte aus. Heute sind es bloß ärmliche Bauernhütten, denen behördliche Vorschrift an der Nahtstelle zu Laos die Beflaggung aufdrängt.

Wir werden vorwärtsgetrieben von der Kraftmaschine, die die Eroberung unserer Tage lautstark markiert. Weiter mit Wucht und Power. Mehrstöckige Frachtschiffe aus grün und blau und braun gestrichenem Eisen kommen uns entgegen. Sie ähneln schwimmenden Gartenlauben. Über der Brücke weht die rote Fahne Chinas. Manche

Flußwindungen sind so schmal, daß kaum mehr ein Spalt zwischen den hochbeladenen Schiffen und den Ufern erkennbar ist. Unberechenbar ist hier der Mekong, heimtückisch, widerborstig, gar nicht die gelassene Persönlichkeit, die uns bei Chiang Khong empfing, sondern ein launischer Unhold. Die chinesischen Kapitäne müssen Virtuosen sein. Freilich gelingt nicht allen die navigatorische Feinarbeit. An manchem Felsen hängen die eisernen Reste einstiger Boote, ums Gestein gewickelt wie gigantische Konservendosen. Der Mekong windet sich bei Xiang Kok westwärts. Wir fahren auf einem offenen Lastwagen über eine Piste landeinwärts, im Nu von Staub eingehüllt und zwischen bunt gekleideten Menschen der Bergvölker eingeklemmt.

Wie nahe wir dem Reich der Mitte gekommen sind, wird auf dem Markt von Müang Sing greifbar. Zehn Kilometer weiter nördlich beginnt die Provinz Yünnan. Die Grenze zu China war niemals undurchdringlich. Von Norden wanderten die Volksgruppen der Akha, der Hmong, Yünnanesen und andere ein, besiedelten die Berge, hielten bis heute fest an ihren Bräuchen und ihrem Bedarf an blinkendem Schmuck. In den Vitrinen auf dem Markt von Müang Sing sind just die Münzen zu Türmchen gestapelt, die am Kopfputz der Akha-Frauen in der Sonne glänzen, Silbermünzen aus französischer Kolonialzeit. Neben dem chinesischen Ramsch der Konsumgüterindustrie macht sich das historische Kleingeld wie ein Schatz aus, wertbeständig und solide im Gegensatz zu den billigen Aluminiumtöpfen, Plastikkämmen, Textilien, Transistorgeräten, Kochlöffeln, Messern, Scheren der Massenproduktion. Jede Währung wird genommen. Die Banknoten mögen schmierig, zerfleddert, abgegriffen sein; aber auch hier gilt Marktfrauen wie Opiumhändlern der altrömische Pragmatismus, wenn es um Geld geht: non olet. Drei Grenzen sind in der Nachbarschaft, da kommen sich symbolisch die Repräsentanten der Regime nahe: der thailändische König ziert als buddhistische Autorität die Bahtscheine; auf den chinesischen Yüan-Noten künden Marx und Mao von sozialischer Siegeszuversicht; die Bündel der 2000 Kip bringen Kaysone Phomvihan in Umlauf und zeigen mit verändertem Staatswappen, wie sich Laos in neuer Offenheit darstellt: die Pagode That Luang als nationales Symbol hat den Stern des Kommunismus und Hammer und Sichel als unbrauchbar gewordenes Handwerkszeug verdrängt, die noch auf den älteren 100- und 500-Kip-Scheinen zu sehen sind. Wir hätten uns den Geldwechsel sparen können. Die Währung, die schlichtweg für Kapitalismus, Klassenfeind und Globalisierung steht, ist allerorten begehrtes Zahlungsmittel geworden. Der US-Dollar wird als laotische Zweitwährung verwendet. Ist dafür ein geheimer Krieg geführt worden? Mit ihren Dollars rächen sich nun die Amerikaner für die Niederlage.

Jede Grenzstation des Binnenlands bietet andere Überraschungen. An die jeweiligen Außentore muß man klopfen, um die laotische Besonderheit zu verstehen. In welcher Himmelsrichtung auch immer die Reise geht, stets trifft man auf starke, ein-

Lastwagenkonvoi an der chinesischen Grenze

flußreiche Nachbarn. Von Sephone waren wir die schlaglochträchtige Bergstraße hin zum Posten an der vietnamesischen Grenze gefahren; weit im Osten. Ein schwer mit den Stämmen der ausgeplünderten Wälder beladener Lastwagen nach dem anderen donnert auf dieser Strecke ins befreundete Land der großen Brüder. Der Grenzbereich im Gebiet des einstigen Ho-Chi-Minh-Pfads ist ein rollendes Holzlager. Die üblichen Bretterbuden vor der Grenze, einfache Restaurants, ein paar Marktstände mit Gemüse und Getränken. Eine Werbetafel mit Trucks und Autos empfiehlt in Comicmanier den Gebrauch von Kondomen; eine besondere Aufklärungsmaßnahme, die auf gewisse Dienste hinter den schäbigen Wänden der Hütten verweist, den Lastwagenfahrern gewidmet.

Als hochmodernes Kontrastprogramm zur dörflichen Ärmlichkeit präsentieren sich die Abfertigungshallen von Zoll und Militär. Die weißen Gebäude mit roten Dächern demonstrieren Staatsmacht, riesig und auf Besuchermassen eingerichtet, die freilich weit und breit nicht zu erkennen sind. Auch als Kunden wären sie willkommen. Zwei ähnlich großdimensionierte Bauten locken als Duty-Free-Märkte. Zwei kompakte Löwen an den Eingangstüren deuten auf chinesisches Geschäftsinteresse. Das Angebot an Luxusartikeln ist überwältigend und breitet sich in Überfülle als erstaunlicher Gegensatz zu den ausbleibenden Käufern aus. Das Auge schweift über die Regale und ist freudetrunken. Zwei Ecken weiter, in Staub und Hitze und ländlicher Ärmlichkeit, gibt's billigen Tee und Schnaps heimischen Gebräus. Und hier in klimatisierter Inszenierung? Französische Parfums, feinste Kosmetika der renommierten Marken und Alkoholika der Haute Volée. Ziemlich alles, was die Destillerien, Champagnerkeller und Winzer der westlichen Welt zu bieten haben und auf den Hochglanzseiten der Inflight-Magazine zu Kult und Lifestyle hochgejubelt wird, ist hier zu haben. Für Dollar versteht sich. Kapitalismus pur. Ein Superladen am 17. Breitengrad. Verlief hier mal das verästelte Versorgungssystem der Vietnamesen, das den Amerikanern im Pentagon den Schlaf raubte? Nicht mehr vorstellbar. Die Geschichte blieb in Bombenkratern zurück, über die nun Gras wächst.

Vietnamesischer Geschäftssinn hat im Grenzland ein anrüchiges Betätigungsfeld. Ein Traveller indischer Herkunft kommt zu Fuß von Vietnam nach Laos. Mit seinen langen verfilzten Haaren sieht er aus wie ein Sadhu, ein wandernder Heiliger. Doch seine Worte sind alles andere als fromm. Der Rucksacktourist spricht uns an und wedelt mit einem Bündel Kip-Scheinen. „Das also ist der tolle Kurs, den mir die vietnamesischen Frauen angeboten haben", schimpft er drauflos, als seien wir eine Beschwerdeinstanz. Seine Dollar ist er losgeworden und die erhaltenen Kip sind ein Bruchteil dessen wert, was er in einer Bank erhalten hätte. Zu spät bemerkt. Die Frauen vom Schwarzmarkt auf der anderen Seite sind längst auf Hondas davongebraust. Ein frustrierter junger Inder, in seinem Glauben an die Menschheit erschüttert, betritt Laos. Auch eine Grenzerfahrung.

Ganz im Süden, an der Grenze zu Kambodscha, wäre dem Manne solch peinlichpekuniäres Mißgeschick nicht widerfahren. Völlig anders die Atmosphäre auf der Straße Nummer 13, die von Pakse aus asphaltiert südwärts durch karges Flachland führt und an einem grün-weißen Schlagbaum für den ohnehin nur spärlichen Verkehr gestoppt wird. Gelegentlich traben Elefanten vorbei, schwergewichtig als Arbeitstiere unterwegs zum Aufräumen gefällter Bäume. Die Dickhäuter in unerschütterlicher Gelassenheit, von ihren Treibern geleitet, gleichen Wesen aus einer anderen, einer versunkenen Welt. Das Land der Million Elefanten? Ein paar nur haben überlebt. Wo heute Laos im Süden endet und in das Niemandsland übergeht, war einmal das Großreich der Khmer, grenzenlos in dieser Region. Nichts erinnert in der Öde daran. Die Straße Nummer 13 könnte einmal die Verbindung bis Phnom Penh werden, Transit im Nord-Süd-Verbund zwischen China und Vietnam. Doch die Politik ist noch nicht so weit. Selten ist hier Motorengebrumm zu hören. Dafür erfüllt das Gedröhn der Insekten die Hitze des Tages, die den Asphalt aufheizt und in der Ferne flimmern läßt. Vom Schlagbaum führt rechter Hand ein Weg zum Dorf Veunkham am Mekong. Ein kleiner Markt am abschüssigen Ufer, die Polizeistation in einem den Ort überschauenden hölzernen Pavillon, Grenzverkehr für Einheimische. Auf dem gegenüberliegenden Ufer ist der kambodschanische Posten zu sehen. Die Nationalflagge mit den drei Angkor-Wat-Türmen flattert im Wind hoch über dem Mekong. Ein geruhsames Nest auf laotischer

Seite. Hier haben wir endgültig das Gefühl, in einen abgelegenen Winkel zu geraten. Das Ende der Welt, so ungefähr sieht es aus. Im Schatten der Hütten und Bäume dösen die Marktfrauen. Man wartet auf Kunden, auf bessere Tage, auf irgend etwas. Das einzige, was es im Überfluß zu geben scheint, ist die Zeit, die hier in anderem Maße verströmt als in den Städten. Zwischen zwei Pfosten schaukelt eine leere Hängematte, sehr langsam wie das Pendel einer alten Uhr.

Die neue Zeit der Öffnung ist an einem ganz anderen Grenzort zu erfahren. Chong Mek. Es ist das südliche Tor zu Thailand. Internationale Passage auch für Farangs. Schon Hunderte von Metern vor dem Eisengitter der Grenze parken Lastwagen. Da breiten sich Holzlager aus. An den Abfertigungsgebäuden neuerer Bauart herrscht Betrieb. Kommen und Gehen. Chong Mek ist beiderseits des Schlagbaums ein quirliger Markt. Kleinhandel lockt Käufer an. Doch schnell spürt der Reisende etwas von der spannungsgeladenen Szene aus Schmuggel und Kriminalität. Hier hat die Marktwirtschaft längst einen Außenposten bezogen. Keine der sozialen Art, eher wohl eine Schwarzmarkt-Wirtschaft. Als hier im Juli 2000 eine Bombe explodierte und mindestens sechs Tote zu beklagen waren, war es naheliegend, den Hintergrund solch menschenverachtenden Anschlags in Rivalitäten im zwielichtigen Grenzgeschäft zu vermuten. Weder diese Attacke noch weitere Sprengstoff-Attentate in Vientiane sind jemals aufgeklärt worden. Entlud sich da mafiöser Bandenstreit? Oder besteht doch ein politischer Zusammenhang? Kein Kommentar vor Ort. Vertuschen, verschweigen, verharmlosen gelten als bewährtes Prinzip der Behörden. In Chong Mek kommen sich die beiden Systeme Thailand und Laos verdammt nahe. Kapitalismus, Sozialismus. Chong Mek ist Übergang in doppeltem Sinne.

Im Niemandsland hockt ein blinder Gitarrenspieler auf sandigem Boden, einen löchrigen Regenschirm als Schutz gegen die Sonnenglut über sich gespannt. Leere Augenhöhlen starren in eine Welt, die ihn nicht beachtet. Bettelarm, zerlumpt die Kleidung. In seiner Einsamkeit wirkt der kauernde Mann wie vergessen im Trubel der Geschäfte. Seine Finger reißen die zwei Drahtsaiten des abgegriffenen Instruments an. Die schauerliche Tonfolge, die immer gleiche, dringt nach Ost und West, ein Klagelied – es ist Abschiedsmelodie und Willkommensgruß in einem. Ein bedrückender Gesang auf das alte und das neue Laos. Der Rufer im Transit.

r.s.

Das Erbe der Khmer:
Funan, Chenla, Aufstieg und Fall von Angkor

Ende des 12. Jahrhunderts sind nahezu sämtliche Königreiche und Fürstentümer auf der südostasiatischen Halbinsel in der Hand der Khmer. Alle Nachbarn sind Vasallen des mächtigen Reiches von Angkor, zahlen Steuern und leisten Frondienste. Die Fürstentümer im heutigen Laos sind geprägt vom Buddhismus und hinduistischer Staatsführung des Khmerreiches, wie Champasak im Süden mit dem rituellen Zentrum Wat Phu oder Thakhek mit dem Wat That Phanom. Die Ausgrabungen am laotischen Nationalheiligtum That Luang in Vientiane aus den 1970er Jahren zeigen Spuren der Khmerherrschaft am Oberlauf des Mekong, Statuen mit buddhistischen Inschriften aus dem 8. Jahrhundert und Insignien von Angkor.

Der gesamte Isan, das Plateau von Khorat im heutigen Nordosten Thailands, gehört zum Machtbereich Angkors, wovon die Khmer-Tempel zeugen, die neuerdings rekonstruiert und für den Tourismus vermarktet werden. Das sind Städte und Verwaltungszentren der Khmer, die teils heute noch bewohnt werden, wie Prasat Phimai nordöstlich der Provinzhauptstadt Khorat. Die mächtigen Tempelanlagen Phanom Rung und Prasat Müang Tam in der Provinz Buriram, südlich der Stadt Surin, lassen den Machtanspruch der Khmer mitten im Reisanbaugebiet des Isan erkennen. Auf dem Kamm des Dangrek, der Wasserscheide zwischen Kambodscha und Thailand, erhebt sich die mächtige Tempelanlage Preah Vihear (thailändisch: Khao Phra Viharn), die den Besucher sozusagen in den Himmel steigen läßt und den göttlichen Anspruch der Herrschaft Angkors demonstriert. Die historischen Stätten Siams – Sukhothai, Ayutthaya und Lopburi – zeigen in Architektur und Struktur der Anlagen die Handschrift des Khmer-Reichs.

Funan – Champa – Chenla – Angkor

Die Wurzeln dieses imposanten Reiches liegen in Funan, dessen Machtzentrum vom 1. bis 6. Jahrhundert im südlichen Mekongdelta mit der Hauptstadt Oc Eo entsteht. Die wirtschaftliche Stärke besteht in der Kunst der Entwässerung des Schwemmlandes zum Reisanbau. Die Herrscher Funans expandieren das Reich bis tief ins heutige Thailand, Malaysia und Laos, aufgebaut auf Buddhismus und hinduistischer Staatsführung.

Bis Ende des 5. Jahrhunderts nehmen die Herrscher der Cham Besitz vom heutigen Südlaos, von Champasak mit dem Heiligtum Wat Phu, ausgehend vom Machtzentrum Champas an der Küste Zentralvietnams mit der Hauptstadt My Son in der Nähe des heutigen Da Nang. Von Angkor im 12. Jahrhundert unterworfen und von Vietnam 1471 geschlagen, schrumpft das Reich der Cham zur Bedeutungslosigkeit, bis es im 17. Jahrhundert völlig von Vietnam aufgerieben wird. Reste der Cham-Bevölkerung leben heute in Vietnam und Kambodscha, größtenteils zum Islam zur Unterscheidung ihrer Religion und zur Verteidigung ihrer Identität bekehrt.

Im 6. Jahrhundert in mehrere Machtzentren gespalten, wird Funan von den Fürsten von Chenla abgelöst. Die Seefahrer Chenlas behalten ihr Machtzentrum im Mekongdelta, wogegen die Reisbauern ihr Zentrum in Sambor Prei Kuk am nördlichen Ufer des Tonle Sap in der Nähe der heutigen Provinzhauptstadt Kompong Thom in Kambodscha aufbauen. Auch Chenla ist geprägt von hinduistischer Kultur und Religion, Sprache, Rechts- und Staatswesen, beeinflußt von Geschäftsleuten und Brahmanen aus Indien, die ohne kriegerische Absichten die südostasiatische Halbinsel „missionieren".

Kambuja Desha mit dem Machtzentrum Angkor am nördlichen Ufer des Tonle Sap löst die Fürstentümer von Chenla ab. Prinz Jayavarman II., aus Java auf die Halbinsel zurückgekehrt, läßt sich zum Gottkönig krönen und als Herrscher des Universums weihen. Er und seine Nachfolger bauen zur Demonstration ihrer Macht und göttlichen Herrschaft die mächtigen Bauten Angkors: den Staatstempel Bakong, die einzigartige Tempelanlage von Angkor Wat und das imperiale Stadtzentrum von Angkor Thom mit den Großplastiken der Herrscher in der zentralen Anlage des Bayon. Das Imperium von Angkor gründet auf effizienter Staatsführung mit göttlichem Machtanspruch und der Kunst von Bewässerungsanlagen sowie eines hochentwickelten Reisanbaus. Die ganze Halbinsel Südostasiens liegt im Einflußbereich der Khmer, deren Grenzen bis an die mächtigen Reiche von China, Malaysia, Burma und Vietnam reichen. Zur Konsolidierung der Macht und Demonstration von Herrschaft ist das Reich mit sakralen Bauten überzogen und von einem Straßennetz umspannt. Auf dem Höhepunkt der Macht im 13. Jahrhundert läßt König Jayavarman VII. auch Hospitäler und Raststätten im ganzen Reich anlegen.

Aber durch die Überbeanspruchung der Bevölkerung mit Großbauten und Reisproduktion sowie durch Aufstände an der Rändern des Reiches verliert Angkor zu Beginn des 13. Jahrhunderts seinen Einfluß in der Region. Die Anführer der aus China auf die Halbinsel vorgedrungenen Tai nutzen die Schwäche des Reiches und kündigen ihre Abhängigkeit auf. Sie sagen sich von der Tributpflicht los und gründen eigenständige Fürstentümer. Sukhothai, das erste Tai-Königreich auf der Halbinsel, aus dem Fürstentum Lan Na (Eine Million Reisfelder) im Einzugsbereich des heutigen Chiang

Mai und Chiang Rai in Nordthailand gebildet, kündigt 1238 die Tributpflicht und macht sich selbständig.

Aufstieg und Fall von Lane Xang (Eine Million Elefanten)

Das erste historische Datum, das sich mit Laos verbindet, ist das Jahr 1271, die Gründung von Müang Sua, auch Xiang Dong Xiang Thong genannt, dem heutigen Luang Prabang. Prinz Fa Ngum aus Xiang Dong Xiang Thong, am Hof von Angkor erzogen und mit der Khmer-Prinzessin Nang Keo Lot Fa verheiratet, wird mit 10.000 Soldaten ausgeschickt, um die abtrünnigen Fürstentümer des Nordens zurückzuerobern. Er nutzt die Schwäche Angkors, einigt die Fürstentümer am mittleren Mekong und gründet 1353 das Reich Lane Xang Hom Khao (Eine Million Elefanten und der Weiße Schirm). Die Herrscher von Lane Xang können sich über 350 Jahre am mittleren Mekong behaupten. Zwei Jahre zuvor, im Jahre 1351, sagen sich auch die Tai-Fürstentümer am unteren Chao Phraya, dem heutigen Bangkok, von Angkor los und rufen Ayutthaya ins Leben, das nach der Einverleibung von Sukhothai 1438 zum mächtigen Reich von Siam aufsteigt.

Zusammen mit seinem Vater unterwirft Prinz Fa Ngum auf ausgedehnten Feldzügen die Fürstentümer des heutigen Vientiane, Khammouane, Savannakhet, Sephone, Lao Bao, Khorat und Roi Et. Er versteht es auch, die Schwäche der Dai Viet im heutigen Nordvietnam zu nutzen, die von den Mongolen bedrängt werden, und teilt sich mit ihnen das Fürstentum Müang Phuan, das heutige Xiang Khuang, von Vietnam Tran Ninh genannt. Die Wasserscheide der Annamitischen Kordilleren gilt als Grenze. Alle Bewohner in Pfahlbauten werden zum Reich Xiang Dong Xiang Thong geschlagen, eine Grenzregelung zwischen Laos und Vietnam im Nordosten, die bis heute gültig ist.

Prinz Fa Ngum erhält von Jayavarman VII. als Zeichen von Vasallentreue den goldenen Buddha Pha Bang, den er in der Hauptstadt des Reiches aufstellen läßt, wonach die Stadt Luang Prabang genannt wird. Die Größe des Reiches und die aufwendigen Feldzüge werden Fa Ngum jedoch zum Verhängnis. Der eifersüchtige Adel und kriegsmüde Feldherrn schicken ihn 1373 ins Exil.

Sein Sohn Samsenthai (Herr von 300.000 Tai), genannt nach einem Zensus der wehrtüchtigen Männer von Lane Xang von 1376, versucht, das Reich zu konsolidieren und den Einflußbereich festzulegen. Zu Kambodscha im Süden bilden der Mekong und das Gebirge Dangrek die Grenze, zu Ayutthaya der Gebirgszug Phetchabun im Westen. Die Grenzen zu Sipsong Panna (12.000 Reisfelder), einem Fürstentum im heutigen „Goldenen Dreieck", und Sipsong Chu Tai (12.000 Tai-Herrscher), einem

Fürstentum im Nordosten mit dem Zentrum im heutigen Dien Bien Phu in Vietnam, bleiben offen und sind Einfallsgebiete für Übergriffe und Aufstände. Samsenthai richtet buddhistische Klosterschulen ein, gründet Zentren für den Handel mit den Nachbarländern und führt eine effiziente Verwaltung ein.

Unter seinem Nachfolger, König Phothisarat, verstärkt sich der Druck der Nachbarn auf Lane Xang. Vietnamesische Truppen überfallen 1479 das Land und plündern Luang Prabang. Der König selbst erobert Lan Na und raubt den Phra Kaeo (Smaragd Buddha), das Symbol des buddhistischen Fürstentums im Norden der Halbinsel.

Sein Nachfolger, König Setthathirat (1548-1571), verlegt 1553 die Hauptstadt nach Vientiane, um dem Druck der Burmesen auf Lane Xang auszuweichen. Er baut Vientiane zur neuen Hauptstadt aus, errichtet einen Palast, gründet Wats und läßt zum Dank für die Einführung des Buddhismus das Chedi That Luang errichten, seitdem das Wahrzeichen Vientianes. Für eine würdige Unterbringung und zur Verehrung des Smaragd-Buddha aus Lan Na läßt er das Wat Phra Keo bauen. Seine Absicht, durch die Heirat der Prinzessin von Lan Na den Thron des unterworfenen Nachbarstaates für Lane Xang zu sichern, scheitert jedoch. Der Adel von Chiang Mai bevorzugt für die Prinzessin einen Sprößling des Shan-Staates, um der Umklammerung durch Lane Xang zu entgehen. Dafür kann Setthathirat durch Heirat einer Prinzessin von Ayutthaya eine Allianz zum mächtigen Siam-Staat gegen die burmesische und vietnamesische Bedrohung herstellen, was jedoch nicht die Bedrohung Lane Xangs durch Siam selbst verhindert. Die burmesische Toungoo-Dynastie bedroht im 16. Jahrhundert zum ersten Mal die östlichen Nachbarstaaten. 1563 werden Ayutthaya und Lan Na von burmesischen Truppen erobert und zerstört. Auch Vientiane wird 1567 belagert, kann sich jedoch verteidigen. Nach Setthathirats mysteriösem Tod 1571 auf einem Feldzug in Kambodscha kehren burmesische Truppen nach Lane Xang zurück, erobern 1603 Vientiane und machen Lane Xang zum Vasallenstaat.

Mit König Souligna Vongsa (1638-1695) erlebt Lane Xang die längste Periode des Friedens und ein „goldenes Zeitalter". Es gibt keine Aufstände, nur Xiang Khuang und Sam Neua verweigern die Unterwerfung, was auch nicht durch Heirat zu überwinden ist. Ebenso unabhängig sind die Minderheiten, für die sich ohnehin kein Herrscher Lane Xangs interessiert, solange sie keine bedrohlichen Allianzen eingehen. Vientiane entwickelt sich zu einem kulturellen Mittelpunkt mit der Blüte des Theravada-Buddhismus. Handwerker und Künstler genießen großes Ansehen, und Vientiane wird zum Zentrum von Seidenweberei sowie Gold- und Silberarbeit. Über Souligna Vongsa und seine Herrschaft schreiben auch europäische Reisende, Gerrit van Wysthoff, ein Vertreter der Dutch Westindian Company, und der italienische Missionar und Jesuit Giovanni-Maria Leria. Nach ihrer Beschreibung gleicht der Königspalast einer ganzen Stadt, von der aus das mächtige Reich verwaltet wird. Die Amtsführung von

König Suligna Vongsa ist jedoch auch so streng, daß er seinen einzigen Sohn wegen sexuellen Vergehens im Palast hinrichten läßt. Ohne direkte Nachkommen fällt Lane Xang an die Neffen und Enkel von Souligna Vongsa, die es in die Fürstentümer Luang Prabang, Vientiane und Champasak aufteilen und sich gegenseitig befehden. Vietnam und Siam werden wechselweise zu Hilfe gerufen, die gerne Allianzen mit den Teilstaaten eingehen, um ihre eigenen Gelüste auf Lane Xang zu verfolgen.
    h.k.

Lingam im Reisfeld

Grashüpfer spritzen zur Seite wie winzige Feuerwerksknaller. Bei jedem Schritt knistern und knacken handtellergroße Blätter, ausgedörrt und brüchig, altem Pergament ähnlich mit einer Botschaft, die voller Rätsel steckt. Unter weiten Bäumen verborgen, von dornigem Gestrüpp überwuchert sind die Ruinen zu erkennen. Schwere Stützpfeiler mit ornamentalem Steinmetzschmuck ragen auf. Steinquader, die einmal Tore bildeten, stehen als Skelett am Eingang, der keiner mehr ist. Eine Tempelanlage, unverkennbar. Zusammengestürzt das Gebäude aus kunstvoll behauenem Fels. Es ist, als hätten Giganten gewütet und sich frevelhaft ausgetobt, der Menschen Werk zu zerstören. Wir nähern uns geheimnisvollen Schatten. Eine Ahnung steigt auf, wie es wohl den frühen Entdeckungsreisenden zumute gewesen sein muß, in menschenleerer Gegend, abseits der Straßen, von keiner Karte, von keinem Guide geführt, auf die Hinterlassenschaft der Khmer-Reiche zu stoßen. Da hinten, ist es nicht eine braune Schlange, die lautlos im Unterholz verschwindet? Daumennagellange rote Ameisen der aggressiven Art kriechen die Hosenbeine hoch, verbeißen sich schmerzhaft, als wollten sie die einsamen Besucher davon abhalten, der einstmals heiligen Stätte näherzukommen.

Wir sind mit geliehenen Rädern unterwegs, den berühmten Wat Phu zu besuchen und stoßen auf verborgene Tempel-Ruinen, die nur noch den Fachleuten bekannt sind. Von Champasak waren wir losgefahren. Die beschauliche Siedlung im südlichsten Zipfel von Laos zieht sich am westlichen Ufer des Mekong entlang; ein paar Holzhäuser auf Stelzen, einfache Gästehäuser nun; ein Markt, die Anlegestelle der Fähren und der langen schlanken Frachtboote; einige Steinhäuser aus französischer Zeit, drei, vier Wats. Viel mehr ist es nicht. Ein Ort zum Ausspannen, wunderbar geeignet, sich einzustimmen und einzulassen auf Laos und seine Geschichte. Hier ist sie zu lokalisieren in ihren tiefen Wurzeln, die verdorrt und verkrüppelt sind seit Jahrhunderten schon und doch immer wieder neu austreiben.

Champasak – der Name ist kein Zufall. Nicht nur der kleine Ort heißt so, auch die ganze südliche Provinz, die an Thailand, Kambodscha und Vietnam grenzt. Darin steckt der Name jenes Volkes, das weiter östlich siedelte und im Küstenbereich Südostasiens seine Hochburgen hatte. Die Cham begründeten ab dem 4. Jahrhundert ihre Macht, die hinaus aufs offene Meer orientiert war und die strenge Unterscheidung zwischen Piraten und seefahrenden Kaufleuten vermied. Zwischen dem Wolkenpaß im Zentrum des heutigen Vietnam und dem Delta des Mekong breiteten sich die Cham und ihre Reiche aus, eingewandert aus der kambodschanischen Tiefebene, in Sprache und Gebräuchen und ethnischem Ursprung mit den Bewohnern Malaysias und Indonesiens verwandt. Ihr animistischer Glaube war empfänglich für die hinduistischen und buddhistischen Ideen von Werten und Macht. Ähnlich wie in anderen Regionen Südostasiens verschmolz das Neue mit den vorherrschenden Weltbildern und wurde zur starken Kraft, die auf den Grundlagen des Überschuß produzierenden Naßreisanbaus, des Handels und der Seefahrt blühende Reiche mit wechselnden Hauptstädten, aufwendigen Tempelanlagen und gottgleichen Königen hervorbrachte.

Wo wir heute am Mekong entlang radeln, Schlaglöchern ausweichen, Bauern zuwinken und Frauen in den Reisfeldern beim Setzen der Stecklinge zuschauen in ländlicher Ruhe, breitete sich eine Stadt aus. Ihr werden verschiedene Namen zugeschrieben: Shestrapura, Kuruksetra, Sri Citrasena, Samapura, Champa Nakhon; in allen Bezeichnungen wird mit Sanskritwörtern der indische Bezug deutlich. Nichts ist mehr von jener sagenhaften Stadt zu erkennen, aber Luftaufnahmen machen deutlich, daß die Befestigungsmauern in quadratischer Form ehedem 2,3 mal 1,8 Kilometer umfaßten; möglicherweise in den ersten Jahrhunderten westlicher Zeitrechnung von den Cham erobert oder gegründet, die ihren Einflußbereich von den Küsten bis an den Mekong im Hinterland ausgedehnt hatten. Eineinhalb Jahrtausende währte ihre Hochkultur, die unter dem Einfluß Indiens entstanden war und sich gegen die chinesisch-vietnamesischen Machtansprüche aus dem Norden und die Konkurrenz der Khmer im Westen zu behaupten hatte. Die Cham mußten hier im 5. Jahrhundert das Feld räumen und den Khmer weichen. Als deren verfeindete Volksgruppen unter zentraler Herrschaft vereint wurden und sich die Khmer-Reiche im Gebiet des heutigen Kambodscha herausbildeten, setzten sich deren Könige auch in der Region von Champasak fest. Zwei Jahrhunderte vor dem politischen Aufstieg Angkors, nur 250 Kilometer entfernt, pulsierte hier bereits eine städtische Hochburg, die in ihrer Größe, wirtschaftlichen Bedeutung und in ihrem religiösen Gehalt alles bot, was die Khmer um die Jahrtausendwende zur „Welt"-Macht Südostasiens werden ließ.

Wir klettern über Tempeltrümmer, ein paar Kilometer vom Dorf Thong Khop auf dem Weg zum Wat Phu im Abseits gelegen. Zerborsten der innere Zusammenhalt. Was Glaube an jenseitige Kräfte aufrichtete, was die Präsentation von Autorität verlangte, was von instinktsicherem Stilempfinden durchdrungenes Kunsthandwerk gestaltete – es türmt sich als bombastischer Haufen Gestein vor uns auf. Der Geist, der solches Werk erschuf, ist zu erahnen. Die Würde des Bauwerks ist spürbar geblieben. Nun holt sich die Natur mit tausend Armen der Ranken, Äste, Luftwurzeln zurück, was ihr Menschenhand aufdrückte. Das monotone Gezirp der Grillen durchdröhnt die heißen Mittagsstunden. Der Blick auf die Armbanduhr wirkt absurd, unangemes-

Blick auf Wat Phu

sen, unwirklich. Uns ist, als seien wir der eigenen Zeit davongelaufen. Diese Tempelanlage ist nur eine von so vielen anderen, die im Umkreis der einstigen Khmer-Metropole am Mekong standen; eher unbedeutend im heutigen ländlichen Winkel, vergessen von den Bewohnern der Region. Kein Räucherstäbchen glimmt in diesem Quader-Bruch. Kein Suchender kommt mehr her in das Dickicht, Einkehr zu üben und sich in Meditation und Askese zu stärken. Von solchem Verfall geben mehrere kleinere Tempelruinen beiderseits den Flusses stummes Zeugnis. Wat Müang Kang, Um Müang, auch Huay Thamo genannt, sind einige Namen. Dieser Tempel da vor uns mit dem verfallenen Tor ins Nichts wird auch von Reiseführern übersehen. Die eher zufällige Entdeckung gehört zu den aufregenden Erlebnissen bei der Spurensuche nach dem alten Laos. Wir fahren weiter zum eigentlich Ziel, das Wat Phu heißt, ein paar Kilometer nördlich am Berg Phu Kao gelegen. Steinig sind die Wege, ausgetrocknet die Felder, in der Sonne gebackener Lehm, hart wie Stein. Immer wieder sind abgespaltene Brocken zu sehen, Splitter von Tempelbauten, die niemand mehr kennt. Reste der mystischen Schlange, einer Naga, sind im Dreck verborgen. In der Senke eines unbestellten Reisfeldes liegt, halb vom trocken-rissigen Schlamm bedeckt, ein Lingam, grob behauen, nicht sehr kunstvoll gestaltet, doch eindeutig auszumachen als Phallus ritueller Feierlichkeit. Das ist Shivas Zeichen: männlich, zeugungsfähig, aufragend mit dem Anspruch von Unterwerfung, Leben spendend und eindringend in die fruchtbare Erde. Der Lingam ist zum Abfall geworden, Müll großer Kultur, vielleicht unvollendet geblieben vor Jahrhunderten schon, als diese Region in Bedeutungslosigkeit versank.

Nach schweißtreibender Strampelei kommt linkerhand der die Flußlandschaft beherrschende Berg wieder ins Bild. Phu Kao, 1.200 Meter hoch, mit Wäldern bedeckt, grün-braun. Die aufragende Wand wäre nichts anderes als natürliche Begrenzung des Horizonts im Westen des Mekong-Beckens, ragte da nicht über den Gipfel hinaus ein 60 Meter hoher Monolith, ein nackter Fels in Form einer Stupa, nein, viel eindeutiger: ein Phallus reckt sich da oben dem Himmel entgegen. Lingam. Dieses Zeichen der Natur lockte die Menschen schon in prähistorischer Zeit an. Noch ehe am Osthang des Phu Kao die Cham die ersten Steine legten für ihren Tempel, wurden an den Hängen bereits Tieropfer gebracht, floß in Beschwörung der Berg- und Wassergeister das Blut der Büffel, möglicherweise auch Menschenblut. Die Grenzen zwischen historischen Fakten und volkstümlichen Schauermärchen verschwimmen. Um die Kultstätte knüpfen sich grausame Erzählungen. Vom legendären König Kammatha ist die Rede, von Menschenopfern und rituellen Schlachtungen, von Monstern und Schamanen. Wir fahren auf den dicht bewachsenen Berg zu, sehen da oben wie ein Mahnmal die blanke Felsspitze und brauchen kaum die Phantasie zu bemühen, um die geheimnisvolle Ausstrahlung des Ortes zu spüren. Hier überlagern sich Geschichtsepochen. Wir machen eine Zeitreise. Aus den nebulösen Niederungen animistischer Naturbeschwörung steigen die klareren Pfade hinduistischer und buddhistischer Suche nach Wahrheit und Erkenntnis auf. Götterdämmerung der südostasiatischen Art. Wat Phu ist eines der ältesten hinduistischen Monumente der gesamten Region; die einzigartige Tempel-Anlage von solcher Größe auf laotischem Boden. Was heute zu besichtigen ist, wurde zwischen dem 6. und 13. Jahrhundert erbaut.

Wir kommen vom Mekong, haben die ärmlichen Dörfer entlang der Straße passiert, die einmal Weg der Prozession gewesen war von der im Nichts versunkenen Stadt hin zum Heiligtum am Hang des Phu Kao, der unter Shivas Einfluß Lingaparvata genannt wurde. Und dann wie eine Offenbarung: Wir sehen den heiligen Berg in zwillingshafter Verdoppelung. In einem Baray, einem künstlichen See, spiegelt sich wider, was aufragt zum Himmel und aus dieser Sicht noch gar nicht in Einzelheiten und in den Ausdehnungen erkennbar ist. Ein märchenhaft schillerndes Bild. Daß sich das Gesamtwerk im Wasser wiederfindet, ist bezeichnendes Omen. Die Verehrung des lebensspendenden Naß in mystischem Zeremoniell und die ausgeklügelte Bewässerung für Reisanbau und Landwirtschaft wurden in dieser Gemeinsamkeit zum Fundament der großen Kulturen, in ihrer inneren Ordnung von priesterlicher Beschwörung und praktischer Berechnung des Technikers gesichert.

Der erste Eindruck ist Verfall. Der vom Wind zerzauste Pavillon direkt am unteren Baray gehört eigentlich gar nicht zum Tempelberg. In den 1950er Jahren war die Terrasse für die Noblen jener Zeit errichtet worden, ein prächtiger Hochsitz mit Rundumblick. Nun ist das pagodenartige Gebäude verwahrlost, ein Schandfleck der Wellblech-Architektur, die die klassischen Formen kopiert und Schrott hinterläßt. Zwischen zwei kleineren Barays, mit Wasser gefüllt der rechte, ausgetrocknet der linke, verläuft der Prozessionsweg. Zu Zeiten des Khmer-Königs Jayavarman VI. im 11. Jahrhundert zogen auf der mit Steinplatten ausgelegten Straße die Priester und Notabeln zum Heiligtum. Überwuchert ist der Boden nun, gesäumt der Weg von phallusartigen Säulen, knapp mannshoch; die meisten liegen zerbrochen im Gras. Über drei Terrassen zieht sich die Pilgertour den Hang hinauf.

Zwei schwarz-braune Hallen aus Lateritgestein, sich rechteckig gegenüberstehend, wirken wie majestätische Empfangsräume. Wahrscheinlich dienten die kompakten Pavillons tatsächlich als Herberge, Umkleidegarderobe, Sammlungsstätte für die einstigen VIP. Die Dächer sind eingefallen, Mauern eingestürzt; aus den Ritzen wächst junges Grün. Die als Halbreliefs in die Giebel gemeißelten Skulpturen zeugen von hohem ästhetischen Anspruch, an die Meisterwerke am Banteay Srei im Areal von Angkor erinnernd – wie sich ja bei Schritt und Tritt ein solcher Vergleich aufdrängt. Was hier am Wat Phu einige Generationen bevor Angkor aufblühte gestaltet wurde, das war so etwas wie die Generalprobe für den großen Auftritt, keinesfalls in lehrlingshafter Zweitklassigkeit, sondern längst ausgereift in Stil und Formen, die von den früheren Reichen Funan, Chenla und Champa übernommen und weiterentwickelt worden waren. Über Jahrhunderte setzten sich im Umfeld von Kriegen und gegenseitiger Unterwerfung machtpolitische Kontinuität und geistige Befruchtung fort, die ihren nachhaltigen Ausdruck in den Tempelanlagen erlangten: noch in ihren Ruinen manifest. Das in Stein gefügte sakrale Bauwerk überdauerte die Mächtigen und ihre Priester. Die Paläste waren aus Holz, aus verderblichem Material gebaut. Den Göttern und Geistern war der Stein vorbehalten.

Steil weisen die Pfade nach oben. Auf der mittleren Terrasse liegen zwei kopflose Herrscher-Statuen in Überlebensgröße auf der Erde: entmachtet, ihrer Füße beraubt – und doch, so scheint es, nicht besiegt. Das sind Statuen der Khmer-Kultur. Männlich und muskulös ruhen die Torsi neben einer flachen, quadratischen Schale mit Abflußrinne: Yoni, das weibliche Symbol, hier vielleicht nur zufällig aus dem Bruchstein der Trümmer zur Seite geschafft, doch beziehungsreich in dieser Nachbarschaft. Die glatt polierten Oberkörper, die Schenkel, die mit Ornamenten verzierte Schampartie – das kündet von Kraft und Kreativität. Wer weiß, in welchem Museum, in welch abgesichertem Hinterzimmer einer Privatsammlung die Köpfe zu finden sind.

Unter den grünweißen Blätterschirmen der Frangipani-Bäume steigen wir weiter

Der gefallene Khmer-Herrscher

zum Heiligtum in der Höhe. Im Innenraum lächelt heute clownesk und dümmlich eine Buddhafigur der neueren Zeit, den Wandel verkörpernd, der mit dem Gründer des ersten Laos-Reiches, mit Fa Ngum, verbunden wird. Im 14. Jahrhundert wurde aus dem hinduistischen Tempel, in dessen Halbdunkel ein Lingam stand, ein buddhistisches Kloster; den Wechsel nachvollziehend, der in Angkor stattgefunden hatte. Wieder die Gemeinsamkeit. An der Außenmauer ist eine himmlische Tänzerin als Halbrelief in den Stein gebannt, eine feengleiche Gestalt aus der Garde der Apsaras, die auch die Wände des Angkor Wat bevölkern. Im Schatten vor dem Haupttempel des Wat Phu bieten höchst lebendige Mädchen süß duftende Girlanden aus Frangipani-Blüten an, Opfergaben für die Pilger, die heute ebenso kommen wie in früheren Zeiten. Anmut in Stein, Anmut in Fleisch und Blut. Wie sich die Bilder gleichen. Auf unsere Bitte posiert eines der Mädchen neben der Tänzerin für ein Foto; 15 Jahre jung ist die eine Schönheit, neunhundert Jahre alt die andere: Sie könnten Schwestern sein.

Im Hintergrund öffnet sich der Fels, in Höhlen rinnt das Wasser, das zu kultischen Zwecken aufgefangen wurde. In eine Felswand hinter dem Haupttempel ist die hinduistische Dreifaltigkeit gemeißelt: Brahma, Shiva, Vishnu. In erstarrter Gebetspose haben die Reliefs allen Winden, Wettern und Wenden getrotzt, Toleranz illustrierend. Bilderstürmer waren hier nicht am Werk, wie sie im Abendland unter wechselnden allein-selig-machenden religiösen Bannern wüteten und zerstörten. Auf einem Lintel, einer Torbefestigung, ist als Flachrelief der auf seinem Bullen, dem Nandi, reitende Shiva zu sehen, neben ihm die Gefährtin Uma. An mit Moos und braunen Flechten überzogenen Mauerresten sind Elefant und Schlange erkennbar. Das alles atmet Geheimnis. Auf dem Boden liegt ein in Stein gehauenes Krokodil. War es eines der Gefäße, in dem das Blut der Opfertiere aufgefangen wurde? Geschah es in diesem Dämmerlicht zwischen Höhlen und Bäumen unterhalb des gewaltigen Lingam da oben auf dem Berg, wo Menschen geopfert wurden? Niemand vermag es zu sagen.

Weit schweift der Blick aus dieser Adlersicht hinab zu dem doppelten Geviert der Eingangshallen, dann über die Ebene da unten, wo in der Ferne das graue Band des Mekong die Landschaft durchzieht, die fruchtbar ist und besiedelt von Menschen seit Jahrtausenden. Das ist Größe, Weite, Tiefe. Kein Foto vermag die Dimensionen einzufangen, die räumlichen, die geistigen. Man muß aufsteigen, eindringen, das Geheimnis auf sich wirken lassen, ohne es ergründen zu wollen. Was die Wirkung ausmacht? Nicht das einzelne Bauwerk, die einsame Skulptur, die verfallene Mauer. Da hat Angkor, da haben Tempelanlagen des Khmer-Erbes im heutigen Thailand mehr zu bieten, wahrlich. Was am Berg von Wat Phu sprachlos macht, ist die Gesamtanlage, ist die Ahnung von der Idee, die darin steckt. Bei den Tempeln von Angkor in der endlosen Ebene mußte der Meru, der Götterberg, von Menschenhand geschaffen werden: jedes Bauwerk ein Abbild dieses Berges, aufgetürmt aus tonnenschweren Quadern. Hier ist der Berg schon da, die Menschen bezogen die irdene, gewachsene Höhe mit ein in ihr Werk, schufen aus Natur und religiöser Vorstellung ein neues, eigenständiges Ganzes. Ähnliches ist nicht in Angkor zu bewundern, sondern im Grenzbereich von Kambodscha und Thailand, wo der Preah Vihear in den Himmel gebaut wurde.

Darüber läßt sich wunderbar mit Patricia Zolese reden. Wir treffen die resolute Italienerin am Fuße des Phu Kao. Eine Frau in den 50ern, Schirmmütze, die kurzen rötlichen Haare unter ein Stirntuch gebunden, weiße Bluse, Jeans. Mit hellwachen braunen Augen verfolgt sie das Tun der Männer, die ihr gewissermaßen zu Füßen liegen und mit Spachtel, Pinsel, Schaufel in den Steinen wühlen. „UNESCO Chief Technical Advisor" steht auf der Visitenkarte, die uns Patricia Zolese überreicht. Die Archäologin berichtet begeistert von ihrer Arbeit. Seit einem Jahrzehnt gräbt, forscht, sichtet, konserviert die wackere Wissenschaftlerin am Wat Phu. „Das ist mein Kind", sagt sie lächelnd und benennt augenzwinkernd ihr inniges Verhältnis zu diesem Tempelberg: „Ich bin die Mutter von Wat Phu." Mit der Kartographie fing die Arbeit an; nie zuvor war eine systematische Bestandsaufnahme gemacht worden. „Etwa 20 Tempelanlagen gibt es in dieser Gegend im südlichen Laos", erklärt Patricia Zolese, „keiner hat die Ausmaße des Wat Phu, aber alle gehören zusammen und sind aufeinander bezogen."

Die Frau ist in ihrem Element. Von Indien erzählt sie und den Anfängen der hinduistischen Einflüsse in Südostasien. Nicht in kolonisatorischer Absicht kamen die Inder, nicht kriegerisch unterwerfend; Brahmanen waren es, Händler, Berater in einem modernen Sinne. Das war Tausch von Waren und Austausch von Erfahrungen, geistigen Werten, politischen Strukturen. Die hochentwickelten indischen Großreiche, hierarchisch geordnet, vom Kastenwesen geteilt, strebten nach Osten, suchten Handelsbeziehungen, verbreiteten den Geist ihrer Götter und das Verlangen nach Gold. Über Tausende von Kilometer des Indischen Ozeans, der Malakka-Straße, des Südchinesischen Meeres, mit Zwischenstationen an den Küsten Javas, Sumatras, sprang ein Funke von epochalem geistesgeschichtlichen wie machtpolitischem Format nach Südostasien über. Das Nebeneinander animistischer Kulte und hinduistischer Riten und später buddhistischer Richtungen war möglich. Mit der aus Indien übernommenen Gleichsetzung von Gott und göttlicher wie weltlicher Macht konnten sich die aufstrebenden neuen Herrscher über die Stammesverbände stellen und ein Prinzip durchsetzen, das für die folgenden Jahrhunderte prägend wurde. Davon ist die Rede an den Fundamenten des Wat Phu, der sehr früh einbezogen war in das aufkommende Netzwerk neuer bodenständiger Reiche.

Die Frau aus Italien, die das Tempelwerk in Laos zu ihrer Lebensaufgabe gemacht hat, schwärmt von den großen Verbindungen. Der Mekong war eine Lebenslinie. Hin zu Angkor gab es einst eine direkte Straße. Die Beziehungen reichten bis ins 270 Kilometer entfernte My Son und Hoi An an der vietnamesischen Küste und von dort über die Meere. „Wat Phu und was Sie heute davon sehen können, ist nur noch eine Ahnung dessen, was hier einmal stand", berichtet sie, „es war Schnittpunkt von Handelswegen, Ort der Weltoffenheit, Transit – Drehscheibe der frühen selbständigen Reiche, aus denen das Khmer-Imperium hervorgegangen ist."

Mit dem Fuß scharrt Patricia Zolese an Steinen im sandigen Boden und deutet auf das Können der Baumeister hin. Sie verstanden es, ein den natürlichen Gegegebenheiten angepaßtes Kunstwerk zu errichten. Stolz verweist sie auf ihre Entdeckung: ein System des Wasserablaufs, das regulierend die tropischen Regengüsse ableitete und somit das Gemäuer vor Einsturz schützte. Jedenfalls solange es von den Menschen gepflegt und gewartet wurde. „Hier erwuchs eine bewundernswerte Harmonie von Natur und dem Werk der Menschen", lobt die Forscherin, „da stimmten die Proportionen. Nichts Anmaßendes der Erbauer ist zu erkennen, sondern die tief empfundene Demut, sich einzufügen, Natur zu respektieren und sie nicht zu vergewaltigen." Auch dies eine Botschaft von Wat Phu – eine Botschaft, die in unserer Zeit wieder verstanden werden sollte. Kein Erdbeben erschütterte die Pracht, kein Unwetter schwemmte die Mauern weg. Letztlich waren es die Menschen, die Wat Phu und die urbane Zivilisation hier am Mekong aufgaben. Was führte zum Niedergang der einstigen Herrlich- und Heiligkeit? Was leitete den Fall einer solchen Hochkultur ein? Wat Phu geriet nach der Jahrtausendwende mehr und mehr in den Schatten von Angkor. Handelswege verlagerten sich. Als neue Regionalmacht setzte sich schließlich Siam durch mit den Zentren im Norden des heutigen Thailand. Auf dem Schachbrett der Auseinandersetzungen wurden die Figuren in Bewegung gehalten, und Laos geriet in seiner Binnenlage immer wieder zwischen die Fronten und Abhängigkeiten: eher Opfer denn Akteur.

An Daten zu Wat Phu und dessen Erhalt mangelt es nicht. Patricia Zolese und ihre laotischen Mitarbeiter sind fleißig gewesen. Zwei dicke Bücher hat sie über ihr Lebenswerk verfaßt. Die wissenschaftliche Grundlage für die Erhaltung der Anlage ist gegeben. Ob eine solide Restaurierung jemals möglich wird? Die Frau aus Italien zuckt mit den Schultern. „Wir haben die Pläne für einen archäologischen Park vorbereitet. Aber es fehlt an Geld", mit leeren Händen deutet sie den Mangel an, „die Finanzen, die für derartige Rettungsaktionen international aufgebracht werden – von den Franzosen, den Japanern beispielsweise –, fließen zum größten Teil nach Angkor. Das ist weltberühmt. Dort boomt der Tourimus. Wir hier sind im Abseits", sagt sie bedauernd, „wir müssen uns mit geringen Mitteln begnügen."

Es scheint nicht nur das Los von Wat Phu zu sein, damit ist das Schicksal von Laos benannt.

r.s.

GESCHICHTE II

Fremdbestimmung

Fremdbestimmung:
Siam, Frankreich und Vietnam mischen sich ein

Mit dem Tod des „Sonnenkönigs" Suligna Vongsa (1637-1697) ist das „goldene Zeitalter" in Laos beendet, und das Reich Lane Xang (Eine Million Elefanten), das 350 Jahre Bestand hatte, bricht zusammen. Siam steigt im 18. Jahrhundert zur beherrschenden Macht auf dem südostasiatischen Festland auf. Die laotischen Fürstentümer Luang Prabang, Vientiane, Champasak und auch Xiang Khuang geraten in siamesische Abhängigkeit. Laos verkommt zu einer siamesischen Provinz.

Burma und Siam

Die burmesischen Machthaber dringen im 18. Jahrhundert erneut in die Welt der Tai vor. Ihnen fallen 1763 Chiang Mai, 1765 Luang Prabang und 1767 Ayutthaya zum Opfer. Obwohl das Machtzentrum Ayutthaya völlig zerstört worden ist, erholt sich Siam rasch von der burmesischen Unterdrückung. General Taksin, der spätere König Rama I. (1767-1782), ruft das Volk zum Feldzug gegen Lane Xang auf. Am Ende des Jahrhunderts ist der größte Teil von Laos in siamesischer Hand, das Plateau von Khorat, Kalasin und Khon Kaen. Östlich des Mekong wird Champasak unter dem Vorwand einer Rebellion von Taksins Truppen eingenommen. Mit Unterstützung des Königs von Luang Prabang wird 1776 Vientiane erobert und geplündert. Aber die Treulosigkeit schützt auch Luang Prabang nicht vor der Unterwerfung. Ein großer Teil der laotischen Bevölkerung wird zur Fronarbeit auf die Reisfelder im Becken des Chao Phraya und zum Bau der neuen Hauptstadt Bangkok verschleppt. General Taksin bringt die königliche Familie zusammen mit dem Smaragd-Buddha als Siegestrophäe nach Bangkok.

Die siamesischen Könige zeigen jedoch kaum Interesse an den laotischen Eroberungen auf dem Plateau von Khorat und noch weniger an den Fürstentümern östlich des Mekong. Sie erlauben ihnen ein großes Maß an Autonomie und die Rückkehr der Herrscher als siamesische Vasallen. König Anuvong übernimmt 1804 wieder die Macht in Vientiane. Er läßt die Stadt wieder aufbauen und errichtet einen neuen Palast, fördert den obersten buddhistischen Rat der Sangha und gründet 1818 das Wat Sisaket. Sein Sohn kann die Herrschaft über Champasak übernehmen und geht ein Tributverhältnis zur neugegründeten Nguyen-Dynastie am Hofe von Hue in Vietnam ein.

König Anuvong interpretiert das distanzierte Verhältnis Siams zum eroberten Lane Xang als Schwäche der Könige. Als der junge König Rama III. die Macht in Bangkok übernommen hat, ruft er daher zum Feldzug zur Rückeroberung des Plateaus von Khorat und selbst zur Unterwerfung von Bangkok auf, was zum Desaster von 1827 führt. Seine Truppen werden von Siam geschlagen, Vientiane wird erobert und die Stadt geschleift, zum zweiten Mal innerhalb eines halben Jahrhunderts. Er selbst wird gefangengenommen, nach Bangkok verschleppt, gedemütigt und stirbt in einem Gefängnis.

Die Fehleinschätzung der Machtverhältnisse durch König Anuvong stürzt Laos in eine nationale und gesellschaftliche Katastrophe. Er hatte angenommen, Großbritannien würde nach der Eroberung von Burma über Siam herfallen, und sich von Gerüchten verleiten lassen, Burma würde sich mit Vietnam gegen Siam verbünden. Fixiert auf die verlorene Größe träumte er von der Wiederherstellung des Reiches von Lane Xang und der Befreiung der Bevölkerung auf dem Plateau von Khorat und ihrer Rückführung ins Königreich.

Nach der verheerenden Niederlage von 1827 werden noch größere Teile der Bevölkerung nach Siam deportiert und die Regionen von Vientiane sowie vom Nam Kading bis Savannakhet in Südlaos vollständig entvölkert. In Siam und in thailändischen Geschichtsbüchern wird der Aufstand von Anuvong als die Rebellion eines undankbaren Vasallen dargestellt, für Laos ist er ein Kampf zur Befreiung des Volkes und für die nationale Unabhängigkeit des Landes. Der Aufstand ist der letzte Versuch der Laoten, das Land südlich von Vientiane zurückzugewinnen und Laos wiederzuvereinigen. Das Plateau von Khorat entwickelt sich zu einem eigenständigen Zentrum laotischen Lebens, wo die vergangene Größe in mündlicher Überlieferung wachgehalten und die einheimische buddhistische Kultur gepflegt wird.

Die entvölkerten Regionen locken ab 1830 neue Immigranten ins Land, die Hmong und Yao aus China und die Tibeto-Burmanen aus den nordwestlichen Nachbarländern. Sie ziehen jedoch nach der Lebensgewohnheit in ihren Ursprungsgebieten nicht in die Ebene des Mekong, sondern siedeln in den Gebirgsregionen, in Laos Lao Sung (Bewohner der Berge) genannt.

Der Hof von Hue ist weniger an laotischem Territorium jenseits der Annamitischen Kordilleren als vielmehr an der Reiskammer Angkors im fruchtbaren Mekongdelta im Süden interessiert, an Kampuchea Krom (kambodschanisches Tiefland). Das zusammengebrochene Reich von Angkor wird zum Spielball und Streitobjekt der regionalen Großmächte Siam und Vietnam. Zwischen ihnen entbrennt von 1834 bis 1847 ein heftiger Streit über die Aufteilung Kambodschas, der durch das Auftreten der französischen Kolonialmacht ein Ende findet. Aufgrund der neuen Machtverhältnisse setzen sich 1885 siamesische Truppen in Xiang Khuang in Zentrallaos fest, um Laos als Puffer gegen die Expansion Frankreichs westlich des Mekong zu verteidigen.

Mitte des 19. Jahrhunderts steht Laos am Tiefpunkt seiner Geschichte. Das Plateau von Khorat, ganz Mittellaos und Teile des Gebirges sind in siamesischer Hand. Luang Prabang ist sogar gleichzeitig dem Hof von Bangkok, Hue und Peking tributpflichtig. Die desolate Situation des Landes beklagen auch französische Abenteurer wie Henri Mouhot, der die Region bereist und seine Eindrücke in Europa veröffentlicht. Er stirbt 1861 in der Nähe von Luang Prabang an Malaria.

König Chulalongkorn, auch Rama V. genannt, ist auf dem besten Weg, das besetzte Laos in den siamesischen Staat zu integrieren, als ihm 1893 die französische Kolonialmacht in die Quere kommt und – welche Ironie der Geschichte – einen Rest des Landes als Territorium und Staatsgebiet der Laoten sichert.

Frankreich

Aber was 1893 von Laos bleibt und worüber Frankreich und Siam sich einigen, macht weniger als die Hälfte des Territoriums von Lane Xang und nur einen Bruchteil der Bevölkerung aus. Hätte Frankreich sich Siam als Kolonie unterworfen, wäre Laos ganz verschwunden. Wäre dagegen auch das Plateau von Khorat eine französische Kolonie geworden, wäre Lane Xang wiedererstanden. Laos wird von Frankreich wie eine Provinz Indochinas behandelt, das die Protektorate Tonkin und Annam sowie die Kolonie Cochinchina Südvietnams und das Protektorat Kambodscha umfaßt. Es dient als Hintertür nach China und Puffer gegen die Kolonialinteressen Großbritanniens in der Region, immer für andere Interessen als die des Landes selbst. Der Mekong verliert seine Rolle als Lebensraum von Völkern und wird als „unser Fluß" zur Abgrenzung kolonialer Interessen auf dem Festland Südostasien betrachtet, nämlich Großbritannien von der Expansion seiner Kolonien von Indien über Burma bis ans Südchinesische Meer abzuhalten. Nach europäischer Vorstellung von Nationalstaaten und festen Grenzen ist Frankreich auf die Festlegung territorialer Grenzen seiner Kolonien bedacht, im Unterschied zur südostasiatischen Sicherung von Machtbereichen durch Tributbeziehungen – wie es traditionell praktiziert worden war.

Die Zurückhaltung in den Spannungen zwischen Großbritannien und Frankreich in Südostasien ist aus der „Entente Cordiale" in Europa zu verstehen, denn in London und Paris besteht kein Interesse an einem kolonialen Konflikt in Südostasien. Siam und Laos sind als Puffer zwischen Britisch-Burma und Französisch-Indochina gerade recht. Das Verhältnis zwischen Frankreich und Siam wird von gegenseitigem Mißtrauen bestimmt. Als ein britischer Konsul in Chiang Mai ernannt wird, läßt sich Auguste Pavie, der französische Kolonialbeauftragte für Laos, 1866 mit siamesischer Zustimmung als Konsul von Luang Prabang einsetzen. Als ein französischer Offizier in

Nordlaos von siamesischen Truppen umgebracht wird, schickt Frankreich zwei Kanonenboote den Chao Phraya hinauf, was zur Kapitulation Siams und Unterzeichnung des Abkommens vom 3. Oktober 1893 führt. Im Gegenzug schickt Großbritannien Kriegsschiffe unter dem Vorwand nach Bangkok, gefährdete britische Bürger zu evakuieren. Auguste Pavie gewinnt Großbritannien gegenüber einen Vorsprung, als er König Oum Kham in Luang Prabang vor einer Bande von 600 Marodeuren, den „Schwarzen Fahnen" der sogenannten Ho aus China und kriegerischen Tai aus dem Hochland, rettet und der König um den ständigen Schutz Frankreichs bittet.

Zur Freude des Hofes von Hue erhebt Frankreich alte vietnamesische Ansprüche auf umstrittenes laotisches Territorium in der Region, Teile von Sipsong Chu Tai (12.000 Tai-Herrscher) im nordöstlichen Grenzgebiet zu Vietnam und fruchtbare Täler in Nape und Khammouane in Südlaos. Großbritannien fordert dagegen das Fürstentum Müang Sing auf dem östlichen Mekongufer im Nordwesten von Laos als Teil des Shan-Staates von Keng Tung in Burma. Bevor es jedoch zur kriegerischen Auseinandersetzung mit den britischen Gurkhas in Müang Sing kommt, wird eine friedliche Einigung erzielt.

Frankreich behandelt Laos wie eine lästige Provinz Indochinas, ohne eine eigenständige Entwicklung des Landes und die Bildung der Bürger zu fördern. 1907 gibt es in ganz Laos nur vier ausgebildete einheimische Lehrer. Nach dem Zweiten Weltkrieg haben nur ein Prozent der Bevölkerung eine Grundschule besucht. Die Kolonialverwaltung residiert in den typischen gelben Stuckvillen Indochinas und vergnügt sich in den Provinzstädten im allgegenwärtigen Circle Sportif. Man macht Politik und pflegt Kontakt mit den 200 vornehmen Familien des Königshauses und Adels des Landes. Wirtschaftlich wird nur das entwickelt, woran in Frankreich ein Interesse besteht, Kaffee und Tee auf dem Bolaven-Plateau in Südlaos, Zinn und Kohle sowie Holz und ätherische Öle für die französische Industrie.

Das übrige Land verharrt in primitiver Subsistenzwirtschaft. Luang Prabang wird wegen des Königshauses der Status eines Protektorates eingeräumt, der Rest wird wie eine Kolonie behandelt. Aber dem König wird nicht einmal die Rolle eines formalen Repräsentanten seines Landes zugestanden, obwohl er sich äußerst loyal zu Frankreich und seinen Repräsentanten in Laos verhält. Unter dem Einfluß sozialdarwinistischer Vorstellungen hält man sich für eine überlegene Rasse, die Laoten dagegen für unterwürfig, unzuverlässig und unfähig, ihr eigenes Land zu verwalten. Für die Administration der Kolonie und koloniale Projekte werden Vietnamesen ins Land geholt, die sich unbegrenzt in Laos aufhalten und niederlassen können. In den 1930er Jahren besteht die Bevölkerung in Vientiane zu 53 Prozent aus Vietnamesen, in Pakse zu 62 und in Thakhek sogar zu 85 Prozent.

Dagegen regt sich Widerstand unter der Bevölkerung, der sich in Aufständen äußert, getragen von nationalistischen Intellektuellen, aber auch von religiösen Erwekkungsbewegungen. Die einzige Reaktion der Kolonialverwaltung ist die massive polizeiliche und militärische Unterdrückung.

Der Kalte Krieg in Indochina

Im Zweiten Weltkrieg besetzt Japan mit Zustimmung der Vichy-Regierung das Land und erklärt Laos 1941 für unabhängig. Der König wird gezwungen, sich von Frankreich loszusagen. Nach Ende des Krieges beauftragen die Alliierten die Nationalchinesen mit der Kapitulation der Japaner in Nordlaos, Großbritannien im Süden. Präsident Truman signalisiert Frankreich, daß die USA die Rückkehr nach Indochina zur Eindämmung des Kommunismus in Asien unterstützen. Das ist eine Aufforderung für Frankreich, und damit werden Vietnam, Kambodscha und Laos in die Polarisierung des Kalten Krieges in Asien hineingezogen.

Französische Luftlandetruppen nehmen im März und April 1946 Vientiane und Luang Prabang ein und versuchen, die alte Kolonialherrschaft wieder zu errichten. König Sisavang Vong heißt sie willkommen und wird selbst wieder in Amt und Würden eingesetzt.

Der Vizekönig, Prinz Phetsarat Rattanavongsa, versucht jedoch, das Machtvakuum unmittelbar nach dem Zweiten Weltkrieg zu nutzen und erklärt am 15. September 1945 die Loslösung von Laos aus der Union Indochinas und verkündet die Unabhängigkeit und Einheit des Landes, ermutigt von Ho Chi Minh, der am 2. September 1945 in Hanoi die Unabhängigkeit Vietnams ausgerufen hatte. Er läßt von der Nationalversammlung eine neue Verfassung ausarbeiten und gewinnt den König für seine Sache. Aber trotz der Unterstützung Ho Chi Minhs und von Hilfstruppen des Vietminh aus Hanoi werden Phetsarats Kräfte der Lao Issara (Freies Laos) 1946 von den Franzosen geschlagen und über den Mekong nach Thailand vertrieben. Der König reagiert mit großer „Dankbarkeit, Treue und Zuneigung" zu Frankreich.

Die militärische Unterdrückung laotischer Nationalisten durch Frankreich 1946 und das Eingreifen des Vietminh in die Kämpfe markiert den Beginn des Ersten Indochinakrieges. Frankreich gibt damit das von Auguste Pavie propagierte Prinzip der angeblich friedlichen Eroberung von Laos auf und geht zum ersten Mal militärisch gegen die laotische Bevölkerung vor.

Die von Prinz Phetsarat ins Leben gerufene Lao Issara ist eine Befreiungsbewegung mit unabhängigem und nationalistischem Kurs, getragen von nationalistisch gesinnten Beamten der französischen Verwaltung und jungen Intellektuellen. Sie wird unterstützt von Persönlichkeiten wie Maha Sila Viravong, einem namhaften Literaten, der mündliche Literatur sammelt, die Nationalbibliothek gründet und an die verschüttete Tradition der laotischen Unabhängigkeit und Einheit anknüpft. Der Buddhismus wird neu gepflegt, und der oberste Rat der Sangha reorganisiert. Die Lao Issara ist die Gründungsorganisation aller späteren nationalistischen und revolutionären Zusammenschlüsse bis zur heute regierenden Revolutionären Volkspartei von Laos. Die Kommunistische Partei von Laos wird 1955 gegründet und basiert auf Kräften der 1951 aufgelösten Kommunistischen Partei Indochinas. Pathet Lao (Land der Laoten) wird als Kurzform für alle revolutionären Organisationen eingeführt, ob Neo Lao Issara (Nationale Befreiungsfront von Laos), Widerstandsregierung von Laos oder Volksbefreiungsarmee von Laos. Prinz Phetsarats Kurs der Unabhängigkeit von Frankreich und Vietnam ist ungewöhnlich und verunsichert den Kronprinzen Savang Vatthana, der das Königshaus und das Geschick des Landes an Frankreich bindet.

Die Forderung der kompromißlosen Unabhängigkeit vom Ausland und einer strikten Neutralität bringt Phetsarat auch in Widerspruch zu seinem jüngeren Bruder, Prinz Suvanna Phuma, der die Unabhängigkeit des Landes durch Verhandlungen und Kompromisse mit Frankreich anstrebt. Er ist frankophon und mit einer Französin verheiratet. Sein Weg der Verhandlungen, Koalitionen und Kompromisse ist überzeugend, scheitert jedoch an den politischen Verhältnissen des Landes. Suphanuvong, ein weiterer Prinz aus dem Königshaus, sucht die Kooperation mit dem Vietminh, ist angetan von Ho Chi Minh und mit einer Vietnamesin verheiratet. Zu seiner Gruppe zählen die mächtigen Kader des Pathet Lao und späteren Funktionäre von Partei und Staat: Phumi Nosavan, Kaisone Phomvihan und Nuhak Phumsavanh. Der Pathet Lao ist nicht in der Lage, einen eigenen revolutionären Nationalismus zu entwickeln und gerät in Abhängigkeit von der Kommunistischen Partei Vietnams und damit in die Bündnispolitik des Ostblocks. Suvanna Phumas Neutralismus, aber besonders Suphanuvongs Pathet Lao, stehen im Widerspruch zum Nationalismus der Königlichen Regierung von Laos, der auf einer elitären monarchischen Tradition und aristokratischer Gönnerschaft gründet. Alle Koalitionsregierungen zur Herstellung von Frieden und Rettung der Unabhängigkeit und Einheit des Landes haben schlechte Voraussetzungen und sind zum Scheitern verurteilt.

Die französische Kolonialverwaltung und die Regierung in Paris sind nicht an einem unabhängigen Laos interessiert, das auf einem nationalen Kompromiß aller Fraktionen des Landes gründet. Die Erklärung der laotischen Unabhängigkeit als „konstitutionelle Monarchie in der französischen Union" von 1946 dient der Versicherung von Loyalität des Königshauses, ebenso das Zugeständnis von 1949, Laos als „unabhängigen asiatischen Staat" in die französische Union aufzunehmen. Als schließlich 1953 im franko-laotischen Vertrag dem Land die „volle Souveränität" zugestanden wird, ist es zu spät. Die laotischen Fraktionen haben sich gespalten. Der Pathet Lao hat sich dem Vietminh angeschlossen, der seit 1954 auf den bewaffneten Kampf zur Befreiung Indochinas setzt und die Kolonialmacht Frankreich in Dien Bien Phu vernichtend schlägt. Die blutige Auseinandersetzung findet nahe der laotischen Grenze statt, weil Frankreich Laos um jeden Preis als Hinterland für die Auseinandersetzung um Indochina verteidigen will.

Zu der Zeit sind die USA bereits tief in die Auseinandersetzung um Laos verstrickt und bauen verdeckt Bündnisse gegen den Kommunismus in Indochina auf, gegen Pathet Lao und Vietminh, und bringen bereits 75 Prozent der französischen Kriegskosten auf. Trotzdem ist Frankreichs Versuch vergeblich, sich die Wiederherstellung der Kolonialherrschaft über Indochina als Kampf für die „freie Welt" von den USA finanzieren zu lassen.

Im Genfer Indochina-Abkommen vom 20. Juli 1954 gehen die Unabhängigkeit und Einheit von Laos endgültig verloren, das Land wird praktisch aufgeteilt. Der Pathet Lao erhält die Verfügungsgewalt über die Provinzen Phong Saly an der chinesischen und Hua Phan an der vietnamesischen Grenze, Brückenköpfe der Kommunistischen Partei Chinas und Vorposten des Vietminh in Indochina. Die Königliche Regierung von Laos und neutrale Fraktionen und Parteien des Landes werden Opfer von Intervention und Manipulation der USA.

h.k.

Grabmal am Fluß

Die letzte Tagebucheintragung am 29. Oktober 1861 ist ein verzweifelter stummer Aufschrei: „Ayez pitié de moi, o mon Dieu… Hab Erbarmen mit mir, o mein Gott…" Vergeblich. In dieser Welt sollte ihm das Erbarmen versagt bleiben. Der Mann, der die Schönheit der laotischen Flußlandschaft gepriesen hatte, ging grausam am Fluch der Tropen zugrunde, der so vielen Europäern ein frühes Ende brachte: Malaria, Entkräftung, Heimweh. Noch am 15. August notiert er: „Der Mond versilbert das Wasser dieses lieblichen Flusses Nam Khan, der von hohen Bergen gesäumt wird wie von gewaltigen, düsteren Festungsmauern." Er schwärmt von der „entzückenden Landschaft voller Farben", bekennt jedoch: „Aber ich kann mich nicht mehr daran erfreuen wie früher. Ich fühle mich betrübt, gedankenschwer und unglücklich. Ich sehne mich nach meiner Heimaterde. Ich möchte noch ein wenig leben…" Am 10. November 1861 stirbt Henri Mouhot ein paar Kilometer außerhalb von Luang Prabang. 35 Jahre alt.

Wir suchen sein Grab an der Biegung des Flusses. Am Phra That Khong Sani führt der Weg vorbei. Das Kloster südlich von Luang Prabang steht auf einem Hügel und ist mit der goldenen Spitze seines Chedis weithin im Tal des Nam Khan zu sehen: eine in der Sonne funkelnde Glocke in grüner Fruchtbarkeit. Beim Dorf Phanom zweigt ein schmaler Weg von der Straße ab. Nur noch zu Fuß geht es entlang des Flusses weiter. Breit und in gemächlichem Wellengang strömt er dem Mekong zu, mit dem er sich bei Luang Prabang vereint. Am Ufer hocken einige Frauen, die grellgrüne Algen aus dem Wasser ziehen. Wie das Haar von Nixen liegen die Stränge zum Trocknen aus. Gebraten und gewürzt werden die Gewächse auf dem Markt angeboten. Ein Fischer wirft sein Netz in die Fluten. Vogelgezwitscher. Friedliche Ruhe liegt über dem Land und dem Fluß. Eine freundliche Einstimmung auf jene Grabstätte, die schließlich rechterhand im Dämmerlicht der Bäume am Hang zu erkennen ist. Einige überwucherte Stufen führen hinauf. Eine Ahnung von Urwald. Weiß und wuchtig ragt der Grabblock auf, ein Fremdkörper umgeben von dichtem Gebüsch. Die Aufschrift in klaren Buchstaben: „Henri Mouhot 1826–1861". Unter dem üppigen Bewuchs fällt der Blick wie durch eine natürliche Gasse hinunter zum Fluß. Eine solche Aussicht mochte auch dieser Mann bei seinen letzten Atemzügen gehabt haben. Was immer er geschaut hatte in den beiden Jahren seiner Reisen in dieser Weltregion, es sollte vielfältigen Einfluß auf Bilder und Begehrlichkeit haben, die die Europäer mit Siam, mit Kambodscha, Vietnam und eben auch mit Laos zum Ende des 19. Jahrhunderts entwickelten.

Neugier und Umtriebigkeit bestimmten sein Leben. Henri Mouhot wurde im ostfranzösischen Montbéliard geboren, durchstreifte als junger Mann kreuz und quer Europa und Rußland und ging 1856 mit seinem Bruder nach England. Die beiden ließen sich in Jersey nieder und heirateten Nichten von Mungo Park. Der schottische Arzt und Entdeckungsreisende war als Afrikaforscher berühmt geworden; 1806 ertrank er während einer Expedition im Niger. Mouhot hatte also familiäre Beziehungen zu den Risiken und Nebenwirkungen eines Forscherschicksals. Doch seine Reiselust ließ sich nicht abschrecken. Ein Abenteurer? Eine Fotografie zeigt ihn mit Gehrock als gestreng blickenden stattlichen Herrn, der eher an einen Lehrer oder Beamten denken läßt. Gepflegter Rauschebart, das Haupt schon ziemlich kahl, ein Mann der Selbstdisziplin. Ein Bericht über Thailand weckte sein Interesse an einer naturwissenschaftlichen Expedition in diese Region. Er richtete seinen Fernblick nach Südostasien. Ideell unterstützt von der Londoner Royal Geographical Society, aber finanziell auf die eigenen Ersparnisse angewiesen, folgte er seinem Forscherdrang und schiffte sich 1858 nach Bangkok ein. Bruder und Ehefrau blieben in England zurück. Es sollte eine Reise ohne Wiederkehr werden. Henri Mouhot drang in das damals von Europa noch kaum wahrgenommene Gebiet von Angkor im nördlichen Kambodscha vor. Er war nicht der erste Abendländer, der von den Dimensionen der Ruinen der Khmer-Reiche überwältigt wurde, aber er war der erste, der mit seinen posthum veröffentlichten Berichten über die Tempelanlagen dieses Weltkulturerbe ins westliche Bewußtsein brachte und damit auch einen nicht gering zu schätzenden politischen Einfluß auf die Kolonialpolitik hatte.

Über die Khmer-Bauten bei Siem Reap schrieb er: „Ruinen, die so imposant sind, hervorgebracht durch derart gewaltige Arbeiten, daß man vor Bewunderung und Staunen ergriffen wird und sich fragt, was aus diesem mächtigen, hochzivilisierten Volk geworden ist, das solches hervorbrachte." Und Angkor Wat löste bei ihm begeisterte Vergleiche aus: „Einer der Tempel vor allem, der Bestand hätte neben unseren schönsten Basiliken und der herrlicher ist als alles, was griechische oder römische Kunst je schuf." Henri Mouhot drang in eine Welt voller Geheimnisse ein: „Man muß sich vorstellen, daß alles, was die Baukunst jemals an Schönem und Vollkommenem geschaffen hat, hier im tiefen Dschungel schlummert, in einer der entlegensten Gegenden der Welt, wild und unbekannt, menschenleer, wo man bei jedem Schritt auf die Spur wilder Tiere stößt, wo die einzigen Laute das Brüllen des Tigers, der rauhe Schrei der Elefanten und das Röhren des Hirsches sind."

Mit seinen Tagebuchnotizen, Zeichnungen und Briefen hielt er die Erlebnisse fest; ein Naturforscher, der genau hinschaute, und zugleich ein Romantiker, der sich der asiatischen Welt gefühlvoll näherte. Jeweils nach Bangkok zurückkehrend, unternahm er mehrere Vorstöße in den Dschungel von Angkor und dehnte 1861 die Erkundung nach Laos aus. Am 25. Juli kam er nach Luang Prabang und wurde auch vom König empfangen. Doch die Anstrengungen der zurückliegenden Jahre hatten den Reisenden offenbar bereits ausgezehrt. Den weiteren Strapazen war er nicht mehr gewachsen. Sein Körper ging an den Plagen jener Welt zugrunde, die seinen Geist zu Höhenflügen gebracht hatte.

Seine schriftlichen Zeugnisse dieser spannungsvollen Begegnung von West und Ost konnten gerettet werden. Nach seinem Tod brachten Mouhots laotische Begleiter die Aufzeichnungen, meterologischen Daten und die Objekte seiner Sammlungen nach Bangkok. Von dort gelangte das Material nach London, wurde von den Mitarbeitern der Royal Geographical Society ausgewertet und publiziert. 1862 erschienen erste Artikel in englischer Sprache; 1863 folgte die Veröffentlichung in französisch im Pariser Fernweh-Blatt „Le Tour du Monde", dem mit zahlreichen Illustrationen (nach Zeichnungen und Fotos) ausgestatteten, aufwendig gemachten „Geo-Magazin" jeder Epoche. 1864 kam das Reise-Epos als Buch in englisch, 1868 in französisch heraus. Es war der Stoff, der Europas Phantasie entzündete. Seriöse Forscher wurden neugierig auf die rätselhafte Welt von Angkor. Wohlhabende Hobby-Reisende zogen los, an Ort und Stelle nachzuschauen, was Mouhot beschrieben hatte. Die ersten Kunsträuber machten sich zu schaffen und begannen, Khmer-Skulpturen nach Europa zu entführen. Und was sich als politisch folgenreich erweisen sollte: Henri Mouhot trug mit seinen Informationen bei, die Tür einen Spalt breit aufzumachen, die dann zum Ende des 19. Jahrhunderts von den britischen und französischen Militärs, Kolonialbeamten und Händlern weit aufgerissen wurde.

Wir stehen vor dem Grab, das nicht nur an den einen Mann denken läßt, der für seinen Forscherdrang einen hohen, einen tödlichen Preis zu zahlen hatte; die Inschriften markieren vielmehr ein Stück französischer Kolonialgeschichte. In diesem stillen Winkel werden Männer beschworen, die Laos nachhaltig beeinflußten und sich folgenreich in seine inneren Angelegenheiten einmischten. Auf der Rückseite des wuchtigen Steinblocks ist der Name Doudard de Lagrée zu lesen und der Hinweis: „Fit élever ce tombeau en 1867."

Er war der französische Gesandte jener Zeit am kambodschanischen Hofe und leitete eine Expedition, die die Schiffbarkeit des Mekong erkundete: Der Mekong sollte für die imperialen Absichten der Franzosen als Transportweg von Vietnam aus genutzt werden, um nach China vorzustoßen. Ein Mann der Diplomatie und Politik. Mit Degen in der Linken und mit von Orden übersäter Uniformbrust ließ er sich malen, den rechten Fuß lässig nach vorn geschoben; sorgsam gestutzter Backenbart, herausfordernd in eine Welt blickend, der der französische Stempel aufgedrückt werden sollte. Als Doudard de Lagrée nach Luang Prabang kam, ließ er den ersten Grabstein für den sechs Jahre zuvor verstorbenen Henri Mouhot aufstellen. Wenig später

Mouhots letzte Ruhestätte

litt auch der forsche de Lagrée unter Fieberanfällen und fand in der chinesischen Provinz Yünnan am 12. März 1868 den Tod.

Zwei Jahrzehnte danach machte abermals ein Franzose just zu diesem schattigen Ufer am Nam Khan einen Ausflug. Kaum war Auguste Pavie zu Schiff aus Bangkok in Luang Prabang angekommen und hatte sich im Februar 1887 bei König Oum Kham als Konsul eingeführt, der fortan die Interessen der Grande Nation in Laos durchzusetzen gewillt war, suchte er die Grabstätte auf, an der die Kontinuität in der Besitzergreifung des Landes festzumachen war: „Ich ritt mit meiner Begleitung auf den kleinen Pferden des Königs über den steilen Pfad am linken Ufer des Nam Khan und wurde bei dieser zweistündigen Wegstrecke nicht müde, die Landschaft zu bewundern wie auch die so anmutig wirkenden Boote und Netze der Fischer, die stellenweise den Fluß versperrten", so schrieb er in sein Tagebuch; und weiter: „Von dem Grabmal hatte das Hochwasser des Nam Khan nur einige Backsteinbrocken übriggelassen, welche die Stelle bezeichneten. Ich verständigte mich mit den Dorfältesten über die Errichtung eines dauerhaften Grabmals und eines Wetterdaches; es sollte den Besuchern, die des Forschungsreisenden gedenken wollten, der in Laos als erster die Liebe zu Frankreich geweckt hatte, für die Dauer einer Rast Schutz gewähren."

Wir sind nun solche Besucher und können am weißen Stein in Großbuchstaben den Namen Pavie und den Vermerk seiner Grab-Erneuerung von 1887 erkennen. Auguste Pavie verkörpert in prominenter Weise wie kein anderer Franzose die Kolonialisierung von Laos und die Entmachtung von deren königlichen Repräsentanten. In bester französischer Tradition war Pavie nicht nur Diplomat, sondern in dieser

Eigenschaft auch Literat, der sowohl in wissenschaftlichem Anspruch penibel Daten zu Natur, Geografie und deren wirtschaftlicher Nutzung vermerkte, als auch in brillantem Erzählfluß seine Beobachtungen, Gespräche und politischen Aktionen zu Papier brachte. Unter dem Titel „A la Conquête des Coeurs" sind diese sehr persönlichen Aufzeichnungen 1921 vier Jahre vor seinem Tod erschienen und geben bereits im Titel die subjektive Sicht der Dinge wieder: „Die Eroberung der Herzen", in der deutschen Ausgabe noch verharmlosender als „Eine friedliche Eroberung, Indochina 1888" übersetzt.

So lesenswert Auguste Pavies Werk als farbige, äußerst lebendige Schilderung seiner Mission geblieben ist, so sehr bedarf es der historischen Ergänzung. Denn im Unterschied zu Henri Mouhots Expeditionen ohne offiziellen Auftrag, war Pavie nach Laos mit der klaren Weisung aus Paris gekommen, den Weg zur Durchsetzung kolonialer Machtinteressen zu ebnen. Ein außergewöhnlicher Mann mit einer unkonventionellen Karriere. 1847 im französischen Dinan geboren, war Pavie 1868 als Telegrafenbeamter nach Cochinchina entsandt worden, lebte einige Jahre in Kampot am Golf von Siam und verstand es mit diplomatischem Geschick und guten Beziehungen zur einheimischen Elite, Laos in den Einflußbereich Frankreichs zu dirigieren. 1885 wurde Auguste Pavie französischer Vizekonsul in Laos, Sitz Luang Prabang, verweigerte aber letztlich einen führenden Posten in der Kolonialverwaltung und kehrte 1895 nach Frankreich zurück, wo er in Paris und auf seinem Landgut in der Bretagne die Fülle seines Materials bearbeitete, veröffentlichte und ein einflußreicher Berater der französischen Kolonialpolitiker war.

Asketisch hager und willensstark blickt er uns auf zeitgenössischen Fotos entgegen; der schwarze Vollbart etwas zerzaust, voller Neugier der Blick aus dunklen Augen, kantig die Nase: ein Macher, nicht nur von der eigenen Person überzeugt, sondern auch von den Besitzansprüchen Frankreichs in dieser Region; mehr noch: von der Rolle Frankreichs als Retter der Laoten vor den aggressiven Siamesen: Frankreich an der Schwelle zum 20. Jahrhundert als menschenfreundliche Ordnungsmacht in Südostasien. Diese Sicht der Geschichte und das eigene hilfreiche Agieren bestimmen die Selbstdarstellung des von keinem Selbstzweifel geplagten Mannes.

In einer Zeit der inneren Zerrissenheit des fremdbestimmten Laos, das im Fortbestand längst gefährdet war und seine Eigenständigkeit verloren hatte, greift Pavie ein. Diplomatisch, verständnisvoll, aber in seiner Position unverrückbar; und wenn es in Frankreichs Interesse ist, werden französische Kanonenboote vor Bangkok und französische Truppen im nördlichen Laos eingesetzt. Von wegen „friedliche Eroberung der Herzen…". Auguste Pavie stellt sich auf die Menschen der Region ein, lernt ihre Sprachen, fragt, kennt sich in den Mythen und Gebräuchen aus, nimmt stets die kulturellen, religiösen Zusammenhänge wahr und vermittelt damit auch heutigen Lesern informative Einblicke in das Laos seiner Zeit. Aber er ist eben ganz und gar Kind dieser Zeit. Auguste Pavie gibt sich paternalistisch, als einer, der es angeblich selbstlos mit den Laoten meint und genau weiß, wer und was für sie gut ist. Dabei setzt er seine Person mit Frankreich gleich. Die Sympathie, die ihm offenbar Laoten aller sozialen Ränge entgegenbringen, überträgt er auf Frankreich. Das wird penetrant und hochpolitisch. Pavie weiß immer Rat, durchschaut alle Listen seiner Gegner – seien es die chinesischen Banden, die siamesischen Abgesandten, die Intriganten am Hofe –, stellt sich stets als allseits anerkannte Autorität dar. Er zitiert Dorfälteste, die die „Güte der Franzosen" preisen, sieht in ihnen „unsere ergebene Diener" und bezeichnet unverblümt Frankreichs Anspruch als „unsere Rechte". Die vermeintliche Uneigennützigkeit Frankreichs gießt er in Formeln wie „unsere Aufrichtigkeit und unseren guten Willen, der in krassem Gegensatz zum Verhalten Siams steht und zur Folge hat, daß uns alle – sogar die Chinesen – über alles schätzen". Frankreichs handfeste und eben auch militärische Einmischung in die Machtkämpfe auf laotischem Boden, den Auguste Pavie wie kein anderer dafür bereitet hatte, will er „ohne jeden Hintergedanken" verstanden wissen.

Die Fakten sprechen eine andere Sprache. 1885 war Französisch-China mit der Kolonie Chochinchina und den Protektoraten Kambodscha, Vietnam (Annam) und Tongkin etwa so groß wie Frankreich. 1895 kommt Laos als viertes Protektorat dank Pavies Intervention dazu, was Indochina eineinhalb mal so groß wie Frankreich macht. Davon ist an Mouhots Grab nichts zu erfahren. Es rührt den Besucher in seiner Endgültigkeit an wie der Schlußpunkt einer unumkehrbaren Tragödie. Wir stehen am Schauplatz des traurigen Finales. Noch eine Inschrift ist zu lesen: „La ville de Montbéliard fière de son enfant" – die Geburtsstadt, die stolz auf ihren Sohn ist. Die Tafel mit Stadtwappen war 1990 angebracht worden.

Die schattige kleine Lichtung im Walde stimmt nachdenklich, ja, melancholisch. Machtinteressen verstecken sich stets in der Anonymität von Regierungen, Generalstäben, Handelshäusern, Bankvorständen, Kirchenkonventen. Aber die Machtinteressen haben Helfer, Akteure, Gesichter. Am Grabmal von Henri Mouhot im grünen Dämmerlicht am oberen Ufer des Nam Khan steigen Schicksale auf. Ein merkwürdiger Ort. Die Tragik, die Verblendung, die Hoffnungen der Einzelnen im großen Getriebe schwingen mit. Wir wissen von dem unendlichen Unheil, das die vielgestaltige Fremdbestimmung gerade in Laos angerichtet hat. Aber das Leid hat eben auch menschliche Züge derer, die mit ihren Überzeugungen, Sehnsüchten und Irrtümern bis hier vordrangen. Henri Mouhot kehrte nicht mehr zurück. Wir stehen bewegt an dem Platz mit dem weißgetünchten Grab. Hier endete eine Lebensreise, die als Forschungsreise begonnen hatte.

r.s.

Boules und Baguettes

Es ist stockduster und nachtkühl. Morgens um vier in Vientiane sind die Straßen wie ausgestorben. Da huscht der Schemen eines einsamen Radfahrers im Dunkel spärlicher elektrischer Lampen vorbei. Dort der Schattenriß eines Fußgängers. Vor der Kulisse der zwei-, dreigeschossigen Häuser aus kolonialer Vergangenheit verstärkt sich in nächtlicher Stunde des Besuchers Eindruck, den die Stadt mit ihren Alleen und Boulevards schon tagsüber vermittelt: in ein Provinznest südfranzösischer Provenienz geraten zu sein. So wenig Asien und so viel Ambiente just der Herren, die hier bis in die 1950er Jahre das Sagen hatten. Nicht in Luang Prabang, wo machtpolitisch die Würfel gefallen waren und Frankreich sich im Poker um die Vorherrschaft durchgesetzt hatte, sondern in Vientiane wurde das Verwaltungszentrum begründet. Die Anlage der Straßen, schachbrettartig und parallel zum Mekong ausgerichtet und mit schattenspendenden Bäumen gesäumt, die Geschäftshäuser und Villen, die Wasserleitung und Kanalisation – alles geht auf französische Pläne zurück und blieb trotz der Kriege erhalten, in den Jahrzehnten nach der kommunistischen Machtübernahme von 1975 wie in einem Dornröschenschlaf dahindämmernd und zumindest bis in die jüngste Vergangenheit vor dem Modernisierungswahn à la Thailand bewahrt. Bürogebäude, Staatsdruckerei, die Nationalbibliothek stammen aus kolonialer Zeit. Der heutige Präsidentenpalast, ein riesiger Kasten in unelegantem Beaux-Arts-Stil, war einst Amtssitz des französischen Gouverneurs. Alles sehr überschaubar und hausbacken.

In diesen Stunden zwischen Nacht und Tag ist es, als geisterten die Schatten der Vergangenheit durchs Zwielicht der mäßig beleuchteten Straßen. Vientiane – oder mit dem alten Namen Viang Chan – war nie ein glanzvoller Posten gewesen, blieb stets die kleinere weniger gewichtige Schwester im Verbund kolonialer Verwaltung von Indochina; hatte nichts vom Ruch und Ruhm Saigons, keine Universität à la Hanoi, drittrangig in jeder Beziehung. Hier dürfte die abschätzige Kritik an den Landsleuten besonders angebracht gewesen sein, die Henri Deydier Anfang der 1950er Jahre äußerte. Der Archäologe und Historiker, Mitglied der Ecole Française d'Extrême-Orient und Kenner der Region über die Franzosen: „Sie kommen für ein oder zwei Jahre nach Indochina, bewohnen Hanoi oder Saigon, und ihr indochinescher Horizont geht selten über den Sportclub, das Schwimmbad und die Bars der Rue Catinat oder der Rue Paul Bert hinaus. … Sie halten an ihren europäischen Begriffen fest und, was das Schlimmste ist, an denen des engstirnigen Europäers … der engherzigen Weißen mit ihrem Kleinkram, ihrer Eifersucht und ihrer totalen Unkenntnis von Asien. Sie schaufeln einen Teil des Grabens zwischen Ost und West."

Wir gehen an den Fassaden von gestern vorbei und haben erst am Busbahnhof das Gefühl, wieder in die Gegenwart einzutauchen. Gedämpft miteinander redende Menschengruppen. Schläfrige Händler. Dösende Müßiggänger. Fernbusse stehen aufgereiht, einige mit laufenden Dieselmotoren, bereit zum Aufbruch in alle Landesteile. Auf den Dächern wird das Gepäck gestapelt. Nackte Arme wuchten Kartons, Säcke, Blechdosen nach oben. Alles unaufgeregt. Nichts von der Hektik, die an solchen Orten des Unterwegsseins in anderen asiatischen Ländern den Reisenden die Nerven anspannt. Kein Gewühl, kein Geschrei, keine Turbulenzen, wahrlich nicht; solche Ausbrüche von Leidenschaft wären ganz und gar nicht laotisches Verhalten. Der landestypischen Beständigkeit scheinen hemdsärmelige Verdrängung und draufgängerisches Beiseiteschieben fremd zu sein. Kein aufdringlicher Verkäufer. Keine bettelnden Kinder. Im flackernden gelben Licht von Petromaxlampen träumen die Frauen der Essensstände vor sich hin, das Schlafbedürfnis unterbrechend, wenn ein hungriger Kunde ihrer Dienste bedarf. Dann greifen die Frauen in einen goldgelben Stapel von Baguettes, schneiden auf und schmieren Margarine und Thunfisch hinein, legen Gemüse dazu, pfeffern, salzen. Baguette de pain? Aber ja! Armlang sind die Weizenbrote und noch heute in Maßen und Gewichten und in der Art ihrer Zubereitung so auf den Markt gebracht, wie es vor langen Jahren die französischen Bäcker im Gefolge der Kolonialbeamten eingeführt hatten.

Was immer die ehemaligen Indochina-Länder mittlerweile trennen mag in Politik und Wirtschaft, die Liebe zu Baguettes hat bei den kleinen Leuten in allen drei Staaten alle Wechsel überdauert. Vor Jahrzehnten waren sie auf den Geschmack gekommen und sind ihm treu geblieben. Erstaunlich. Da bietet die asiatische Küche eine phantasievolle Vielfalt schmackhafter Leckereien; und Fast-Food wurde hier schon gegessen, ehe es überhaupt den Begriff gab. In aller Welt geht man „chinesisch essen". Und auf was kauen die Leute in den klammen Stunden des beginnenden Tages herum: auf Baguettes à la française. Auf Lieferwagen werden die Brotstangen zum Busbahnhof angeliefert. Das Geschäft floriert. Was nicht sofort gegessen wird, geht als Wegzehrung mit auf die lange Reise; obwohl doch auf jedem Markt, wo der Bus stoppt, bequem neue Baguettes gekauft werden können. Die Grundversorgung ist landesweit gesichert. So ganz ohne kommunistischen Wirtschaftsplan, ohne Selbstverpflichtung oder Parteibeschluß; von Back-Kombinat ganz zu schweigen. Kein Bedarf. Baguettes sind Symbole unternehmerischer Aktivität ganz unten. Angebot und Nachfrage. Da klappt es längst mit der privatwirtschaftlichen Organisation.

Und noch etwas aus französischer Lebensart hat in Laos kraftvoll überdauert. Tage nach dem frühen Start in Vientiane bummeln wir durch die Gassen von Savannakhet mit weitem Blick über den Mekong hinüber nach Thailand im Süden des Landes. Auch diese Stadt ist schnell zu erkennen als französisch begründete und geprägte Anlage eines Verwaltungszentrums. Man spürt die Funktionalität europäisch bestimmter Zweckmäßigkeit. Schule, Post, Markt. Das alles war einmal Außenstelle von Europa. Das renovierte Hotel am Fluß ist unverwechselbar eine Villa herrschaftlicher Haushaltung mit großen Zimmern, polierten Holzfußböden und knarrenden Treppen gewesen. Im Zentrum mit kleinem Platz und alten Bäumen sind zweigeschossige Holzhäuser erhalten, teilweise gepflegt und bereit, die authentische Kulisse für einen Film abzugeben, der in den 1930er Jahren spielen könnte. Eines jener Häuser mit Balkon und kühl-schattigem Innenleben solide ausgestatteter Zimmer lädt Gäste ein und heißt „Auberge du Paradis".

Weit und breit ist kein Franzose mehr zu sehen, aber in einem Hinterhof werden in bravouröser Meisterschaft die Kugeln geworfen, die von eben diesen Franzosen mal in Schwung gebracht worden waren: Jeu des Boules. Das Treiben verblüfft. Da treffen sich die Notablen des Ortes. Der dickliche chinesische Händler, der Keramik auf den Regalen vor seinem Laden liegen hat. Der pensionierte Lehrer, der Jungunternehmer, der Arzt. Männer der Mittelschicht, die eine Tradition in sportlichem Ehrgeiz lebendig erhalten und sich mit dem Spiel der einstigen Herren eine gewisse gesellschaftliche Exklusivität beweisen. Das ist kein Volkssport wie im Mutterland solchen Kugelschiebens; Boules und Pétanque sind Statussymbole. Die importierten Regeln werden heilig gehalten. Die Herren nehmen konzentriert Augenmaß, prüfen Entfernungen, sinken in die Hocke und werfen schließlich federnden Schrittes mit vollem Körperschwung die Kugel aus der gestreckten Hand. Verfolgt von gespannten Blicken, begleitet von sachkundigen Kommentaren. Dann wird der Abstand zu anderen Kugeln gemessen, diskutiert, gelästert, gratuliert. Das Hin und Her auf den beiden Bahnen fest im Auge, Bemerkungen, Mienenspiel, der gegenseitige Spott in einer eigentümlichen Mischung aus Kinderei und Ernsthaftigkeit – all das ist eine perfekte Kopie französischer Vorbilder. Doch eines ist bodenständig: die Herren scherzen, schreien, schimpfen in laotisch; da fällt kaum noch ein französisches Wort. Das Spiel der Kolonialherren lebt, deren Sprache aber kam aus dem Gebrauch.

Der betagte Pfarrer in der nahen Kirche ist einer der wenigen und letzten in Savannakhet, die damit keine Mühe haben. Das weiße katholische Gotteshaus von 1929, der schlanke Turm mit rotem Dach, die Lourdes-Grotte aus Zement und Volksfrömmigkeit, der Jesus-Kitsch abendländisch-süßlicher Art in gepflegtem blühenden Palmengarten passen zur übrigen Stadtanlage und bilden doch so etwas wie eine exotische Oase. Der hinfällige Herr in den 70ern ist längst zum lebenden Inventar geworden. Er hat in seinen jungen Jahren in Dalat, in Vietnam, Theologie studiert. Vom Gemeindeleben erzählt er leise, von dem schwierigen Verhältnis zwischen Christen und den kommunistischen Kadern. Dabei gehört die Missionierung eher zu den marginalen Hinterlassenschaften der Franzosen. Die Zahl der Katholiken wird insgesamt auf 40.000 geschätzt; Protestanten noch weniger. Ja, gerade die christliche Minderheit werde noch immer mit offiziellem Mißtrauen beobachtet, weil ihren Angehörigen Westkontakte unterstellt werden. Ja, es habe Verhaftungen protestantischer Christen gegeben. Der Curé nickt in müder Altersresignation. Nach Auskünften betroffener Kreise reicht es schon aus, sich als Christen in privaten Räumen zu Bibelstunden zu treffen, um aus Behördensicht eine Gefahr für den Staat dazustellen.

Der Pfarrer legt großen Wert auf die Feststellung: „Wir sind doch nicht gegen den Staat, gegen die Regierung, weiß Gott nicht, wir sind loyale Staatsbürger, aber wenn einer von seinem Glauben abschwören soll, dann geht das zu weit." Und rückblickend: „Wir Laoten waren nie méchant, nie aufsässig oder gar bösartig gegen die Franzosen, die uns das Christentum gebracht haben", sagt er, als müsse er sich entschuldigen, „wenn uns heute vorgeworfen wird, wir seien zu westlich, dann kann ich nur sagen: Wir sind weder pro noch kontra Frankreich oder Franzosen. Wir sind Laoten." Er sagt es vor dem Ölgemälde eines knatschbunten Heiligen, der da fast in Lebensgröße naive Frömmigkeit ausstrahlt; der blonde Held aus einer anderen Welt. Johannes, der Täufer, wird uns erklärt; gemalt von einem vietnamesischen Künstler. Auch dieses geistige Band, ehedem von Franzosen über die inneren Grenzen Indochinas gespannt, besteht weiter und ermöglicht christlichen Austausch.

Wie unfriedlich es seither immer wieder zugegangen ist, beweist der martialische Schrotthaufen im Hof einer Schule oberhalb des Mekongufers. Als rostiges Ungetüm reckt da das Wrack eines russischen Panzers sein Rohr in unbestimmte Ferne. Kinder turnen darauf herum. Irgenwann war der Koloß wohl noch als Denkmal vermeintlich unverbrüchlicher Waffenbrüderschaft gefeiert worden. Nun ist es nur noch eine Ruine, die das Scheitern symbolisiert. Als handfeste Geschichtslektion könnte sie ihren jugendlichen Klettern die Einsicht vermitteln, daß mit kriegerischer Brachialgewalt keine Probleme zu lösen sind, sondern damit stets nur neue geschaffen werden. Die einstige Tötungsmaschine wird zum Abenteuerspielplatz. Die Kinder hangeln fröhlich an dem braunen Stahlmonster: die erste Generation, die nach Jahrzehnten in Frieden aufwachsen kann; ein teuer erkaufter Frieden.

Kann sein, daß diese Kinder später keinen Spaß an Boules und Pétanque haben und die Kugeln ihrer Väter und Großväter irgendwo verrotten werden. Und ob sich die Baguettes weiterhin ihrer altüberlieferten Beliebtheit erfreuen, bleibt abzuwarten – wo doch mit McDonald's und Coca Cola nach Laos ein ganz anderer Geschmack eindringt. "Hello!" rufen uns die Jungen zu und: "What's your name?" Die Signale der Globalisierung sind auch am östlichen Ufer des Mekong angekommen.

r.s.

GESCHICHTE III

Der geheime Krieg

Der geheime Krieg:
Von der französischen Kolonialzeit zur amerikanischen Intervention

Die französische Indochinapolitik nach dem Zweiten Weltkrieg ist gescheitert und mit der militärischen Niederlage durch den Vietminh am 7. Mai 1954 in Dien Bien Phu besiegelt. Die Kolonialmacht wird jedoch nicht durch unabhängige Regierungen in den drei Ländern Indochinas abgelöst. Die USA intervenieren, um nationale Unabhängigkeitsbewegungen zu unterdrücken, die nach Auffassung der USA dem Weltkommunismus in Südostasien Vorschub leisten. Nach dem Fall Chinas 1949 soll ein vermeintlicher Dominoeffekt durch eine Strategie des „containment" (Eindämmung) verhindert werden. Das Genfer Friedensabkommen für Indochina vom 20. Juli 1954 bringt daher keinen Frieden für Vietnam, Kambodscha und Laos, sondern bindet die Länder in die antikommunistische Strategie der USA ein und bringt ihnen Krieg und Zerstörung, Tod und endloses Leid für die Bevölkerung.

Laos steht im Schatten der Verhandlungen von Genf. Das Abkommen sieht keine Friedensregelung für das Land vor. Die Provinzen Phong Saly an der chinesischen und Hua Phan an der vietnamesischen Grenze werden dem Pathet Lao, den kommunistischen Kräften von Laos und Verbündeten des Vietminh, zugesprochen. Alle weiteren Fragen werden einer „zukünftigen politischen Lösung" überlassen. Damit wird das Land faktisch politisch und territorial geteilt, vergleichbar mit Nord- und Südvietnam und der Teilung am 17. Breitengrad.

Die erste Koalitionsregierung

Prinz Suvanna Phuma, Bauminister im Kabinett der „Königlichen Regierung von Laos" und jüngerer Bruder von Prinz Phetsarat, dem Gründer der Unabhängigkeitsbewegung Lao Issara (Freies Laos), setzt auf „Einheit, Unabhängigkeit und Neutralität" von Laos und versucht, alle Fraktionen des Landes darauf einzuschwören. Er verhandelt mit Prinz Suphanuvong, seinem Halbbruder und Kopf des Pathet Lao, über die Rückgliederung von Phong Saly und Hua Phan und die Integration der Guerillakämpfer des Pathet Lao in die Armee der Regierung. Er ruft am 19. November 1957 eine „Regierung der Nationalen Einheit" aus, fordert alle Parteien zur Zusammenarbeit auf und läßt 1958 eine Nationalversammlung unter Einschluß des Pathet Lao wählen. Nach einem günstigen Wahlergebnis stellt der Pathet Lao 13 von 21 Ministern des Kabinetts. Prinz Suvanna Phuma selbst wird zum Premierminister gewählt. Die USA protestieren gegen die Beteiligung des Pathet Lao an der Regierung und intervenieren. Sie stellen die Wirtschaftshilfe ein und verhindern den Verkauf von US-Dollar an die Zentralbank, eine wirksame Waffe im antikommunistischen Arsenal der USA. In Vientiane tritt ein „Komitee zur Verteidigung nationaler Interessen" auf, faktisch eine Gegenregierung, zusammengesetzt aus „Jungtürken" der Armee und angeführt vom konservativen General Phumi Novasan, vom US-Geheimdienst CIA lanciert und finanziert. In einer Nacht- und Nebelaktion werden Prinz Suphanuvong und 14 Minister und Repräsentanten des Pathet Lao in Vientiane festgenommen und inhaftiert, können aber mit Hilfe der Gefängniswärter fliehen. Darüber stürzt die Koalitionsregierung, und die Nationalversammlung wird aufgelöst. Suvanna Phumas Einigungsversuch ist nach acht Monaten gescheitert. Er geht als Botschafter der „Königlichen Regierung von Laos" nach Frankreich. General Phumi Novasan und sein Komitee geben den USA freie Hand über Laos und verwandeln das Land in eine amerikanische Kolonie.

Mit dem Scheitern der ersten Koalitionsregierung geht die Option für ein neutrales Laos verloren. Die Sowjetunion und China hatten auf der Genfer Konferenz die Neutralität von Laos im Indochinakonflikt gefordert, China auch die Neutralität von Kambodscha. Vor allem Chinas Premierminister Zhu Enlai unterstützt eine Friedenslösung für Laos und Kambodscha unabhängig vom Vietnamkonflikt. Prinz Suvanna Phuma und Prinz Sihanouk lassen sich für eine neutrale Option für Laos und Kambodscha von der Blockfreien-Konferenz von 1955 in Bandung in Indonesien inspirieren, auf der die Länder der Dritten Welt nach dem Ende des Zweiten Weltkriegs einen Mittelweg zwischen den Blöcken der Supermächte und einen Ausweg aus dem heraufziehenden Kalten Krieg suchen. Die Antwort der USA auf Blockfreiheit in Südostasien ist das Militärbündnis SEATO (South East Asia Treaty Organisation), das Gegenstück zur NATO im Nordatlantik. Sie setzen auf Antikommunismus, verlangen die Parteinahme für die „freie Welt" und dulden keine Neutralität. Für die Sowjetunion bedeuten Neutralität und Blockfreiheit eine Vorstufe zum Sozialismus und Beitritt zum Ostblock. Die kommunistische „Partei der Werktätigen Vietnams" respektiert zunächst ein neutrales Laos, rüstet aber 1959 den Pathet Lao für den Guerillakrieg auf, um einen möglichen Angriff der USA auf Nordvietnam vom Plateau von Xiang Khuang (Ebene der Tonkrüge) aus zu verhindern und das Nachschubsystem des Ho-Chi-Minh-Pfads in Südlaos zu schützen. Damit wird Laos in die bewaffnete Auseinandersetzung zwischen den USA und Nordvietnam hineingezogen und gerät in einen unseligen Bürgerkrieg.

Kennedy, Chruschtschow und die „Laoskrise"

Im August 1960 fühlt sich ein junger, patriotisch gesinnter Offizier der „Königlichen Armee von Laos", Leutnant Kong Le, berufen, das Land aus der Misere zu führen. Während sich das Kabinett in Luang Prabang aufhält, um die Beisetzung von König Savang Vong vorzubereiten, besetzen seine Truppen Vientiane. Auf einer Massenkundgebung im Stadion von Vientiane fordert er ein Ende des Bürgerkriegs, die Rückkehr des Landes zur Neutralität und die Bildung einer neuen Koalitionsregierung mit Suvanna Phuma als Premierminister. Aber General Phumi Nosavan und das „Komitee zur Verteidigung nationaler Interessen" holen mit Unterstützung der USA zum Gegenschlag aus und vertreiben Kong Le und seine Truppen sowie den aus Paris zurückgekehrten Prinzen Suvanna Phuma aus der Hauptstadt. Prinz Suvanna Phuma und Leutnant Kong Le ziehen sich auf das Plateau von Xiang Khuang zurück und verschanzen sich im Distrikt Khang Khai. Da die USA und Thailand die Versorgung blockieren, sieht sich Suvanna Phuma gezwungen, die Neutralität aufzugeben und Hilfe von der Sowjetunion anzunehmen. Die Sowjetunion richtet eine Luftbrücke nach Xiang Khuang ein und versorgt die Eingeschlossenen aus der Luft und auf dem Landweg über Hanoi mit Waffen und Nahrungsmitteln.

Präsident John F. Kennedy protestiert gegen die Einmischung der Sowjetunion in Laos und droht mit einer militärischen Intervention. Chruschtschow besteht auf dem Recht der Sowjetunion, die legitime Regierung von Laos zu unterstützen. Die USA bauen ihre verdeckte militärische Präsenz in Laos aus. Sie setzen in Vientiane eine Militärmission ein, „Programs Evaluation Office" (PEO) genannt, und mit „Air Operation Centers" (AOC) werden fünf Militärregionen aufgerüstet. General Phoumi Novasan erhält schwere Waffen vom CIA. Mit Angehörigen der ethnische Gruppe der Hmong baut der CIA unter dem Kommando von General Vang Pao eine „geheime Armee" auf. Nikita Chruschtschow und John F. Kennedy geraten auf der Abrüstungskonferenz von Wien im Juni 1961 wegen Laos derart aneinander, daß die internationale Staatengemeinschaft den Ausbruch eines Kriegs zwischen den Supermächten befürchtet.

In Laos präsentieren die USA den konservativen Prinzen Bun Oum als königlichen Vertreter des „Komitees zur Verteidigung nationaler Interessen". John F. Kennedy stimmt der Bildung einer neuen Koalitionsregierung aus den drei Fraktionen des Landes mit drei Prinzen an der Spitze und Prinz Suvanna Phuma als Premierminister zu.

Aus Sorge vor einer militärischen Konfrontation der Supermächte wird am 16. Mai 1961 in Genf erneut eine Konferenz unter dem Vorsitz Großbritanniens und der Sowjetunion einberufen, um den Konflikt zu entschärfen. Das Abkommen vom 23. Juli 1962 garantiert die „Unabhängigkeit und Neutralität von Laos", von 14 Nationen unterzeichnet und unter Kontrolle der Vereinten Nationen gestellt. Der zweiten „Regierung der Nationalen Einheit" sollen sieben Neutralisten, zwei Vertreter der Rechten, zwei Angehörige des Pathet Lao und vier unabhängige Politiker angehören. Die Koalitionsregierung kommt zwar zustande, hat aber nur bis September 1963 Bestand. Premierminister Suvanna Phuma gelingt es nicht, die Fraktionierung der Parteien zu überwinden und die Blockbildung eines amerikanischen und vietnamesischen Lagers aufzuhalten. Die neutrale Basis für eine Regierung ist endgültig verloren gegangen. Nicht einmal die „patriotische Neutralität" Kong Les und seiner Truppen wird geduldet. Der Pathet Lao greift seine Truppen in Xiang Khuang an, worauf er ins Lager der rechten pro-amerikanischen Fraktion wechselt.

Das Genfer Abkommen von 1962 erweist sich als Entschärfung der Kriegsgefahr zwischen den Supermächten, aber nicht als Friedensregelung für Laos. Weder die USA, die Sowjetunion und China noch Nordvietnam respektieren die Neutralität von Laos. Die Spannung zwischen den USA und Nordvietnam eskaliert derart, daß Prinz Suvanna Phuma die Chance für eine neutrale Option verliert. Die laotischen Konfliktparteien führen einen Stellvertreterkrieg, vollständig vom Ausland abhängig, aufgerüstet und finanziert. Damit ist Laos ein Teil des Zweiten Indochinakrieges der USA gegen Vietnam geworden. Mit der Aufrüstung einer „geheimen Armee" der Hmong zum Kampf gegen den Pathet Lao und Nordvietnam stiftet der CIA außerdem einen ethnischen Konflikt mit tragischem Ausgang und langfristigen Folgen für Laos, die bis in die Gegenwart reichen.

Die geheime Armee und die geheime Bombardierung

Das Volk der Hmong, auch verächtlich Meo (Katzen) genannt, ist erst im 19. Jahrhundert aus China nach Nordlaos eingewandert und hat sich auf dem Plateau von Xiang Khuang niedergelassen. Wegen ihrer Kampftüchtigkeit werden Angehörige der Hmong von Frankreich zur Bekämpfung des Vietminh angeheuert. Ein Drittel der insgesamt etwa 300.000 Angehörigen der Hmong unterstützt jedoch den Vietminh gegen die französische Kolonialherrschaft, gemeinsam mit den verwandten Hmong in Nordvietnam. Der CIA schickt Spezialisten zur Guerillabekämpfung sowie Eliteeinheiten der „Special Forces" nach Laos und baut mit Hilfe thailändischer Ausbilder eine geheime Armee von 10.000 Angehörigen der Hmong auf. Ihr Kommandeur ist Hauptmann Vang Pao, in der französischen Kolonialarmee ausgebildet und vom CIA für die Bekämpfung von Guerillas geschult. Das Hauptquartier des „anderen Schauplatzes" (other theatre), Codename für die geheimgehaltene Operation, liegt in Long Chaeng am südwestlichen Rande des Plateaus von Xiang Khuang, auf keiner Karte verzeichnet. Von den US-Spezialisten heißt es, sie sind in Südostasien tätig. 500 von ihnen sind umgekommen, 400 werden noch vermißt.

Die Hmong können trotz guter Ausrüstung und massiver Unterstützung der USA aus der Luft den Guerillas des Pathet Lao und der Nordvietnamesen nicht standhalten. In einem erbitterten Krieg werden sie aufgerieben, 30.000 werden getötet, zehn Prozent der Hmong-Bevölkerung. Das traditionelle und hoch entwickelte soziale Gefüge der Hmong wird zerstört, 3500 Hmong-Dörfer fallen den Kämpfen zum Opfer, 80 Prozent der 170.000 Flüchtlinge auf dem Plateau von Xiang Khuang sind Angehörige der Hmong. In Sam Thong, in der Nähe von Long Chaeng, baut die US-Entwicklungsbehörde USAID eine Flüchtlingsstadt für die Hmong auf, zahlenmäßig die zweitgrößten Stadt des Landes. Nach der Machtübernahme von 1975 werden sie vom Pathet Lao verfolgt, etwa 90.000 Hmong flüchteten über den Mekong nach Thailand und werden größtenteils in die USA evakuiert. In der Zeit der laotisch-chinesischen Spannungen 1978 bis 1989 werden Hmong-Flüchtlinge in thailändischen Lagern von China zur Destabilisierung des Regimes in Vientiane angeheuert. Übergriffe aller Art in Laos lastet die Regierung bis heute den Hmong an und behandelt ihre Lebensräume wie militärische Sicherheitszonen.

Im erbitterten und blutigen Krieg in Laos stehen sich 40.000 nordvietnamesische Soldaten sowie 35.000 Kämpfer des Pathet Lao und 70.000 Soldaten der Königlichen Laotischen Armee sowie 10.000 Kämpfer der Hmong gegenüber. Nordvietnam hat eine Elitedivision mit 15.000 Soldaten im Nordosten zur Verteidigung des Plateaus Xiang Khuang stationiert. Entlang des Ho-Chi-Minh-Pfads in Südlaos sind 25.000 Soldaten eingesetzt. Außerdem sind 6000 vietnamesische Berater in Laos tätig. Aus China sind 10.000 Soldaten in Laos damit beschäftigt, Nachschubstraßen durch Laos von China bis an die thailändische Grenze zu bauen.

Der „geheimen Armee" der Hmong entspricht die „geheime Bombardierung" von Laos. Von 1964 bis zu einer Anhörung im Kongreß 1969 bombardiert die US-Air Force „in geheimer Mission" Stellungen des Pathet Lao und Nordvietnams in Laos ohne Kenntnis und Zustimmung des US-Kongresses. Von 1969 bis zum Pariser Friedensabkommen von 1973 wird der Luftkrieg von Richard Nixon mit Zustimmung des Kongresses offen fortgesetzt.

Neun Jahre lang lebt die laotische Bevölkerung unter dem Terror eines Luftkrieges, der Tod und Zerstörung über das Land bringt. Frustriert über die Mißerfolge ordnet Richard Nixon 1970 die „saturation" („Sättigung") Bombardierung des Landes mit B 52 an, den größten Bombern der USA. Über Laos werden mehr Bomben als an allen Fronten des Zweiten Weltkrieges abgeworfen, zwei Tonnen für jeden Laoten. Aufgerechnet wird alle acht Minuten eine Flugzeugladung Bomben, 24 Stunden täglich und neun Jahre lang, abgeworfen. Zur Zerstörung der Vegetation und von Reisfeldern werden über dem Ho-Chi-Minh-Pfad in Südlaos außerdem 200.000 Liter eines mit Dioxin angereicherten Pflanzenvernichtungsmittels gesprüht, das sogenannte Agent Orange, das Krebs erregt und das Erbgut schädigt. Gegen die Bevölkerung werden „Cluster"-Bomben, sogenannte Mutterbomben, eingesetzt, die tennisballgroße und mit Stahlkugeln gefüllte Sprengbomben enthalten. Beim Aufschlag töten und verletzten sie Menschen und Tiere in einem Umkreis von fünfhundert Metern. Die Rücksichtnahmen auf zivile Einrichtungen beim Abwurf von Bomben, die sogenannten „Rules of Engagements" (Regeln des Einsatzes), gelten in Laos nicht, wonach 500 Meter Abstand von Hospitälern, Schulen oder Pagoden gehalten wird, wie für Vietnam und Kambodscha vorgeschrieben. Beim Rückflug zu den Stützpunkten in Südvietnam und Thailand werfen die Piloten restliche Bombenlasten über Laos ab. Blindgänger und Minen dieser Bombenabwürfe töten und verletzen heute noch Menschen auf dem Plateau von Xiang Khuang und am Ho-Chi-Minh-Pfad und machen ganze Regionen unbewohnbar.

Mit der Zerstörung von Xiang Khuang, der „Ebene der Tonkrüge", durch Bomben wird der Lebensraum eines ganzes Plateaus zerstört und dazu mißbraucht, den Widerstand des Pathet Lao und Nordvietnams zu brechen. Vergeblich, aber den Preis für die Einsicht zahlt die laotische Bevölkerung mit Tod, Verletzung, Flucht, Traumatisierung und Zerstörung ihrer Heimat.

Dasselbe gilt für die sogenannte „Operation Tiger" zur Zerstörung des Ho-Chi-Minh-Pfads in Südlaos, über den nach dem Sturz von Prinz Sihanouk in Kambodscha 1970 und der Verminung des Hafens von Haiphong der gesamte Nachschub für die Kriegführung Nordvietnams und des Vietcong in Südvietnam läuft. Trotz ständiger Bombardierung wird ein Nachschub- und Versorgungssystem von Werkstätten und Krankenhäusern, Bergpfaden und Allwetterstraßen zum Transport von Waffen und selbst sowjetischen Panzern für die Vertreibung der US-Streitkräfte und Eroberung des Südens aufgebaut.

Auch der Versuch vom Februar 1971, mit südvietnamesischen Bodentruppen von der Provinz Quang Tri in Zentralvietnam aus über die Kolonialstraße Nr. 9 nach Sephone in Südlaos vorzudringen und den Ho-Chi-Minh-Pfad abzuschneiden, die sogenannte Lam-Son-Offensive, scheitert am Widerstand nordvietnamesischer Truppen. Die „Nixon-Doktrin", amerikanische Soldaten durch einheimische zu ersetzen und die Kriegführung der USA auf Bombardierungen durch die US Air Force umzustellen – die Strategie der USA in allen späteren Kriegen – scheitert in Indochina. Die Niederlage am Ho-Chi-Minh-Pfad ist eine Vorwegnahme des völligen Scheiterns der USA in Vietnam, das mit der Einnahme Saigons durch Nordvietnam am 30. April 1975 besiegelt wird.

Prinz Suvanna Phumas dritte Koalitionsregierung

Prinz Suvanna Phuma bleibt nach dem Zusammenbruch der Koalitionsregierung von 1963 nominell Regierungschef, ist aber faktisch bis 1973 ohne Einfluß auf die Intervention und militärische Aggression der USA und das unaufhaltsame Vordringen des Pathet Lao und Nordvietnams in Laos. Er ist ein Gefangener in seinem eigenen Land.

Das Pariser Friedensabkommen vom Februar 1973 dient vor allem den USA, sich mit möglichst geringem Gesichtsverlust aus Indochina zurückzuziehen, und bestimmt den Abzug aller ausländischen Truppen aus den drei Ländern Indochinas. Das anschließend in Vientiane getroffene Abkommen verfügt einen Waffenstillstand für Laos, beinhaltet jedoch wiederum keine Friedensregelung. Damit wird faktisch die Teilung des Landes festgeschrieben. Der Pathet Lao und Nordvietnam beherrschen zwei Drittel des Landes, wenn auch nur ein Drittel der Bevölkerung. Ein Großteil der Bevölkerung ist vor dem Krieg in die Städte am Mekong geflohen, 600.000 Menschen, 20 Prozent der Gesamtbevölkerung. Die Situation hat sich im Vergleich zu 1954 erheblich zugunsten des Pathet Lao verändert. Zur Zeit des Genfer Friedensvertrags von 1954 sind nur zwei Provinzen im Norden und Nordosten in der Hand des Pathet Lao, 1973 sind es 11 von insgesamt 13 Provinzen. Das Land ist der Länge nach etwa entlang der Nord-Süd-Straßenverbindung Nr. 13 von Luang Namtha im Norden bis Pakse im Süden aufgeteilt. Das Territorium der Regierung von Vientiane ist auf eine Uferregion am Mekong zusammengeschmolzen.

Prinz Suvanna Phuma, der unter dem Eindruck des massiven vietnamesischen Aufmarsches in Laos mit den USA sympathisiert, wird zum dritten Mal mit der Bildung einer „Provisorischen Regierung der Nationalen Einheit" beauftragt, kann jedoch keine Einigung über die Machtverteilung mit den Fraktionen erreichen. Er selbst erleidet einen Herzanfall und muß sich in Frankreich behandeln lassen. Die Regierung hat keine Basis mehr im Lande, das Regime von Vientiane gilt als inkompetent und korrupt. Der Pathet Lao genießt dagegen Respekt und Ansehen, besonders unter der Landbevölkerung und den Ethnien in den Bergregionen.

Nach der Machtübernahme der Roten Khmer am 17. April in Phnom Penh und der nordvietnamesischen Truppen in Saigon am 30. April 1975 ist auch das Schicksal von Laos besiegelt. Noch im April wird Sala Phu Khun, der Verkehrsknotenpunkt zu den nordlaotischen Provinzen, vom Pathet Lao und von nordvietnamesischen Truppen besetzt. Im Mai setzt die Erosion der Regierung ein, als vier Minister und elf Generäle über den Mekong nach Thailand flüchten. Im August rücken Truppen des Pathet Lao ohne Widerstand in Vientiane ein. Am 2. Dezember 1975 wird in der Hauptstadt die Monarchie für beendet erklärt und die „Demokratische Volksrepublik Laos" ausgerufen. Die „Revolutionäre Volkspartei von Laos" ist die alleinherrschende Partei des Landes. Die Staatsmacht liegt in Händen des siebenköpfigen Politbüros, in Rangordnung: Kaysone Phomvihan, Nuhak Phumsavan, Prinz Suphanuvong, Phumi Vongvichit, Khamtay Sipandone, Phun Sipasoet und Sisomphon Lovanxai. König Savang Vatthana wird zur Abdankung gezwungen, Prinz Suvanna Phuma tritt zurück und löst formal die Regierung auf, bleibt aber im Lande und erhält den Titel eines „obersten Beraters".

Nach einer anfänglichen Politik der Integration folgt die Partei dem vietnamesischen Vorbild und nimmt alle Angehörige des früheren Regimes fest und schickt sie zu „Seminaren" (sammana) in Umerziehungslager, häufig für fünf Jahre oder noch länger. Etwa 10.000 bis 15.000 Personen werden größtenteils in abgelegenen Bergregionen der Provinz Hua Phan im Nordosten und in der Provinz Attapeu im Süden des Landes oder auf den Inseln des Nam-Ngum-Stausees nördlich von Vientiane interniert, wo etwa ein Drittel von ihnen umkommt. Der abgesetzte König Savang Vatthana erhält zunächst ein Ehrenamt in der neuen Regierung, wird aber am 24. November 1977 unter dem Vorwand, konterrevolutionären Widerstand zu unterstützen, zusammen mit der Königin Khampoui, dem Kronprinzen Vong Savang und dem größten Teil seiner Familie in ein Lager in Viengsai in der Provinz Hua Phan verschleppt. Vom König gibt es die Nachricht, daß er im März 1980 im Lager gestorben sei, von den Angehörigen seiner Familie hat man nichts mehr gehört. Unter dem Eindruck von Rache an politischen Gegnern und der Herrschaft der Partei über alle Bereiche des öffentlichen und privaten Lebens verlassen 300.000 Menschen das Land, 10 Prozent der Gesamtbevölkerung. Darunter sind 90 Prozent der Intellektuellen und Fachleute aus Wirtschaft und Verwaltung des Landes. Von den indochinesischen Flüchtlingen in thailändischen Lagern stammen 85 Prozent aus Laos, die in alle Welt verstreut werden. Nach dem Bruch mit China 1979 wegen der Parteinahme von Laos für Vietnams Besetzung von Kambodscha werden Partei und Regierung von pro-chinesischen Kadern „gesäubert" und viele chinesisch-stämmige Unternehmer und Händler verhaftet oder zur Flucht genötigt. Dadurch brechen das wirtschaftliche Leben und die Versorgung der Bevölkerung im Lande weitgehend zusammen. Die Übernahme der Macht durch den Pathet Lao und die Anlehnung an Vietnams rigorose Verfolgung von Angehörigen des abgesetzten Regimes machen Laos zu einem Land von Verfolgten und Flüchtlingen.

Prinz Suvanna Phuma stirbt im Januar 1984 mit 82 Jahren, verbittert über die Unfähigkeit laotischer Politiker, im Interesse des Landes machtpolitische Kompromisse einzugehen und zusammenzuarbeiten. Er beklagt die Einmischung der Großmächte USA, Sowjetunion und China sowie Vietnams in laotische Verhältnisse und die Instrumentalisierung des Landes für ihre eigenen Interessen. Er spielte die Rolle eines ehrlichen, aber erfolglosen Maklers der Macht. Die Rechten lehnten seinen Koalitionskurs unter dem Vorwand ab, dem Pathet Lao in die Hände zu spielen. Der Pathet Lao diskreditierte ihn als „Verräter, Kapitalisten und Anhänger der US-Aggression". Sein Fehler lag offensichtlich darin, leichtfertig an die Fähigkeit und Bereitschaft zu Kompromissen und Koalitionen seiner Gegner zu glauben. Er wollte nicht wahrhaben, daß die Großmächte und Vietnam auf dem Höhepunkt des Kalten Krieges trotz gegenteiliger Beteuerungen keine Unabhängigkeit und Neutralität von Laos duldeten. Wie Prinz Sihanouk in Kambodscha war Prinz Suvanna Phuma davon überzeugt, daß sein Land in der Lage war, ohne Einmischung und Manipulation von außen die Probleme des Landes selbst lösen zu können. Für diese Chance kämpfte er, wenn auch vergeblich.

h.k.

Der geschändete Buddha

Keineswegs Schweigen, der Rest ist Zynismus, eine verbale Überlebenshilfe: „Fischteiche, wohin Sie sehen", sagt Vinh, unser Fahrer, „wir brauchen dafür keine Löcher zu graben. Das haben die Amerikaner für uns getan." Der kleine stämmige Mann weist mit der Linken über die zernarbte Landschaft und macht auf die Krater aufmerksam. Längst sind die Bodensenken überwuchert, aus manchen der runden Vertiefungen wachsen Sträucher heraus, grüne Flecken auf abgeholzten Hügeln. Bombenkrater. Auf seltsam fatale Weise wird einem dieser Anblick in der Ebene der Tonkrüge nach einigen Stunden so selbstverständlich, so vertraut, als seien die Löcher hier schon immer ein Teil der Natur gewesen. Nirgendwo sonst in Laos ist der Krieg in seinen Folgen so gegenwärtig wie da oben in den windigen Höhen von Phonesavan. Der Krieg dauert in Lebensgeschichten an, bleibt präsent in Erinnerung und Alpträumen; und der Krieg hat ein Antlitz, dessen Verwüstung bis in die Gegenwart reicht.

Später Nachmittag. Wir fahren von Phonesavan ostwärts. Immer wieder muß Vinh die Spur wechseln. Die Piste ist eine endlose Baustelle. Chinesische Arbeiter schlagen eine neue Trasse durch die Region. Raupenschlepper und Bagger aus der Volksrepublik durchwühlen Erdmassen. Es sind kompakte Kolosse, die auch Panzer sein könnten, robust, funktional, raumgreifend. Mal kann unser zerbeultes Uraltauto russischer Machart auf einem Stück neuer Straße fahren, dann wieder müssen wir uns rechts oder links in die Schlaglöcher des alten Weges verdrücken, um den Baumaschinen auszuweichen. Ein amerikanischer Filmtitel fällt mir ein, die asiatisch-laotische Variante heißt: How the Wild East Was Won. Wie eine rötliche Wunde zieht sich die künftige Fernstraße in Richtung Vietnam durch das Land. Die massiven Eingriffe der chinesischen Männer in das gerade hier noch immer abgeschiedene Land erinnern an einen Angriff, an Vormarsch, Eroberung. Diesmal allerdings mit friedlichen Mitteln. Wieder der Eindruck von Transit und Durchgang. Das Land wird erschlossen: aufgeschlossen. Da wird eine Schneise in die Zukunft geöffnet.

Doch noch reisen wir der Vergangenheit hinterher. Dreißig Kilometer östlich von Phonesavan ist sie wie in einem Freilicht-Museum zu durchstreifen. Die ehemalige Provinzhauptstadt Xiang Khuang war so erbarmungslos zerbombt worden während jenes „geheimen Krieges", daß sie danach offiziell aufgegeben wurde. Doch die Politiker, die mit der Neugründung jenes Phonesavans wohl annehmen, die Kriegsnarben ließen sich damit leichter vergessen, hatten den Überlebenswillen der ortsansässigen

Menschen unterschätzt. Heimat läßt sich in Schutt und Asche bomben, nicht aber ausradieren. Unter dem Namen Müang Khun besteht die Siedlung fort. Die Flüchtlinge kehrten zurück aus Erdlöchern der Region und aus dem Exil in Vietnam. Neben den Ruinen von damals blüht auf trotzige Weise neues Leben. Herumflitzende Kinder auf der Dorfstraße verkörpern Vitalität und Verjüngung und machen sehr lebendig und lautstark deutlich: Heute ist nahezu die Hälfte der laotischen Bevölkerung unter 15 Jahre alt, hat also gar keine direkte Beziehung mehr zum Krieg der Väter und Großväter. Eine vergessene Geschichte? Aber nein. Gerade hier wächst die Nachkriegsgeneration im Umkreis verwilderter Trümmer auf, die zum makabren Abenteuerspielplatz geworden sind. Verschüttete Erinnerungen an die eigene Kindheit werden geweckt. Damals im zerstörten Deutschland nach dem Zweiten Weltkrieg. Wie sich die Bilder gleichen.

Auf einer Anhöhe verfallen rote Backsteinmauern. Die Ausmaße des einstigen Gebäudes sind zu erahnen. Das war nicht der ortsübliche Baustil, das war die importierte Kulisse der Macht. Das einstige Zentrum der französischen Kolonialverwaltung strahlt sogar als gigantischer Schutthaufen noch Autorität aus und symbolisiert das Oben und Unten von gestern. Eine Freitreppe führt ins Nichts. Das läßt an Eleganz, Empfänge und Etikette denken. Hier fuhren Pferdekutschen vor und später Automobile. Es war ein Außenposten frankophonen Anspruchs der Unterwerfung; zweitrangig nur im Gefolge von Saigon, Hanoi, Phnom Penh, Vientiane, doch gewichtig genug, daß sich Beamte als Mittelpunkt der Welt aufführen konnten. Das alles ist unter den Trümmern der Geschichte begraben. Die B-52-Todesbringer haben ganze Arbeit geleistet.

Ein paar hundert Meter weiter: Wat Phia, die buddhistische Tempelanlage – jedenfalls, was davon übrig geblieben ist. Keine schützende Hülle mehr, kein Eindringen in einen düster-sakralen Innenraum. Die Heiligkeit ist bloßgestellt. Säulen, die einmal das Pagodendach trugen, ragen als graue, schäbige Stümpfe auf, einer krallenartigen Leprahand ähnlich. Die steinerne Buddha-Figur hebt sich nackt gegen den leuchtend blauen Himmel ab, ein erhabener Invalide. Zertrümmert der linke Arm, das rechte Auge zerstört, der Mund eine erstarrte Narbe, die Ohren abgerissen. In Stein gebanntes Elend. Der geschändete Buddha.

Ein alter Mönch erzählt von den Bombenangriffen drei Jahrzehnte zuvor. Sanft die Stimme, gütig sein Gesicht. Wie aus Bronze gegossen leuchtet sein kahler Schädel in der Abendsonne und vermittelt einen Abglanz jenes Buddhas, der da, seiner Würde beraubt, zerborsten ist.

„Wir alle waren damals auf der Flucht", berichtet der alte Herr und schlägt den orangefarbenen Saum seines Gewandes über die Schulter, „wir sind davongelaufen, haben uns in Höhlen verkrochen wie wilde Tiere. Ich war damals so jung wie er da."

Der entblößte Arm zeigt auf einen Novizen mit gelber Pudelmütze und Mönchs-

Buddhas Lehre lebt

gewand, der sich an die Mauer lehnt und der sinkenden Sonne nachschaut. Ernst ist die kindliche Miene des Jungen, viel zu ernst. Wat Phia ist wieder ein kleines Kloster. Das Haus aus verwitterten Brettern ist ärmlich und wirkt wie ein Muster buddhistischer Bedürfnislosigkeit in der schäbigsten Ausgabe. Nichts schwingt mit von der heiteren Gelassenheit, die uns andernorts in buddhistischen Klöstern umfängt. Der Krieg wirkt nach. Für einen Neubau fehlt das Geld. An die Restaurierung des Wat ist offenbar nicht einmal zu denken.

In den buddhistischen Schriften heißt es: „Wie den von dem Töpfer gefertigten irdenen Gefäßen allen das Ende des Zerbrechens beschieden ist, so auch dem Leben der Sterblichen. Die Jungen und die Großen, die Toren und die Weisen, sie alle gelangen in die Gewalt des Todes, ihr aller Ende ist der Tod."

In den Minuten vor Sonnenuntergang wirkt der bombardierte Buddha besonders schutzlos in seiner Hinfälligkeit. Als schwarzer Scherenschnitt zeichnen sich die Umrisse des Krüppels ab. Der Anblick erschüttert. Warum nur bewegt einen das Bild dieses Buddhas derart gefühlsbeladen? Es ist eine ganz persönliche Betroffenheit. Aber was unterscheidet ihn von den demolierten Buddhas beispielsweise in Sukhothai? Auch dort im nördlichen Thailand ist buddhistische Einsicht in einem Trümmerfeld zu erfahren: „Alles, was es an Dasein irgendwo und irgendwie gibt, ist vergänglich, leidvoll, muß sich verändern." In diesen Abendstunden drängt sich die Erinnerung an einen Abend in Sukhothai auf, weil sich ebenfalls die Bilder gleichen.

Rückblende: Ein hoch aufragender weißer Buddha im Lotossitz meditiert in verinnerlichter Erhabenheit, die langen Finger der linken Hand locker nach unten gerichtet, die offene Rechte auf dem angewinkelten Bein liegend. Zerstört auch hier die Pagode. Abgebrochene Säulen weisen in den Himmel, von keinem Dach mehr beschwert. Der Buddha scheint, aller irdenen Last ledig, im Freien zu schweben. Im Hintergrund die glockenförmigen Chedis der Tempel. Wir ließen uns am Ufer einer der vielen kleinen Seen nieder, streckten die Beine aus und genossen die Poesie des scheidenden Tages. Wir spürten etwas von der Mystik des Ostens an einem Ort, der wie kein anderer tief in Thailands und die Geschichte der Nachbarn zurückreicht.

Der Zusammenhang ist klar. Das Laos von einst und das Thailand des nationalen Werdens sind in schicksalshafter Verbindung aufeinander bezogen, ob es den heutigen Bewohnern beiderseits der Grenzen paßt oder nicht. Die gemeinsame Geschichte wirkt nach. Sukhothai markiert den Beginn des siamesischen Staates und den Aufstieg zu einer einflußreichen Nation in Südostasien. Vor acht Jahrhunderten einigten sich im Norden des späteren Thailand regionale Fürsten und befreiten sich aus der Bevormundung der kambodschanischen Könige, den Herren der Region einschließlich des späteren Laos, führten das Erbe der Khmer fort und begründeten einen Stil buddhistisch geprägter Kultur, der mit dem Namen Sukhothai verbunden ist. Dämmerung des Glücks, so wird die Region genannt. 600 Kilometer nördlich von Bangkok gelegen, das es zu jener Epoche noch gar nicht als Haupstadt gab, damals bloß ein unbedeutendes Dorf im Delta des Menam.

Auf dem Weg zu jenem Buddha in Weiß waren wir an Rama Khamhaeng vorbeigekommen. Auf hohem Denkmalssockel thront der Herrscher, den Thaifamilien ein beliebtes Pilgerziel, die bei Sonnenuntergang dort beteten und Blumen niederlegten und Opfergaben in Gestalt gebratener Enten darboten. Mit Rama Khamhaeng gelangte Thailand auf die Bühne der Weltgeschichte. Der König hatte sich im Machtkampf durchgesetzt und die Grenzen seines Reiches bis nach Burma und Bengalen im Westen, nach Laos und Kambodscha im Osten, nach Malaya im Süden ausgedehnt. In der geschichtlichen Rückschau erscheint den Thais jene Epoche als das Goldene Zeitalter; von den Nachfahren und Hofberichterstattern in höchsten Tönen gerühmt. Die Archive künden vom blühenden Land, von fischreichen Gewässern und Reis auf den Feldern. Rama Khamhaeng steht als Vater der Nation für die Sukhothai-Ära, die als Wiege der thailändischen Zivilisation gepriesen wird. Damals wurde die Thaischrift entwickelt, die Voraussetzung für nationale Identität geschaffen. In bronzenem Pathos ragt das Königs-Denkmal neueren Datums über die Ruinen der Vergangenheit.

Im Museum ein paar hundert Meter weiter vermitteln Skulpturen den Wandel der Stile und künstlerischen Ausdrucksformen. Zwei Torsi aus massivem Stein verkörpern die Einflüsse der Khmer, die in Angkor ihr Machtzentrum hatten. Kraftvoll die Figuren, statisch; Verkörperung eines starken Reiches, dessen Ausstrahlung freilich verblaßte, als Sukhothai die Macht an sich riß und die neuen Formen bestimmte. Drei Jahrhunderte liegen dazwischen. Der schreitende Buddha wurde zum Symbol der Veränderung. Voller Schwung, von wehendem Gewand umhüllt, überlang die schlenkernden Arme, schlank und grazil, so beherrscht sein Auftritt die Eingangshalle des Museums: Inbegriff von Bewegung und Leichtigkeit. Männlich und weiblich zugleich, seltsam geschlechtslos. Ein Wesen, das aller irdischen Beschwernis enthoben zu sein scheint. Als die Buddhas laufen lernten: der personifizierte Sukhothai-Stil.

In Sichtweite des Museums breitet sich das alte Sukhothai aus. Die begrenzenden Mauern und Gräben umfaßten einst ein Rechteck von 1810 mal 1400 Metern; in dieser Anordnung befestigt und bewehrt und rechtwinklig ganz in der Tradition der Khmer-Städte angelegt. Die politische Macht erwuchs aus der genialen Nutzung der Reiskultur. Ohne Bauern also keine Bauten dieser Art; doch das Zentrum des Reiches war von urbaner Beschaffenheit und perfekter Organisation einer Großstadt. Innerhalb der Ummauerung lebten einst 400.000 Menschen. Wohl abgestuft die hierarchische Ordnung, klar bezogen die soziale Stellung, Aufgabe, Zuständigkeit. Ein Heer von Tempeldienern versah seinen Dienst. Mönche gaben den Ton endloser Gebete an. Doch den Frieden konnten auch diese frommen Männer nicht erhalten.

„Jegliches Leid, das entstanden ist und sich erhebt, hat allein im Begehren seine Wurzel und findet im Verlangen seine Begründung. Denn die Begierde ist die Wurzel des Leidens." So heißt es in den Reden des Buddha.

Die Begierde, Macht auszuüben, war stärker als meditative Versunkenheit. Das Verlangen, andere Menschen zu unterdrücken und deren Reichtümer zu erbeuten, ließ auch Sukhothai versinken in Krieg und Verwüstung. Von Mitte des 13. bis zur Mitte des 15. Jahrhunderts reichte die Glanzzeit. Die Macht der Khmer war längst gebrochen. In Laos hatte sich kein wirklicher Rivale erheben können. Doch in Burma bildete sich die politische Kraft heraus, die plündernd, mordend, brandschatzend nach Osten vordrang. Sukhothai vermochte dem Ansturm nicht zu widerstehen. Seine Elite floh in den Süden. In Ayutthaya schufen sich die siamesischen Herrscher ein neues Machtzentrum. Sukhothai blieb in Trümmern zurück.

Wat Mahathat liegt mit Tempelmauern, Säulen und Buddhas unterschiedlicher Größe im Mittelpunkt der einstigen Stadt. Wir kletterten über Backsteinmauern, blickten hinauf zu Buddhas, umrundeten die Riesenglocken der Chedis, auch Stupas genannt, durchstreiften einstmals heilige Hallen ohne Dächer, deren sakrale Schätze längst ausgeraubt und nur noch verfallene Gehäuse des Niedergangs sind. Es war das Eindringen in historische Räume mit viel Platz für Imagination und die Ahnung von weltlichem Wahn und spiritueller Energie. Davon sprachen die Steine an jenem Abend in Sukhothai; kunstvoll aufgetürmte Steine, brutal zerstört. Deren Umrisse verloren sich im Spiegel der Seen, wo sie sich mit dem Blau des Himmels und dem Rot der Lotosblüten zu schimmernden Aquarellen vereinten.

Aus Schutt und Verwahrlosung ist das alte Sukhothai in Jahrzehnten der Restauration als historischer Park wieder erstanden. Im Museum dokumentieren Fotos den Verfall von gestern und das Erneuerungswerk in bewundernswerter Größe. Es ist eine Sisyphusarbeit gewesen, Sukhothai vom Unkraut der Jahrhunderte zu befreien, Säulen wieder aufzurichten, die Wege freizuschlagen durch Gestrüpp und Vergessenheit. Die UNESCO adelte 1991 die nahezu zweihundert Tempel und sakralen Bauten, die über 70 Quadratkilometer verstreut sind, mit dem Prädikat „Weltkulturerbe".

Ruinen buddhistischer Geisteswelt auch dort. Manch einen Buddha von Sukhothai hatte es ähnlich vernichtend erwischt wie den Buddha, vor dem wir nun bei einbrechender Dunkelheit in der einstigen Provinzhauptstadt Xiang Khuang auf der Ebene der Tonkrüge stehen. Und doch sind Atmosphäre und Eindruck so verschieden. Erst allmählich wird klar, warum einem der Anblick hier so nahegeht. Es ist die historische Beziehung zu den Kriegen, der unterschiedliche zeitliche Abstand zum Werk der Zerstörung. Sukhothais Niedergang liegt fast ein halbes Jahrtausend zurück. Die Bomben aber, die den Buddha von Müang Khun in Stücke rissen, fielen vor einem halben Menschenalter. Der Zeitzeuge im Mönchsgewand berichtet uns davon. Es war nicht ir-

Kein Geld für Erneuerung

gendein Krieg in grauer Vergangenheit, es war der Vietnamkrieg der 1960er und 70er Jahre. Die Kunde von diesem Schlachten und Abschlachten ist nicht angelesenes Wissen, das ist Teil der eigenen Biographie: erlebt, kommentiert, als Aufbruch politischen Bewußtseins empfunden. Sukhothai und Müang Khun: das Trümmerfeld dort ist Archäologie, die eine romantisierende Distanz erlaubt; der geschändete Buddha hier ist Zeitgeschichte, die unsere Gegenwart prägt. Deshalb beunruhigt der Anblick, den uns die schwärzer werdende Nacht nun entrückt. Der alte Mönch deutet in den sternenübersäten Himmel, aus dem die Bomber kamen, ihre tödliche Fracht abzuladen.
    r.s.

Eine kleine alte Frau erinnert sich

Das Spiel ist einfach, die Wirkung fatal. Ein abgehackter Hühnerkopf wird auf einen Teller gelegt, ein zweiter Teller darüber gekippt und mit beiden Händen gedreht und gerüttelt. Die drumherum hockenden Männer verfolgen mit bereits vom Alkohol getrübtem Blick das Lao-Lao-Roulette. Der obere Teller wird gelüftet. Der Zechgenosse, auf den nun die Schnabelspitze zeigt, muß als nächster ein volles Glas des hochprozentigen Reisschnapses in sich schütten. Ex. Die anderen begleiten den scharfen Schluck mit Gelächter und Gegröl. Es gibt bei diesem Roulette keinen Sieger und Verlierer, sondern am Ende eines Festes allesamt nur angeheiterte und lautstarke Kumpane in trauter Runde.

Kneifen gilt nicht. Auch wir verfolgten lachend das Hühnerkopf-Orakel und tranken, wenn denn einen von uns der Schnabel auserkoren hatte, folgsam das Glas aus. Wir waren zu Gast bei einem Familienfest in Xiang Khuang. Ein kleines Anwesen im Neusiedlungsgebiet des Ortes, der sich mit Baggern, Bulldozern und Betonmischmaschinen anschickt, eine Stadt zu werden. Obwohl doch dieses Xiang Khuang als neue Provinzzentrale die Geschäftsstraßen ausbaut, Verwaltungsgebäude hochzieht, Märkte anlegt und sich urban gibt mit viel Staub und Unaufgeräumtheit, leben noch viele Bauern in dem Durcheinander des großen, weitläufigen Dorfes, eine Noch-nicht-Stadt. Es war eine Art Erntedankfest. Mit der Genugtuung, die Menschen zusteht, die auf wohlverdiente Früchte ihrer eigenen Arbeit verweisen können, waren uns die gefüllten Reisspeicher gezeigt worden. Viereckige Bretter-Hüttchen auf Pfählen. In den Mienen der Männer und Frauen war der Stolz nach monatelanger Schufterei zu erkennen; bodenverbundene Menschen, die in der unwirtlichen Natur der Ebene der Tonkrüge besondere Mühen aufwenden müssen, dem kargen Boden ihr Überleben abzuringen. Unter Lebensgefahr. Die beiden verrosteten Bombenhälften als Torpfosten erinnerten daran, harmlos gewordenen Marterpfählen gleich, die in ihrer blechernen Banalität nichts mehr von ihrem einstigen Schrecken haben.

An eine Geschichte des laotischen Schriftstellers Outhine Bounyavong war zu denken während jenes fröhlich-deftigen Mahles. Nach Jahren der Flucht und Vertreibung kehrten die Menschen in die alte Heimat zurück, nahmen die vertraute Erde wieder unter Hacke und Pflug, freuten sich des Neuanfangs und begrüßten das erste Grün als Zeichen der Hoffnung. Der eine junge Mann, der seine Geschichte in Form eines Briefes aufschreibt, adressiert an einen amerikanischen Jungen der Friedensbewegung, schildert sein Schicksal, da ihn das Unglück bereits zum Krüppel verurteilt hat. Ein Blindgänger hatte ihm bei Feldarbeiten beide Beine abgerissen. Hier oben in der Ebene der Tonkrüge.

An jenem Nachmittag war von solchen Schrecknissen und der Allgegenwart der tödlichen Hinterlassenschaft des Vietnamkriegs keine Rede. Ausgelassen ging es zu. Die Leute saßen, hockten, kauerten auf dem Boden. Kinder tobten zwischen den Matten umher, auf denen kleine runde Holztische mit Tellern, Schüsseln, Gläsern standen. Wie immer und überall auf der Welt, wenn arme Leute feiern, sind Gäste willkommen und die Gefäße so üppig gefüllt, daß Fremde den Eindruck haben können, das sei alltäglicher Überfluß. In Einzelteile zerhackte Hühner lagen zum Verzehr bereit, die Weichteile, Knochen, Krallen, geschnäbelten Köpfe wohl sortiert und scharf gewürzt. Außerdem gebratene Eier, kleingeschnittenes Büffelfleisch, geronnenes Kaninchenblut, gegrillte Fische, Gemüse, Reis, Weißbrot. Immer neue gefüllte Flaschen mit Lao-Lao wurden herumgereicht. Ganze Kästen mit Lao-Bier standen griffbereit. Dazu gab es süßlich-kräftigen Pflaumenschnaps. Alkoholiker konnten sich im gewohnten Element fühlen. Vegetarier hatten es etwas schwerer.

Wir wurden zum Essen und Trinken genötigt. Laotische Gastfreundschaft drängt in die Zwickmühle, in der zwischen Höflichkeit und der begrenzten leiblichen Aufnahmefähigkeit eine Balance zu finden ist, die den Gastgebern das Gesicht wahrt und die eigene Gesundheit nicht allzu nachhaltig gefährdet. Man entwickelt als Gast gewisse Techniken. Jeder wollte mit uns anstoßen, kam mit der vollen Lao-Lao-Flasche und bestand darauf, daß das Glas geleert werde. Die Offerte war weitaus direkter und weniger dem Zufall ausgesetzt als das Hühnerkopf-Spiel. Mit immer geübterer Bewegung wurde das Glas zum Munde geführt, daran genippt und beim Absetzen der Inhalt gewissermaßen im Handumdrehen zur Erde geleert. Bei soviel Promille dürfte dies eine verzeihliche Verletzung der Gastfreundschaft und mehr der Rubrik „mein Bauch gehört mir" zuzuordnen sein.

Mir fiel wieder die makabre Bemerkung eines der belgischen UXO-Soldaten ein. Im Scherz gefragt, was er denn für gefährlicher halte – die Bombenbeseitigung oder sich bei Volksfesten auf das Lao-Lao-Trinken einzulassen –, antwortete er spontan und überzeugt: „Den Schnaps natürlich." Und trank ein Glas leer.

Die heitere Atmosphäre verführte zur Illusion sorgloser Zeitlosigkeit. Ringsum die Männer und Frauen jugendlichen, mittleren Alters, bäuerliche Figuren, kräftig, wettergebräunt, robust; keine Schönheiten nach fragwürdigen westlichen Maßstäben; Menschen, die harte Umweltbedingungen zu meistern haben. Die vielen Gesichter – und dann das eine im Schatten der Bäume. Wir schauten immer wieder hin: das Gesicht einer Greisin inmitten der kräftigen Gestalten und der Lao-Lao-seligen Blicke, die dem Hühnerschnabel folgten, der über den weiteren Alkoholgehalt im Blute ent-

Nang Oumma

scheiden würde. Es war das Gesicht einer kleinen alten Frau. Sie hockte auf einem Schemel, einem verletzlichen Vogel gleich, der gelandet war und die Flügel um seinen schmächtigen Körper legte. Sie trug eine weiße Bluse, um Hüfte und Beine geschlungen ein braunviolettes Tuch, am unteren Saum mit Stickereien in bunten Rautenmustern verziert. Traditionelle Festkleidung. Die Füße steckten in Plastiksandalen.

Die Frau schaute dem Treiben stumm zu, trank aus winzigem Glas Lao-Lao, rauchte und beobachtete mit aufmerksamen, umherschweifenden Augen. Die Frau machte neugierig, eine selbstbewußte Frau, der man ansah, daß sie ein Leben der Prüfungen, der Herausforderungen, der Standhaftigkeit hinter sich hatte. Die vielen jungen Frauen, die geschwätzigen Männer, die umherwuselnden Kinder. Die Sinne waren in Beschlag genommen; alles schmackhaft, trinkfreudig; alles ringsum so lebendig wie in einer unausgesprochenen Verabredung, sich nicht an die Schattenseiten des Daseins erinnern zu wollen.

Doch dieses Gesicht ist anders. Altersweich die Züge, die vielen Falten wie aus geschmeidigem Ton geformt, erdfarben. Die kleine, zierliche Frau strahlt Güte aus, sie wirkt sanftmütig und traurig und doch auf eine merkwürdige Art zäh; nicht stark im Sinne von Muskelkraft, ganz und gar nicht, sondern stark als Persönlichkeit. Nang Oumma ihr Name. Noch ehe sie uns von sich erzählt, sind wir bereits in ihrem Bann. Unsere Neugier überrascht sie nicht. 90 Jahre sei sie alt, so berichtet sie im Gespräch, das einer der Männer vermittelt hatte. Die Stimme klingt mädchenhaft, hellwach und begeisterungsfähig. Uns scheint es, als sei sie erfreut, durch unsere Neugier aus ihrer wortlosen Zuschauerrolle in das Zentrum der Aufmerksamkeit geholt zu sein.

Da sitzt eine Zeitzeugin vor uns, die fast ein ganzes Jahrhundert erlebt und wie durch ein Wunder überlebt hat. Die französische Kolonialzeit? Aber ja, daran erinnert sie sich. Das waren doch die Männer mit Tropenhelmen, die hier in schwarzen Limousinen herumfuhren. Schule? Nein, eine Schule habe sie nicht besuchen können, lesen und schreiben blieben ihr fremd ein ereignisreiches Leben lang. Da waren ja nicht nur die Franzosen als Ausländer hier, so ergänzt sie lebhaft, als blättere sie in einem imaginären Geschichtsbuch, auch die Japaner, die Russen, die Vietnamesen und – sie sagt es mit besonderer Betonung – die Amerikaner. „Warum nur hat man uns nie in Ruhe gelassen?" fragt sie mit Bitterkeit. Gestenreich erzählt sie aus diesen neun Jahrzehnten ihres Daseins. Sie stamme aus einer dörflichen Familie, und auch der Mann sei ein Bauer gewesen. Acht Kindern schenkte sie das Leben. 1961 starb der Mann. Die Witwe war auf sich allein gestellt. 1964 wurde ihre Hütte zum erstenmal durch Bomben zerstört. „Wir bauten sie wieder auf", sagt sie in einem Ton, der die Selbstverständlichkeit solchen Tuns noch viele Jahre danach außer Zweifel setzt. 1965 ging auch diese Hütte in Flammen auf. Wiederum das Vernichtungswerk von Bomben.

„Immer wenn wir Flugzeuge hörten, versteckten wir uns, aber welchen Schutz hatten wir denn? Manchmal haben wir es bei den Luftangriffen bis zu den Felshöhlen geschafft, manchmal nicht", sie winkt mit beiden Händen ab, Händen, die wie ockerfarbene Schmetterlinge aufwirbeln. Eine Tochter, ein Sohn kamen in den Wirren ums Leben. Für Monate flüchtete die vaterlose Familie nach Vietnam, entwurzelt, heimatlos. Die Augen der Frau füllen sich mit Tränen, dunkle, feuchte Augen, die uns in fragender Direktheit anschauen, ohne eine Antwort zu erwarten.

„Warum mußten wir das alles erleiden? Warum? Wir haben niemandem etwas getan", sagt sie leise, „und von niemandem haben wir jemals eine Entschädigung für unsere Verluste erhalten, auch von unserem Staat nicht." Sie und die vielen anderen Vertriebenen kehrten zurück. Die sechs Kinder wuchsen heran.

Eine Frage drängt sich uns auf, angesichts dieses Durchhaltevermögens: Wieso sollte ausgerechnet hier die Freiheit von Berlin, die Freiheit der westlichen Welt verteidigt werden? Eine absurde Frage zu einem absurden Krieg. Wer sollte damals vor wem geschützt werden? Der personifizierte Lebenswillen da vor uns, 90 Jahre alt, straft alle Parolen einer Propagadamaschinerie Lügen, die der Welt glauben machen wollte, hier müßten Menschen wie diese kleine alte Frau zurück in die Steinzeit gebombt werden. Wozu? Der Geist dieser Menschen war allemal stärker; die Zähigkeit einer solchen Frau dauerhafter.

Auch sie kippt ein weiteres Glas von diesem wasserklaren Lao-Lao herunter ohne eine Miene zu verziehen. Das Gesicht hellt sich ohnehin auf, als sie von ihren Kindern spricht: „Ich habe nichts lernen können, aber sie sind alle etwas geworden. Einer meiner Söhne wurde hoher Beamter, ein anderer Offizier, eine Tochter ist Lehrerin. Ja, ich habe sie alle durchgebracht." Und solche Menschen wollte eine Kriegsindustrie ausrotten, die von den Supermächten und ihren Politikern und Militärs und Geheimdienstleuten und sonstigen Profiteuren in Schwung gebracht worden war.

Bei der Frage nach den Enkeln ist die Traurigkeit wie weggewischt aus dem ovalen Gesicht mit den winzigen Wellen ungezählter Falten. Wieviele Enkel? „14", sagt sie, fügt aber sofort an: „Nein, nein, es sind ja schon 16", herzliches Lachen, „na und die Urenkel doch auch. Alle zusammen 35 Kinder." Sie klatscht in die Hände wie über einen gelungenen Spaß. Wir sind verblüfft von solcher Vitalität und stimmen in ihr Lachen ein. Die Lebenskraft der Ebene der Tonkrüge hat plötzlich ein Gesicht, das Gesicht dieser Frau.

„Vor ein paar Jahren hätte sie mit euch gar nicht gesprochen, sie hätte sich geweigert, euch auch nur anzusehen", erklärt einer der Männer in der Runde des Lao-Lao-Roulettes zu uns gewandt, „sie hätte euch für Amerikaner gehalten."

r.s.

Explosive Ernte noch nach drei Jahrzehnten

Wir sind im Hochland von Bolaven im südlichen Laos, die Stadt Paksé bleibt in der Ebene am Mekong zurück. Die gut ausgebaute Asphaltstraße steigt an. Ein klarer frischer Morgen. Im Unterland liegt ein Dunstschleier. Hier oben scheint die Sonne. Es wird trotzdem spürbar kühler. Grüne Bäume und Sträucher ringsum. Eine fruchtbare Gegend. Die Häuser entlang der Straße sehen proper aus, bunt gestrichen die Holzwände, Blumen davor. Das ist Kaffee-Anbaugebiet. Davon versteht Patrick Pilaeis herzlich wenig, aber er kennt sich mit Bomben und Granaten aus – vor allem mit solchen, die nicht explodiert sind. Der Oberfeldwebel der belgischen Armee hat Erfahrungen in Flandern gesammelt. Dort werden noch heute Blindgänger aus dem Ersten Weltkrieg unschädlich gemacht. Die explosive Ernte, die Patrick in Laos entschärfen hilft, ist jüngeren Datums. UXO wird die mörderische Hinterlassenschaft des Vietnamkriegs genannt. UXO steht für „unexploded ordnance"; und UXO ist auch der Name der staatlichen Organisation in Laos, die seit 1996 die Ernte im Boden aufspürt und beseitigt. Ein Räum-Team von UXO war gerufen worden. Bombenalarm.

Für Patrick aus Belgien und seine laotischen Kollegen ein Routine-Einsatz. „Wir bestimmen genau, welche Art von Bombe es ist", erklärt er das Manöver, „dann müssen wir den Zünder identifizieren, um ihn unschädlich machen zu können. Wir müssen das alles ins Freie bringen und entschärfen, weil die Fundstelle zu nahe an den Häusern und elektrischen Leitungen ist. Wir können die Bombe nicht einfach sprengen, sondern müssen sie an Ort und Stelle entschärfen."

Bauer Tui und seine Familie lebten auf einem Pulverfaß, ohne es zu wissen. Auch sie bauen Kaffee an. Als ein neuer Zaun gezogen wurde, prallte der Spaten im Erdreich auf etwas Hartes, Metallenes. Die Arbeit wurde sofort unterbrochen. Was solch ein Fund bedeuten kann, ist einem Mann wie dem Bauern Tui klar. Alle Leute kennen hier mindestens eine Familie, die ein Mitglied bei einem der Bombenunfälle verloren hat.

Khamphao Souphanthalop, Vizechef der regionalen UXO-Behörde in Paksé, sagt zu den Gefahren: „Die Bomben gefährden die Feld- und Gartenarbeit. Wenn es eine Organisation wie UXO nicht gäbe, könnten die Bewohner der Region überhaupt nicht ohne ständige Gefährdung leben. Es ist zu vermuten, daß hier noch viele Sprengkörper in der Erde liegen. Wir müssen auch in den nächsten Jahren weiter suchen, um die Menschen von ihrer Angst zu befreien. Stück für Stück wird die verborgene Munition aufgespürt, damit die Leute unbesorgt arbeiten können."

Der ältere Herr hat in Frankreich studiert – „während des ‚ancien régime'", sagt er und meint nicht etwa eine französische Epoche, sondern die Zeit vor der kommunistischen Machtübernahme 1975 in Laos. Er gibt in französischer Sprache sachliche Erklärungen, lächelnd und mit ruhiger leiser Stimme. Aber er hält dienstliche Distanz zu den beiden Gästen aus Deutschland, unsicher offenbar, wie weit er mit Informationen gehen kann. Solches Verhalten erleben wir immer wieder in Gesprächen mit Laoten in offiziellen Ämtern: freundlich verpacktes Mißtrauen.

Drei Jahrzehnte nach dem Ende des Vietnamkriegs lastet auf Laos noch immer ein Fluch. Der verzweifelte Versuch, in den 1960er Jahren neutral zu bleiben, ging in den Wirren des Ost-West-Konfliktes unter. Die Nordvietnamesen dehnten den Ho-Chi-Minh-Pfad, dieses Verbindungssystem zwischen Nord- und Südvietnam, immer mehr auf laotisches Gebiet aus. Und auch die Amerikaner scherten sich wenig um die Neutralität des Landes. Ihre B-52-Bomber warfen die tödliche Fracht im laotisch-vietnamesischen Grenzgebiet ab; und was dort nicht landete, wurde auf dem Rückflug zu den amerikanischen Basen in Thailand auf das übrige Laos abgeladen. Laos ist die am meisten bombardierte Nation aller Kriege der Weltgeschichte. Ein makabrer Rekord. Mehr als zwei Millionen Tonnen „ordnance" gingen nieder auf die Menschen, Tiere und alles, was da kreucht und fleucht. Die abstrakte Zahl ist gesichtslos und löst in der Rückschau beim unbeteiligten Beobachter keine Bilder, Schreie, Wunden aus. Erst in der unmittelbaren Anschauung des Unheils, des unendlichen Unheils, wird das Ausmaß solch politisch begründeten Wahnsinns deutlich. Auf das Binnenland am Mekong wurden mehr Bomben abgeworfen als im gesamten Zweiten Weltkrieg.

Die Folgen des so genannten „geheimen Kriegs", des nie offiziell erklärten Kriegs mit Laos, sind tödlicher Sprengstoff geblieben. Blindgänger, Minen, Bombenfunde überall im Lande. 30 Prozent der Abwürfe sind nicht explodiert. Jede dritte Explosivfracht.

Während die Männer von UXO vorsichtig das Erdloch neben der Hütte des Bauern Tui ausbuddeln, um an die Fliegerbombe heranzukommen, berichtet uns der Bomben-Experte aus Belgien: „Die meisten Leute sind nach dem Krieg zurückgekehrt, bauten neue Häuser und begannen, wieder ihre Felder zu bestellen. Wenn sie im Boden auf Blindgänger stoßen, so kennen sie die Gefahr. Wir haben spezielle Teams, die in die Dörfer gehen und die Gefahren der UXOs, der explosiven Rückstände, erklären und die Leute warnen, nichts anzufassen oder auszugraben. Viele Leute versuchen nämlich, das Zeug doch auszugraben, weil das Metall verkauft werden kann. Wenn wir rechtzeitig gerufen werden, können wir die Gefahr beseitigen. Aber es gibt eben auch Leute, die die Gefahr nicht kennen, und so kommt es zu Unfällen."

Zwei Drittel der laotischen Landfläche sind mit Blindgängern durchsetzt. Dort leben und arbeiten vor allem Kleinbauern, die das Land noch lange nicht in vollem

Eine Tagesausbeute

Umfange nutzen können. Immer wieder werden Menschen verletzt oder getötet, weil Blindgänger in die Luft fliegen. Vor allem Kinder sind gefährdet. So genannte Bombies, tennisballgroße Sprengbomben mit umherfliegenden Stahlkugeln, waren nicht konstruiert worden, um sofort zu töten, sondern um Menschen zu verletzen. Bombies verursachen langes Leiden. Ungezählte liegen verborgen herum und sind bei zufälliger Entdeckung den reifen Bale-Früchten zum Verwechseln ähnlich. Kinder lieben diese Früchte, bücken sich und greifen zu. Aufklärung an Schulen gehört zu den UXO-Aktivitäten.

Mit eigenen Kräften ist Laos nicht in der Lage, die explosive Ernte möglichst schadlos einzubringen. Am UXO-Programm engagieren sich 13 Staaten mit Geld und Experten. Die ausländischen Organisationen haben das Terrain unter sich aufgeteilt. In der Region um Luang Prabang ist beispielsweise ein deutsches Team im Auftrag Berlins an der Suche beteiligt; zivile Fachleute übrigens aus der ehemaligen DDR. Außerdem fördern UN-Organisationen wie das Kinderhilfswerk UNICEF die Rettungsaktion. Tausend laotische Mitarbeiter sind einbezogen. 50 ausländische Fachleute, Zivilisten und Militärs, bringen ihre Spezialkenntnisse ein. Oberfeldwebel Patrick Pilaeis aus Belgien ist einer von ihnen. Ein alter Hase in seinem Fach. Ein stämmiger Typ militärischer Sachlichkeit. Er führt Befehle aus. Wenn es den Oberen gefällt, Minen verlegen zu lassen, dann versteht er auch dieses Tod bringende Handwerk. Wenn der Auftrag lautet, Bomben zu entschärfen wie hier in Laos, dann kann er das eben auch. Tausende solcher Sprengkörper hat er schon unschädlich gemacht. Seit 13 Jahren versieht er diesen Job, war in ähnlicher Mission in Kambodscha, in Ruanda, im Kosovo.

„Diese Bombe hier bohrte sich nicht tief in den Boden", erklärt er wie ein Physiklehrer, der über ein harmloses Experiment referiert, „der Pilot war niedrig geflogen, offenbar wollte er nur noch Ballast loswerden. Die Bombe sollte gar nicht explodieren. So geriet das Ding in Schräglage in den Boden, gerade mal einen halben Meter tief."

Die Bombe beim Bauern Tui ist schnell entschärft worden. Keine Komplikationen. Wie eine riesige rostige Zigarre liegt sie schließlich auf der Ladefläche des Geländewagens.

Weiter geht's. An einem abschüssigen Bachlauf unterhalb eines Dorfes werden die UXO-Leute abermals fündig. Eine grüne Bombe liegt da im trüben Wasser wie ein ekliges totes Insekt. Es ist schwülheiß geworden. Moskitos werden munter und piesakken uns. Wir tappen durch Schlamm. Äste schlagen ins Gesicht. Von der Stirn tropft Schweiß, der in die Augen rinnt. Eine Ahnung von Dschungelkrieg drängt sich auf. Der Bomben-Fachmann aus Belgien erkennt sofort: „Das ist eine Napalmbombe, eine Feuerbombe. Solche Bomben haben die Amerikaner benutzt, um die Landschaft abzubrennen und die Menschen zu vertreiben. Die Bombe hier im Bach ist eigentlich nicht gefährlich, aber der Zünder ist üblicherweise mit weißem Phosphor gefüllt. Das ist viel viel gefährlicher. Wir müssen die Bombe ausgraben, um zu prüfen, ob der Zünder noch funktioniert. Dann können wir das Ding zum Sprengplatz bringen."

Auch der Spreng-Spezialist Patrick ist sich hier nicht sicher. Während die Bombe aus dem Bach gehoben wird, entströmt ihr weißer Rauch. Gefahr für die Männer von UXO. Der Bombenmantel ist porös. Mit Sauerstoff in Verbindung gekommen, entwickelt das darin befindliche Phosphor ätzende Schwaden. Zurück ins Wasser. In einem Fachbuch technischer Daten wird bestimmt, um welchen Bombentyp es sich handelt. Uns wird mulmig. Wir spüren, daß ein solcher Einsatz eben doch nicht nur Routine ist, sondern unkalkulierbare Überraschungen birgt. Erfahrung, stramme Nerven, verläßliches Werkzeug – alles O.K. Aber das Restrisiko läßt sich nicht leugnen. Die Bombe bleibt liegen. Abtransport zu gefährlich. Sprengung an Ort und Stelle. Dazu aber müssen die Menschen der Umgebung gewarnt und evakuiert werden. Das kann erst in den nächsten Tagen geschehen.

Das UXO-Team zieht weiter. Wir wechseln den Schauplatz. Mittagsrast im Garten eines Bergressorts. Kühles Bier. Vogelgezwitscher. Wir sitzen an einem Abgrund, der als grüner, üppig bewachsener Schlund ins Unergründliche weist. Gegenüber stürzen sich zwei Wasserfälle in die Tiefe. Die Natur gibt eine Aufführung der prächtigen Art. Rauschend und berauschend tost das Wasser ins Bodenlose. Urlaubsstimmung. Idylle? Zeitlos? Patrick erzählt von der Familie, die in der Nähe ein paar Tage zuvor zu Tode kam. Vater, Mutter, kleiner Sohn. Sie waren auf einem Felde, lockerten die fruchtbare Erde auf, die gute Erde, die eben nicht nur Reishalme und Kaffee trägt, sondern auch die mörderische Teufelssaat des Vietnamkrieges. Eine dieser Bomben zerfetzte die Bauersfamilie. Jahrzehnte nach dem Abwurf war diese Saat aufgegangen.

Am Nachmittag werden auf einer Anhöhe 21 kleinere Phosphorbomben unschädlich gemacht. Fundstücke der vergangenen Tage. Da liegen sie auf einem Sandbett in Reih und Glied wie zur Strecke gebrachte Ratten. Weit und breit kein Mensch zu sehen.

Bomben-Experte Patrick: „Wir sind hier auf dem Sprengplatz. Hier werden wir die 60-Millimeter-Sprengsätze zerstören. Wir warten auf die Sicherheitsvorkehrungen. Wenn alles fertig ist, werden wir die Sprengsätze zünden."

Jeder im Team weiß was zu tun ist. Die kleinen Bomben werden gebündelt auf den Boden gelegt und mit kneteweichem Plastiksprengstoff ummantelt. Wie Butter oder Schweizer Käste sieht das Zeug aus. Zärtlich, fast liebevoll werden die Bomben behandelt. Ein falscher Handgriff könnte der letzte im Leben eines der UXO-Mitarbeiter sein. Über hundert Meter wird die Zündschnur ausgerollt. Aus sicherer Distanz gibt der laotische Team-Chef per Sprechfunk letzte Anweisungen.

„Wenn wir die Bomben in die Luft jagen, können Sie die schönsten Fotos schießen. Halten Sie sich bereit", kündet Patrick an. In seinem Blick ist spitzbübische Freude,

Zwiebeln im Bombenbeet

etwas Jungenhaftes, das eine Mischung aus Professionalität und Spaß verrät – und wohl auch eine Spur von Zynismus, mit der sich ein Mann wie er die wahre Gefahr seines Jobs vom Hals hält.

Wir beobachten das Schauspiel hinter einem Damm aus Sandsäcken. Dann geht alles sehr schnell. Befehl zur Sprengung. In der Ferne eine Explosion. Ein Blitz. Das Feuerwerk zerreißt die Stille des Nachmittags. Nach allen Seiten spritzen die Funkengarben. Weiß, rot, ein auseinanderbrechender Stern, der sich in scheinbarem Nichts auflöst. Dann ist Ruhe, lähmende Ruhe. Ein grauer Rauchpilz steigt in den Himmel, ganz langsam sich ausbreitend. Ein flüchtiger Gedanke an Hiroshima. Schließlich ist wieder Gezwitscher zu hören. Es ist, als wollten sich die Vögel nach dem Höllenlärm neuen Lebensmut zupfeifen. Seltsam friedlich wirkt die Atmosphäre. War das nicht nur ein Spuk?

Das Plateau in tausend Meter Höhe wird allmählich von Wolken eingehüllt. Nieselregen überzieht das Land mit einem grauen Mantel, klamm und ungemütlich. Am späten Nachmittag wird im UXO-Camp von Paksong ein Fest gefeiert. Zwei Belgier kehren in die Heimat zurück, zwei sind gerade angekommen. Schon am Morgen hatten wir auf einem Holzrost zwei schwarze Büffelköpfe liegen gesehen. Neben der Küche mit offenem Feuer sind die Frauen vom UXO-Team dabei, diese Fleisch- und Knochenmassen in kleinste Stücke zu zerhacken und zu braten und dann in Schüsseln zu verteilen. In der Arbeitshalle werden Matten ausgebreitet. Das rustikale Mahl steht auf dem Zementfußboden, die Männer hocken drumherum. Eine Blechtonne ist mit Eis und Flaschen der einheimischen Marke „Beerlao" gefüllt. Die jungen Frauen schenken großzügig ein. Flaschen mit wasserklarem Lao-Lao machen die Runde. „Mit Bomben kennen wir uns aus", sagt einer der Neuen lachend, „aber das Zeug hier? Unkalkulierbar." Der Soldat leert sein Glas und hält die Hand drüber, weil es sofort wieder gefüllt werden soll. Es geht rauh zu – und laut. Aus einer Stereoanlage dröhnt Popmusik. Männerstimmen grölen mit.

An den Betonwänden der Halle hängen Karten der Luftaufklärung. Die Region ist mit gelben, roten, violetten Markierungen gesprenkelt. Alle Farbpunkte auf der schwarzen Karte sind Bombenfunde und Hinweise auf die Abwurfdichte der US-Bomber zwischen 1965 und 1975. Wir befinden uns in einer – so gesehen – sehr bunten Landschaft. An vielen Stellen verschwimmen die Tupfer zu blutroten Flächen.

21 Phosphorbomben haben an diesem Nachmittag ihren Schrecken verloren. Und wieviele Bomben wurden weltweit in jenen Stunden konstruiert? Wieviele Minen just in dieser Zeitspanne andernorts neu verlegt? Noch raffinierter in ihrer Machart. Von wegen Fortschritt! Patrick und seine Leute schaffen Opas Geschosse aus dem Weg. Ist es nicht Sisyphus, der hier in der Erde buddelt?

„So können wir das nicht sehen", sagt einer von Patricks Kameraden aus Belgien,

„sonst könnten wir unsere Sachen gleich wieder packen. Wir verstehen uns da eher wie Ärzte. Ein Chirurg operiert einen einzelnen Patienten. Egal, wieviele da sonst noch seiner Hilfe bedürften. Ein Arzt kuriert einen Kranken. Ungeachtet, ob da noch hundert andere warten." Ein pragmatischer Ansatz. Die Entschärfer leisten Soforthilfe, nicht politische Friedensarbeit. Da werden einzelne Sprengkörper aus dem Boden geholt und keine Aktionen veranstaltet gegen Krieg und Bomben oder gar gegen die Ursachen und Verursacher der solcherart inszenierten Menschenverachtung und Menschenvernichtung. Jedes Jahr beseitigen die UXO-Teams in Laos etwa 90.000 Blindgänger. Ein Ende der Aufräumarbeit ist nicht in Sicht.

r.s.

Der Übergang:
Sozialistisches System und
marktwirtschaftliche Öffnung

Bombenanschläge erschüttern das Land im Vorfeld der Feiern zum 25-jährigen Bestehen der „Demokratischen Volksrepublik Laos" im Jahre 2000. In Vientiane und anderen Städten des Landes explodieren Sprengsätze vor einem beliebten Restaurant und vornehmen Hotels sowie auf belebten Märkten und auf dem internationalen Flughafen Wattay. Mindestens fünf Menschen sterben und Hunderte werden verletzt. 60 Bewaffnete überfallen die Grenzstation Chong Mek in Südlaos. Alle Anschläge bleiben anonym, die Regierung versucht, sie totzuschweigen. Durch thailändische Medien dringen die Bluttaten jedoch in die laotische Öffentlichkeit und lösen wilde Spekulationen aus. Sind es Rebellen der Hmong aus den Bergen, Kämpfe der pro China und pro Vietnam Fraktionen in der Partei im Vorfeld des VII. Parteitags im März 2001 oder Interessenskonflikte in Geschäftskreisen? Die Regierung verlangt von Thailand die Auslieferung von 28 gefaßten „Banditen", darunter elf Thailändern, die in Thailand vor ein ordentliches Gericht gestellt werden. Daß so etwas inzwischen in Thailand möglich ist, will man in Vientiane nicht wahr haben.

Die internationale Öffentlichkeit nimmt jedoch kaum wahr, daß im Oktober 1999 zum ersten Mal seit 1975 etwa 50 Studenten von der Dong Dok-Universität und verschiedenen Colleges der Hauptstadt vor dem Präsidentenpalast demonstrieren. Sie werden von der Polizei festgenommen, bevor sie ihre Transparente mit der Forderung nach Demokratie und freien Wahlen entrollen können. In Vientiane folgt eine Welle der Verhaftung von Studenten und Gymnasiasten, um nach chinesischem Vorbild das Aufbegehren von Intellektuellen im Keim zu ersticken. Amnesty International hat den Studentenführer Thongpaseuth Keukoun und vier Kommilitonen, die seitdem vermißt werden, als politisch Verfolgte anerkannt und bemüht sich um ihre Freilassung und auch um die Entlassung aller politischer Gefangenen, wie von drei Mitgliedern der Regierung, die wegen Kritik am Machtmonopol der Partei 1992 zu 14 Jahren Arbeitslager verurteilt wurden. In der Provinz Khammoune werden Christen verhaftet und in der Provinz Champasak sind 15 Bauern und Beamte verschwunden, die Anfang 2001 Kritik an der Landverteilung der Regierung übten.

Auf Regimekritik reagiert die Partei mit einem Gesetz zur verschärften Anwendung der Todesstrafe. Sie wird selbst für geringe Vergehen verhängt, sei es Spionage, Wirschaftskriminalität oder Besitz und Vertrieb von Heroin und Chemikalien zur Herstellung von Amphetaminen, der boomenden Billigdroge am Mekong.

Angesichts des allgemeinen Unmuts im Lande über die Machtanmaßung von Partei und Militär und der blutigen Anschläge gibt Nouhak Phoumsavanh, der frühere Präsident und Reformgegner, dem amtierenden Staats- und Parteipräsidenten, Generalmajor Khamtay Siphandone, zu bedenken, das politische System zu reformieren, um der „wirtschaftlichen und politischen Realität" besser gerecht zu werden.

Die „Omnipotenz" der Partei

Nach dem Tode von Partei- und Staatspräsident Kaysone Phomvihan 1992 tritt Generalmajor Khamtay Siphandone, ehemals Kommandeur der Streitkräfte und Verteidigungsminister, seine Nachfolge als Präsident an. Unter seiner Herrschaft übernimmt das Militär auf dem VI. Parteitag 1996 die Kontrolle über die Partei. Die neun Sitze des Politischen Büros (Politbüros) der Partei werden von sieben Offizieren – sechs Generäle und ein Leutnant – besetzt. Auf dem VII. Parteitag im März 2001 wird die Militarisierung der Nationalversammlung und der Regierung fortgesetzt. Außer dem Außenminister Somsavat Lengsavad und dem Innenminister General Asang Laoly wechselt Khamtay Siphandone das gesamte Kabinett aus. Die Nummer 1 in der Parteihierarchie ist Generalmajor Khamtay Siphandone selbst, Partei- und Staatspräsident in Personalunion, ein Hardliner und Reformgegner. Die Nummer 2 ist der mächtige General Samane Vinayket, Präsident der Nationalversammlung. Die Nummer 3, Generalleutnant Chummali Sayasone, bisher Verteidigungsminister, wird unmittelbar nach dem VII. Parteitag im März 2001 verfassungsgemäß von der Nationalversammlung zum stellvertretenden Staatspräsidenten gewählt. Der prominente General Sisavath Keobounphan und ehemalige Premierminister, 1996 wegen Verwicklung in illegalen Geschäften mit thailändischen Unternehmern und Korruptionsverdacht aus dem Politbüro ausgeschlossen, erhält vom VII. Parteikongreß 2001 das Amt des Präsidenten der „Front für Nationalen Aufbau", der Massenorganisationen an der Basis, statt zur Rechenschaft gezogen und vor eine Untersuchungskommission gestellt zu werden. Saysomphone Phomvihan, der zweite Sohn des verstorbenen Präsidenten Kaysone Phomvihan, einflußreicher Bürgermeister von Savannakhet und durch Heirat mit dem feudalen Familienclan Inthavong aus dem alten Regime verbunden, strebt nach Vientiane an die Macht und übernimmt den Vorsitz des Ausschusses für Auslandsbeziehungen. Der Minister für Staatsbetriebe, Khamsay Suphanuvong, der zweite Sohn des 1995 verstorbenen ersten Staatspräsidenten Prinz Suphanuvong, ist im

November 2000 für mehrere Wochen verschollen, bis er als Asylsuchender in Neuseeland auftaucht.

Kader von altem Schrot und Korn

Kaysone Phomvihan hat den Führungsstil und die Machtpolitik der Partei geprägt. Er hatte alle hohen Partei- und Staatsämter inne. Er leitete die Partei von ihrer Gründung 1955 bis zu seinem Tode 1992 und regierte das Land mit einem inneren Zirkel von sechs Parteiführern. Seit seinem Jurastudium in Hanoi in den 1920er Jahren und aufgrund persönlicher Beziehungen zu Vietnam hat er die Geschicke des Landes eng an die vietnamesische Politik gebunden. Nach dem Ende des Kalten Krieges und der Auflösung der Sowjetunion macht er einen Schwenk zu China. Er verteidigt die Niederschlagung der Demokratiebewegung auf dem Tiananmen und besucht danach im Oktober 1989 als erstes ausländisches Staatsoberhaupt die Volksrepublik. Obwohl vom Stil der politischen Geheimhaltung aus der Revolution geprägt und kontaktscheu, zeigt er sich ideologisch flexibel. Schon 1977 verteidigt er anders als die vietnamesische Führung den privaten Warenaustausch und gewisse persönliche Freiheiten, in der sogenannten „Siebten Resolution" festgelegt. Auf dem IV. Parteitag 1986 fordert er die wirtschaftliche Autonomie der Staatsbetriebe und setzte sich nach Streichung der sowjetischen Hilfe Anfang der 1990er Jahre für die wirtschaftliche Öffnung und Orientierung am Westen ein, in Anlehnung an Lenins „Neue Wirtschaftspolitik" aus den frühen 20er Jahren „Neuer Wirtschaftsmechanismus" (NEM) genannt. Die Wiedereinführung des Kapitalismus erklärt er mit historischen Hindernissen, wodurch sich die Transformation des Landes zum Sozialismus verzögert. Aber der Glaube an den Sozialismus ist unerschütterlich, wofür die Partei garantiert. Kaysone Phomvihan: „Die Partei ist das Zentrum unserer Weisheit. Sie legt die korrekte und konstruktive Linie, das Muster und die Schritte fest, die den Realitäten unseres Landes entsprechen (…). Die Geschichte zeigt, unsere Partei ist die einzige Partei, die Glaubwürdigkeit und das Vertrauen des Volkes besitzt."

Ein Jahrzehnt nach Einführung der Wirtschaftsreform ist das Vertrauen in Partei und Sozialismus jedoch durch Machtanmaßung und Korruption der Kader, Mißwirtschaft und soziale Härte der Marktwirtschaft ohne gesellschaftspolitische Kontrolle erschüttert. Um dem entgegenzuwirken, graben seine Nachfolger den toten Kaysone Phomvihan wieder aus, nicht als Sozialisten, sondern als Gründungsvater der Nation und Patrioten. Patriotismus und Nationalismus bilden die neue Legitimation der Partei anstelle des abgewirtschafteten Sozialismus. Auf den prominentesten Plätzen der Provinzhauptstädte werden Kaysone Phomvihans Bronzebüsten in kleinen Tempeln präsentiert, vergleichbar mit dem Personenkult um Ho Chi Minh in Vietnam und Kim Il Sung in Nordkorea. Bei Vientiane ist für sieben Millionen US-Dollar ein Museum entstanden, um dem Volk sein Leben und seine Gedanken vor Augen zu führen.

Generalmajor Khamtay Siphandone hat sein ganzes Leben militärische und politische Funktionen für die Partei wahrgenommen und versucht, mit Hilfe des Militärs die Erosion der Macht aufzuhalten und die Partei zu stärken. Khamtay Siphandone: „Die Führung der Partei bestimmt die historischen Ereignisse" und ist die Garantie für „nationale Unabhängigkeit und Einheit, politische und soziale Stabilität und nationale Entwicklung".

1924 in der Provinz Champasak geboren, hat er eine Bilderbuchkarriere gemacht: vom Postboten zum Staats- und Parteipräsidenten, 1954 Kommandeur der Volksbefreiungsarmee des Pathet Lao, 1957 ins Zentralkomitee gewählt, von 1975 bis 1991 Verteidigungsminister, 1991 Premierminister. Nach dem Tode von Kaysone Phomvihan 1992 zieht er am ranghöheren Nouhak Phoumsavan vorbei und wird Parteipräsident und nach dessen Rücktritt 1998 auch Staatspräsident. Khamtay Siphandone, vom konservativen militärischen Establishment geprägt, ist ein Hardliner, dem Staatssicherheit über alles geht. Probleme des Landes haben für ihn moralische Gründe, ihre Wurzeln liegen in der „sozialen Verunreinigung" der Gesellschaft und werden von „schlechten Elementen" der Partei verursacht.

Die Partei ist seit 1975 erstaunlich stabil. Richtungskämpfe zwischen marxistisch-leninistischen Ideologen und Pragmatikern sowie Anhänger Vietnams und Chinas gegen Nationalisten haben nicht zum Bruch geführt. Die alten Kader, in den Höhlen von Viengsai in Nordlaos von 1964 bis 1975 gehärtet, haben Mißtrauen, Geheimhaltung und Unnahbarkeit aus revolutionären Tagen nicht abgelegt. Die Bespitzelung der Bürger und die Kontrolle aller gesellschaftlichen Bereiche, die Abschaffung des Privateigentums und Verstaatlichung selbst kleinster Geschäfte haben viele Menschen in Angst versetzt und gutwillige Bürger zur Flucht getrieben. Das sind auch die Gründe, die viele laotische Fachkräfte im Ausland davon abhalten, in ihre Heimat zurückzukehren und sich am Aufbau des Landes zu beteiligen. Aber die Partei zeigt großes Interesse an ihren Devisen, die sie an ihre Familien überweisen.

Reformen wider Willen

Das große Ziel der marxistisch-leninistischen Revolution, eine „neue sozialistische Gesellschaft und einen neuen sozialistischen Menschen" zu schaffen, ist auch in Laos gescheitert. Überlebt hat nur die politische Form des sozialistischen Regimes, an der die Partei unerbittlich zum Erhalt ihrer Macht festhält. Die ideologische Begründung ist starr und dogmatisch. Mit der Einnahme von Vientiane 1975 erklärte die Parteiführung die „national-demokratische Revolution" für verwirklicht. Die nationale Revolution ist mit dem Sieg über die französische Kolonialmacht und den US-Imperialismus beendet, die demokratische Revolution mit der Unterwerfung „reaktionärer Verräter, der Kompradoren-Bourgeoisie, Bürokraten, von Reaktionären, Feudalen und Militaristen". Der Sieg ist im „Volkskrieg", der Allianz aus „Arbeitern und Bauern", „unter der Führung der Partei im Untergrund und durch die nationale Front" errungen worden. Volk und Partei verpflichten sich zum „proletarischen Internationalismus" und dem „Gesetz der Solidarität Indochinas". In Freundschaft mit Vietnam und der Sowjetunion wird der Kampf gegen die „unheilige Allianz" der US-Imperialisten und ihrer „Lakaien", der thailändischen Militaristen sowie der chinesischen Hegemonisten, fortgesetzt.

Von dieser Ideologie ist die Parteielite nie prinzipiell abgerückt, wenn auch seit dem IV. Parteitag 1986 notgedrungen Reformen eingeleitet werden. Eine politische Debatte findet nicht statt, wie noch zwischen Kaysones Anhängern der Reform und Nouhaks Gegnern auf dem V. Parteitag 1991. Der Widerspruch verläuft zwischen den freiwilligen und gezwungenen Anhängern von Reformen. Die Reformgegner beklagen die Auflösung der im Volk verhaßten und ineffektiven landwirtschaftlichen Produktionsgenossenschaften und die Schließung der desolaten staatlichen Betriebe als „Verlust von Staatseigentum", eignen sich selbst aber „Filetstücke" öffentlichen Eigentums an und veräußern sie mit hohen Gewinnen. Machtmißbrauch und Korruption, durch die Einführung der „unsozialen" Marktwirtschaft ohne gesellschaftliche Kontrolle ausgelöst und begünstigt, greifen in großem Stil um sich und durchdringen wie in einem Sickereffekt (trickle down) das ganze Land. Die 1994 von der Partei eingerichtete Kommission zur Bekämpfung von Korruption zeigt keine Wirkung. Kein Wunder, solange Korruption als moralisches Fehlverhalten von „schlechten Elementen" der Gesellschaft und Disziplinlosigkeit von Parteifunktionären interpretiert und nicht als politisches Strukturproblem erkannt wird.

Machtanspruch des Militärs

Das Militär hat einen großen Anteil an der Korruption, besonders im Einschlag und Export von wertvollem Holz. Kaysone Phomvihan war immerhin in der Lage, das Militär unter die Kontrolle der Partei zu stellen. Nach seinem Tod fordern die Generäle eine größere Beteiligung an der Wirtschaft, die Kamtay Siphandone ihnen gewährt. Als ehemaliger Befehlshaber der Streitkräfte und Verteidigungsminister fühlt er sich den Militärs eng verbunden und stützt sich auf ihre Macht. Die Generäle und Khamtay Siphandone selbst begründen den Einfluß des Militärs mit dem engen Verhältnis von Militär und Partei während der Befreiungskriege. Wie zur Zeit der Revolution sei die Macht der Partei in Krisenzeiten nur mit Hilfe der Armee aufrechtzuerhalten. Unter Khamtay Siphandones Führung haben vor allem die konservativen und pro-vietnamesischen Kräfte in Südlaos auch im Militär die Oberhand gewonnen.

Unter dem Vorwand von Sicherheit für die Bergvölker hat sich das Militär 1994 das Monopol auf den Holzeinschlag im Hochland angeeignet und im Rahmen der Wirtschaftsreform zwei Firmen für ihre lukrativen Geschäfte gegründet: Die „Mountain Development Company" und die „Northern Laos Import/Export Corporation". Die „Mountain Development Company" mit Niederlassungen in allen Landesteilen betreibt vor allem Holzgeschäfte mit Thailand und Vietnam, die „Northern Laos Import/Export Corporation" Geschäfte mit China und kontrolliert den Drogenhandel im „goldenen Dreieck". Der Holzeinschlag und der illegale Export von unbearbeitetem Rundholz hat besonders in Südlaos große Ausmaße angenommen. Dort gleichen manche Kasernen Holzfällerlagern mit umgebauten Militärfahrzeugen zum Verladen und Transport von wertvollen Bäumen. Im Vorgriff auf geplante Staudämme für hydroelektrische Kraftwerke werden ganze Regionen abgeholzt, wie das Naturschutzgebiet von Nakai auf dem Plateau von Khammouane, wo der Megastaudamm Nam Theun II mit 450.000 Quadratkilometern Oberfläche entstehen soll.

Der Verlust des Waldes in Laos von fast 30 Prozent in den letzten 60 Jahren wird mit der Brandrodungskultur der Bergvölker erklärt. Nach unabhängigen Untersuchungen ist er jedoch auf den unkontrollierten und kommerziellen Einschlag zurückzuführen. Angeblich zur Kontrolle von Brandrodung der Bergvölker werden Schneisen für Straßen in ihre Lebensräumen geschlagen, die ausschließlich dem Holzeinschlag dienen. Welcher Zynismus, Holz einzuschlagen, um die Bergvölker vor dem Verlust ihrer Wälder zu schützen! Proteste der Ethnien gegen den Eingriff in ihre Lebensräume und die Vernichtung ihrer Wälder, der Grundlage von Ernährung und Existenz, legen die Militärs als politischen Widerstand gegen Staat und Partei aus.

Kritik am Machtmonopol der Partei

Welche Machtposition sich die Partei anmaßt, ist am deutlichsten an der 1991 verabschiedeten Verfassung zu erkennen, der ersten seit 1975. Sechs Anläufe scheitern, weil zwei Drittel der Mitglieder des Verfassungskomitees ins Ausland flüchten. Mit der Einführung der wirtschaftlichen Liberalisierung ist eine neue Verfassung notwendig geworden, weil private Investoren, besonders aus dem Ausland, Sicherheit für ihr Kapital fordern.

Schon in der Präambel wird der Führungsanspruch der Partei festgeschrieben: das multi-ethnische Volk der Laoten steht unter der „korrekten Führung" der Partei. Die Verfassung bestimmt, daß die Partei „das führende Zentrum" des Landes bildet (§ 3) und: „Die Nationalversammlung und alle Organe des Staates sind nach dem Prinzip des demokratischen Zentralismus organisiert und üben dementsprechend ihre Funktionen aus." (§ 5). Es findet sich keine Spur von Gewaltenteilung, nur die zentrale Kontrolle. „Demokratischer Zentralismus" war nicht einmal von Lenin als Kontrolle durch Staat und Regierung gedacht, sondern zur Disziplinierung der Partei.

In der Wirtschaft werden offiziell private Initiativen zugelassen. Sie erhält eine „multisektorale" Struktur und besteht aus dem „Staatssektor, den Kooperativen und anderen Sektoren", von Kaysone Phomvihan schon 1977 in der „Siebten Resolution" zur Debatte gestellt. Aber es wird ausdrücklich festgehalten, daß der Staat alle privaten Investitionen „kontrolliert", nicht „koordiniert" oder „abstimmt", wie im Entwurf vorgeschlagen. Da aber kaum Kapital ins Land kommt, verabschiedet die Nationalversammlung 1994 das liberalste Investitionsgesetz Südostasiens mit weitgehenden Freiheiten für ausländische Investoren, das 1998 weiter liberalisiert wird.

Die Machtfülle der Parteiführung ist nahezu unbegrenzt. Der Staatspräsident, de facto seit Gründung der Volksrepublik 1975 auch Präsident der Partei, ernennt den Premierminister, kann aber auch selbst jederzeit das Kabinett einberufen. Er ernennt den Präsidenten der Nationalversammlung sowie den Befehlshaber der Streitkräfte und besetzt die profitablen Posten der Provinzchefs. Die Provinzen erhalten keine Autonomie durch Parlamente und regionale Regierungen, lediglich Verbindungsbüros zur Nationalversammlung und untergeordnete Regierungsbehörden. Allein der stellvertretende Staatspräsident wird von der Nationalversammlung gewählt, ein Schachzug, mit einem demokratisch legitimierten Funktionär die Nationalversammlung unter die Kontrolle der Partei zu stellen, wie mit der Wahl des ehemaligen Verteidigungsministers Generalmajor Choummaly Sayasone zum stellvertretenden Präsidenten im März 2001, der Nummer 3 in der Parteihierarchie.

Als äußeres Zeichen des Wandels weichen Hammer und Sichel aus Staatswappen und Nationalflagge und werden durch die nationale Stupa des That Luang ersetzt. Als Staatsziel wird Sozialismus gestrichen und durch „Prosperität" ersetzt. Laos kämpft fortan für „Frieden, Unabhängigkeit, Demokratie, Einheit und Prosperität".

Die Parteizeitung „Pasasong" (Das Volk) veröffentlicht 1990 den Verfassungsentwurf, und die Parteiführung lädt 300 Beamte zur Diskussion von Veränderungsvorschlägen ein. 40 Intellektuelle und hohe Beamte nehmen das zum Anlaß, sich unabhängig zu treffen und vor dem Hintergrund des Reformprozesses im Ostblock ihre Kritik am Machtmonopol der Partei und dem politischen und wirtschaftlichen System zu artikulieren. Ihr Sprecher, Thongsouk Saisangki, seit 1965 Mitglied der Partei und Regierung und 1990 zum stellvertretenden Minister für Wissenschaft und Technologie ernannt, fordert in einem Brief an die Parteiführung, „freie Wahlen, Bürgerrechte und Demokratie sowie demokratische Institutionen" als Ersatz für das System des kommunistischen Feudalismus und der Dynastie des Politbüros in die Verfassung aufzunehmen. Gleichzeitig erklärt er seinen Rücktritt aus der Regierung und den Austritt aus der Partei. Im Oktober 1990 wird er zusammen mit zwei weiteren prominenten Regimekritikern inhaftiert: Latsami Khamphoui, stellvertretender Minister für Land- und Forstwirtschaft, und Feng Sakchittaphong, Abteilungsleiter im Justizministerium. Ohne Rücksicht auf die neu eingeführte Strafprozeßordnung werden sie ohne Prozeß zwei Jahre lang im Staatsgefängnis Samkhe in Vientiane in Untersuchungshaft gehalten und 1992 von einem Volksgerichtshof in Sam Neua, der Provinzhauptstadt von Hua Phan, zu 14 Jahren Gefängnis wegen „Vorbereitung einer Rebellion", „Propaganda gegen die Volksrepublik Laos" und „Unruhestiftung durch Einberufen von Versammlungen" verurteilt.

Amnesty International hat gegen ihre Verhaftung protestiert und fordert die Einhaltung der in der neuen Verfassung garantierten Menschenrechte. Die Antwort aus Vientiane lautet, daß in Laos die Menschenrechte eingehalten werden, die auf „laotische Verhältnisse zugeschnitten sind und dem Entwicklungsstand sowie den sozialen Bedingungen und der Tradition des laotischen Volkes entsprechen". Thongsouk Saisangki ist im Februar 1898 an den Folgen von Auszehrung, Krankheit und Mißhandlungen im Arbeitslager Nummer 7 in der Ortschaft Sophao in der Provinz Hua Phan gestorben, wo seine beiden Kollegen und andere politische Gefangene unverändert unter unmenschlichen Bedingungen inhaftiert sind.

Umgeben von „Brüdern" und Unternehmern

In der Verfolgung und Behandlung von Regimekritikern unterscheiden sich die drei benachbarten kommunistischen Regime Laos, Vietnam und China nicht. Die ehemals feudalen Staaten zeigen eine große Ähnlichkeit im inhumanen Umgang mit ihren Bürgern.

Mit Vietnam verbindet Laos eine gemeinsame Ideologie aus langjähriger Kampfzeit. Zwischen den „Bruderländern" bestehen viele persönliche Verbindungen und ein „Gesetz der speziellen Beziehungen", wie es in Laos heißt, 1977 mit einem „Vertrag zur Freundschaft und Zusammenarbeit" auf 25 Jahre besiegelt, einer Grundlage für die enge politische, wirtschaftliche und militärische Zusammenarbeit. Partnerschaft und Freundschaft sind jedoch nur Rhetorik, in Wirklichkeit geht es um die Abhängigkeit eines Lehrlings von seinem Meister (apprentice socialism). Alle höheren Kader haben ihre parteipolitische Ausbildung am Ho-Chi-Minh-Institut in Hanoi erhalten. Bis zu ihrem Abzug 1989 waren ständig 40.000 vietnamesische Soldaten in Laos stationiert, die bei Bedarf zurückkehren, wie im Jahre 2000 zur Verfolgung angeblicher Bombenleger aus dem Volk der Hmong. Die Verteidigungsministerien beider Länder treffen 1994 eine Vereinbarung über „gemeinsame Projekte", den Bau von Straßen, Joint-ventures, zinsfreie Kredite und bevorzugte Handelsbeziehungen. Dazu zählen strategische Verbindungen, wie der Ausbau der Nationalstraße Nummer 9 und eine Pipeline von Savannakhet über Quang Tri zu den Hafenanlagen in Da Nang, über die Laos verfügen kann.

Im April 2001 wird der 40. Jahrestag der diplomatischen Beziehungen zwischen China und Laos gefeiert und in Vientiane ein riesiges Kulturzentrum für 7,2 Millionen US-Dollar eröffnet, ein Geschenk Chinas zum 25. Jahrestag der Befreiung von Laos. Die zehn Jahre andauernden Spannungen mit China von 1979 bis 1989 werden überspielt, als sich die laotische Parteiführung wegen der vietnamesischen Besetzung Kambodschas auf die Seite Vietnams und der Sowjetunion gegen die ASEAN-Staaten, die USA und China stellt. Seit Ende des Kalten Krieges in Asien entwickeln sich neue brüderliche Beziehungen zwischen den kommunistischen Parteien von Laos und China. Die chinesische Unterstützung des Widerstandes der Hmong gegen die Regierung in Vientiane wird 1989 eingestellt. Nach dem Besuch von Kaysone Phomvihan in Beijing 1989 macht Li Peng 1990 einen Gegenbesuch in Vientiane und bringt als Geschenk neun Millionen US-Dollar Entwicklungshilfe mit. Nach dem Tode von Kaysone Phomvihan macht Präsident Khamtay Siphandone 1993 seinen Antrittsbesuch in China, in der Zeitung „Pasasong" als Beginn neuer Beziehung gefeiert: „Wir alle, die wir von mächtigen Ländern ausgebeutet und unterdrückt werden, haben einen großen Freund, auf dem wir uns verlassen können: die Volksrepublik China, eine Säule der moralischen Unterstützung." China ist inzwischen der drittgrößte Investor in Laos, und die nordlaotischen Provinzen Oudomxai, Luang Namtha und Phong Saly sind praktisch eine Wirtschaftszone der südchinesischen Provinz Yünnan. Der chinesische Einfluß in Laos ist inzwischen so stark, daß die ASEAN-Staaten ein Vordringen Chinas über Laos nach Südostasien befürchten.

Kulturell und religiös steht Laos Thailand näher als Vietnam und China. Aber der Verlust von Territorium und Bevölkerung an Thailand infolge siamesischer Übergriffe im 16. und 17. Jahrhundert und in der Kolonialzeit im 19. Jahrhundert ist im laotischen Bewußtsein sehr präsent. Als der thailändische Monarch und seine Familie anläßlich der Eröffnung der „Freundschaftsbrücke" über den Mekong zwischen Vientiane und Nong Khai 1994 zum ersten Mal Laos besucht, schreiben thailändische Zeitungen in chauvinistischer Manier von seiner „Rückkehr in eine verlorene Provinz." Die Verheißung des thailändischen Premierministers Chatichai Choonvahan von 1989,

Indochina vom Schlachtfeld in einen Marktplatz zu verwandeln, hat sich für thailändische Unternehmer in Laos erfüllt. Ein Drittel aller ausländischen Privatinvestitionen stammt aus Thailand, alle modernen Wirtschaftsbereiche sowie der Handel in Vientiane und im Mekongbecken sind in der Hand thailändischer Firmen. Ausländische Unternehmer und Investoren lassen sich in Thailand für Geschäfte in Laos beraten. Im Unterschied zu Tributbeziehungen alten Stils steht jetzt nicht nur die Elite des Landes unter thailändischer Herrschaft. Durch den Grenzverkehr über den Mekong und den von den Medien vermittelten thailändischen „Way of Life" gerät das ganze Volk unter den wirtschaftlichen und kulturellen Einfluß Thailands.

Umgeben von rasch wachsenden und expandierenden Volkswirtschaften ist Laos aus der Rolle eines „Pufferstaates" in die Funktion einer „Kreuzung" am Mekong getreten. Daraus ergeben sich für das Land gravierende Veränderungen. Der Beitritt zu den ASEAN-Staaten 1997 erscheint wie eine Flucht aus der drohenden wirtschaftlichen und politischen Umklammerung von „Brüdern" und Unternehmern in unmittelbarer Nachbarschaft, um mit Unterstützung einer regionalen Institution die Unabhängigkeit und Eigenständigkeit des Landes zu verteidigen.

h.k.

Brückenschläge

Johnnie Walker tritt als Empfangschef auf. Der ankommende Gast, der von Thailand nach Laos auf der den Mekong überspannenden Freundschaftsbrücke einreist, wird von dem stramm marschierenden Whisky-Genießer begrüßt. Auf Werbetafeln verkündet er trinkfest Weltoffenheit und lädt den Besucher ein, erstmal im Duty-Free-Shop unter internationalem Alkoholangebot der hochprozentigen Spitzenklasse auszuwählen, ehe er sich auf die Demokratische Volksrepublik Laos einläßt. Die Botschaft ist klar. Den Reisenden erwarten Ungereimtheiten und Widersprüche in einem Land, das auf der Suche nach nationaler Identität ist und sich mitten in einem spannenden Prozeß der Neuorientierung befindet. Es mangelt an vielem – an Alkohol aber jedenfalls nicht. Dem Liebhaber teurer Tropfen muß es angesichts der Flaschenbatterien in den Regalen warm um's Herz und bange um seine Leber werden. Gut verkorkt wartet da tausendfache Verführung – kaum, daß der Reisende laotischen Boden betreten hat. Nüchtern betrachtet ist freilich das Bauwerk, das solchen Zugang ermöglicht, die eigentliche Attraktion.

...und Johnnie Walker ist schon da

1.174 Meter führt die Brücke der Freundschaft – „Mitaphap" – über den Mekong, insgesamt 2,4 Kilometer lang zwischen dem thailändischen und dem laotischen Grenzposten, zwischen dem thailändischen Ort Nong Khai und den östlichen Außenbezirken von Vientiane. Nichts beschleunigte die wirtschaftspolitische Öffnung des sozialistischen Landes so symbolträchtig und folgenreich wie dieses Werk. Es ist die erste Brücke, die jemals über den Mekong gebaut wurde. Im Oktober 1991 war mit den Arbeiten begonnen worden. Am 8. April 1994 wurde der Autoverkehr auf der 12,5 Meter breiten Straße mit zwei Bahnen freigegeben. Ein historisches Ereignis. Der Brückenschlag hat nicht nur Laos aus seiner Isolation gebracht, er hat die Landkarte Südostasiens verändert. Der Mekong als Teil des Bambusvorhangs, der asiatischen Variante des Eisernen Vorhangs, ist seither verkehrstechnisch kein Hindernis mehr. Von Beginn einer neuen Ära in den Beziehungen zwischen den Mekong-Anrainerstaaten sprachen die Festredner bei der Eröffnung. Das laotische Tourismus-Magazin „Discover Laos" illustrierte im April 1994 die möglich gewordenen Verbindungen mit einer Landkarte. Die Brücke fungiert darauf als Mittelpunkt und Drehscheibe eines Verkehrsnetzes, das von Singapur, Malaysia, Bangkok bis China und Vietnam reicht. Am Sockel der Freundschaftsbrücke ist zu lesen: „A Gift from the Government and People of Australia to the Government and People of the Lao People's Democratic Republic – Paul Keating, Prime Minister of Australia, Khamtay Siphandone, Prime Minister LPD."

Die Australier hatten Hand angelegt und mit großzügiger Hand die Bezahlung übernommen. Das Schild an der Brücke weist ausdrücklich auf die Finanzierung hin: 42 Millionen australische Dollar flossen in das Gemeinschaftsvorhaben und 21.000 Millionen Kip, was gigantisch klingt, aber nur ein bescheidener laotischer Anteil gewesen ist. Vientianes Herren, die von der Brücke nur acht Kilometer entfernt residieren, waren gar nicht begeistert über diese Bresche in ihren Hoheitsbereich: weit mehr als nur eine verkehrstechnische Neuerung. Mit diesem Tor und der auch politisch nicht mehr aufzuhaltenden Einflüsse von außen wurde das offizielle Laos aus einer Art sozialistischem Dornröschenschlaf aufgeschreckt.

Eine Karikatur der in Hongkong erscheinenden „Far Eastern Economic Review" nahm die Verhältnisse jener Jahre auf's Korn: Laos als mittelalterliche Burg, die Zugbrücke abwehrbereit nach oben gezogen; und von allen Seiten schleudern die Belagerer dicke Batzen von Dollar, Baht und Yen auf die verängstigten Verteidiger der laotischen Festung als einer Welt von gestern. Ringsherum hatten sich die Nachbarn längst auf eben diese Währungen eingelassen und warfen ideologische Grundsätze über Bord, wenn es dem Geschäft nützlich war. So wurde auch die laotische Verschanzung mit Devisen freigeschossen und den fragwürdigen Segnungen der Globalisierung geöffnet.

Johnnie Walker konnte trockenen Fußes einwandern; und in seinem Gefolge kamen die Touristen, die Backpackers, die großen und kleinen Geschäftemacher. Die

Statistik spiegelt rasante Veränderungen wider: 1990 wurden in Laos 14.400 ausländische Besucher registriert. 1999 waren es 614.278. Tendenz steigend, so die Tourismusbehörde. 60 Prozent aller Einreisen erfolgen über die Freundschaftsbrücke. Die meisten Reisenden sind allerdings gar keine Touristen, sondern thailändische Pendler im kleinen Grenzverkehr. Gerade die thailändischen Marktfrauen haben den Ruf, mit Geld umgehen zu können und fit zu sein in den Grundrechenarten. Jeden Morgen schwärmt eine Heerschar Business-erprobter Thailänderinnen über die Brücke nach Vientiane ein. Mit Taxis kommen sie bis zur laotischen Grenzkontrolle, breiten ihre Körbe, Plastiktaschen, Säcke aus und laden die Waren auf die bereits wartenden TukTuks. Mit Waschmitteln, Kosmetika, mit Farbbüchsen, Textilien, alkoholischen Getränken, Keksen und sonstigen Konsumgütern der thailändischen Massenproduktion überschwemmen die Frauen aus dem Land der Freien, wie Thailand genannt wird, die laotischen Märkte und beliefern einheimische Zwischenhändler.

Die Freundschaftsbrücke wird streng kontrolliert. Aber was da an Warenimport in Gang gekommen ist und was an Austausch zwischen den Menschen stattfindet, entzieht sich der staatlichen Aufsicht. Da sind Geister gerufen worden, die manch orthodoxer Kader im Machtapparat von Vientiane gern wieder in die Ecke der ideologischen Besenkammer bannen möchte. Doch die Geister haben sich verselbständigt. Freundschaft hat viele Gesichter. Im Volksmund heißt die Mekong-Verbindung bereits Aids-Brücke. Damit werden die Folgen auch im sozialen Bereich benannt.

Die Brücke ist ausbaufähig. Die Konstruktion sieht die Verlegung einer künftigen Eisenbahnstrecke vor. Noch endet das Schienenband auf thailändischer Seite; und niemand vermag vorherzusagen, ob und wann die nur mit internationalen Geldern zu finanzierenden Gleise auf laotischem Gebiet fortgeführt werden. Laos ist eines der wenigen Länder der Welt, das über keine Eisenbahn verfügt. Auch in diesem Mangel zeigt sich das Desinteresse der Franzosen an Laos und dessen geringe wirtschaftliche Potenz, denn Eisenbahnen sind während kolonialer Zeiten gebaut worden: mit billiger einheimischer Arbeitskraft und ausländischen Krediten, die sich im Land mit Zinseszins auszuzahlen hatten. Nicht so in Laos, wo auch in das Straßennetz nur wenig investiert worden war. Das zumindest ändert sich. Das Kapitel internationaler Finanzhilfe und Kredite der Entwicklungsbanken werden in den Straßenbau und dazugehörige Brücken gesteckt.

Das ausländische Interesse, die Festungsmauern durchlässiger zu machen, verhalf Laos bereits zu einer zweiten Brücke. Bei der Stadt Paksé im Süden schwingt sich die elegante Verbindung über den Mekong, der dort nicht Grenzfluß ist, sondern bis zur kambodschanischen Grenze auf laotischem Gebiet dahinströmt. Es ist ein filigran wirkendes Kunstwerk, elegant mit straff gespannten Drahtseilen, einer gigantischen blau gestrichenen Harfe ähnlich. Hier sind es die Japaner gewesen, die mit Krediten

Von Japanern gebaut: Brücke bei Paksé

und Know how den Brückenschlag verwirklichen. Am 2. August 2000 ist er inaugurativ und offiziell vollzogen worden. Auf der Plakette wird auch an diesen Ufern die Freundschaft gepriesen: „Lao-Nippon-Bridge as a Token of Friendship and Cooperation Between Japan and Lao People's Democratic Republic." Der Gedenkstein zur Eröffnung beschwört die Vision vom Südostasien der offenen Grenzen: „For the Peaceful an Prosperous Future of Greater Mekong 2000."

Noch erscheint dieses Wunschbild angesichts des spärlichen Verkehrs als ein allzu kühner Blick in eine unbestimmte Zukunft. Es ist eher rührend, wenn man eines der klapprigen TukTuks in zwerghafter Einsamkeit über diese Brücke des großen Wurfs rattern sieht. Da begegnen sich Zeitalter. Laos hat es jedenfalls nicht eilig.

r.s.

Politische Unterdrückung und die Qual der Gefangenen

Die Zelle ist so eng, daß er sich nicht ausstrecken kann, das Essen ist miserabel und unzureichend, Medikamente werden ihm verweigert, und nur einmal im Jahr darf ihn ein Mitglied seiner Familie besuchen. Er und alle anderen Insassen des Lagers Nummer 7 in der Nähe der Ortschaft Sob Hao in der Bergprovinz Hua Phan im Nordosten von Laos sind krank. Wegen seiner politischen Überzeugung ist er seit 1990 inhaftiert und 1992 in einem Prozeß, der absolut nichts mit rechtsstaatlichen Normen zu tun hat, zu 14 Jahren Gefängnis verurteilt worden. Die Rede ist von Latsami Khampoui, dem stellvertretenden Minister für Wirtschaft und Planung der Demokratischen Volksrepublik Laos. Unser Gesprächspartner ist gut informiert, muß aber anonym bleiben, denn Informationen über politische Gefangene weiterzugeben, ist in Laos riskant. Er bittet um Hilfe zur Freilassung von Latsami Khamphoui und aller politischen Gefangenen des Landes.

Drei Mitglieder der Regierung im Arbeitslager

Latsami Khampoui, 1940 in Paksé geboren, seit jungen Jahren Mitglied der Kommunistischen Partei und im Untergrund für den Pathet Lao tätig, Studium der Wirtschaftswissenschaften in Hanoi, gilt als einer der fähigsten Wirtschaftsplaner des Landes. Sein Spezialgebiet ist die Land- und Forstwirtschaft. Die Partei beruft ihn 1981 ins Ministerium für Landwirtschaft, Forsten und Bewässerung und ernennt ihn 1983 zum stellvertretenden Minister für Wirtschaft und Planung. Er ist erfolgreich und anerkannt, wird jedoch am 15. April 1984 wegen „Widersprüchen zur Wirtschaftspolitik der Partei" abgesetzt und zum ersten Mal inhaftiert. Er bittet vergeblich um ein Gespräch mit Präsident Kaysone Phomvihan, um seine Auffassung von der Entwicklung des Landes zu erklären und sich zu rechtfertigen. Als die Parteiführung alle Mitglieder der Partei und Regierung auffordert, den Entwurf der neuen Verfassung zu debattieren, verfaßt er im Januar 1990 ein Thesenpapier und artikuliert seine Kritik an der Wirtschaftspolitik der Parteiführung: „Solange sich die landwirtschaftliche Produktion auf einem primitiven Niveau befindet und die Kleinbauern keine Möglichkeiten zur Produktionssteigerung haben, ist keine wirtschaftliche Expansion möglich." Er kritisiert auch die hohe Auslandsverschuldung und den Ausverkauf der kostbaren Rohstoffe des Landes: „Unser Land ist zum Marktplatz für Kapitalisten geworden, die es aufkaufen und wie eine leichte Beute behandeln." Seine Kritik an der Partei kleidet er in ein anschauliches Bild, das ihm viel Ärger einbringt: „Wenn das Bambusgerüst schief steht, kann man kein vernünftiges Haus bauen." Latsami Khampoui läßt aber keinen Zweifel an seiner sozialistischen Loyalität aufkommen: „Die Prinzipien des Marxismus-Leninismus sind richtig und hervorragend. Die dichtesten Wolken können sie nicht verdecken, sie sind unwiderlegbar und dauerhaft." Phoumi Vongvichit, der ehemalige Präsident, lobt seinen Patriotismus und seine Offenheit.

Die Partei- und Staatsführung läßt ihn am 8. Oktober 1990 zusammen mit zwei anderen kritischen Mitgliedern der Regierung verhaften, mit denen er sich zur Diskussion des Verfassungsentwurfes getroffen hat. Es sind Thongsouk Saysankhi, stellvertretender Minister für Wissenschaft und Technologie, und Feng Sakchittaphong, Direktor im Justizministerium. Zwei Jahre sitzen sie im Stadtgefängnis Samkhe in Vientiane in Untersuchungshaft, größtenteils in Einzelzellen und teilweise in Dunkelhaft. Im November 1992 verlegt man sie in das ehemalige „Umerziehungslager" Nummer 7 bei Sob Hao in der Provinz Hua Phan, wo das Volksgericht der Provinzhauptstadt Sam Neua sie zu 14 Jahren Haft verurteilt. Das Strafmaß ist genau definiert: zehn Jahre wegen „Vorbereitung eines Aufstandes", dreieinhalb Jahre wegen „Propaganda gegen die Demokratische Volksrepublik Laos" und sechs Monate wegen „Unruhestiftung im Gefängnis". Die Urteilsbegründung besteht fast ausschließlich aus Zitaten ihrer Briefe an die Regierung und ihre Angehörigen. Sie enthalten keinen Aufruf zur Gewalt, sondern plädieren für einen friedlichen Wandel. Rechtsbeistand wird ihnen verweigert, und Zeugen sind nicht zugelassen. Latsami Khampoui wird im Urteil in diskriminierender Weise als Kaufmann bezeichnet.

Die Haftbedingungen im Lager Nummer 7 sind unmenschlich. Die Gefangenen liegen in kleinen halboffenen Zellen auf rauhem Zementboden, frieren in den kalten Winternächten und leiden an Erkältung, Lungenentzündung und Nierenproblemen. Thongsouk Saysankhi leidet außerdem an Diabetes, erhält aber keine Medikamente. Das Lager hat keine Gesundheitsstation und keine soziale Einrichtungen. Gespräche unter den Gefangenen sind nicht erlaubt, ein Wachposten ist vor der Zellentür postiert und sorgt für die Einhaltung des Verbotes. Lesestoff und Schreibmaterial stehen nicht zur Verfügung. Nur alle 14 Tage besteht die Möglichkeit, ein Bad zu nehmen. Das Essen ist schlecht und unzureichend. Besuche von Familienangehörigen sind nur einmal im Jahr erlaubt, die Bearbeitung von Anträgen dauert jedoch zuweilen über zwei Jahre. In einem herausgeschmuggelten Brief an Amnesty International schreiben die drei Gefangenen, daß sie ständig krank sind und Pakete mit Nahrungsmitteln und Medikamenten nicht ankommen. Die Wachmannschaft bedauert im persönlichen

Gespräch ihre miserable Lage, kann aber nichts ändern, weil die Behandlung von „ganz oben" angeordnet wird. Latsami Khamphoui schreibt: „Ich bitte Sie, wirkungsvollen Druck auf die Regierung auszuüben und zu verdoppeln, damit die Anschuldigungen gegen uns fallengelassen werden und wir die bedingungslose Freiheit zurückerhalten." In einem anderen Brief klagt er: „Ich bin im Augenblick wieder ernstlich erkrankt (…). Mein Bauch ist geschwollen und schmerzt, ich kann nicht essen und nicht schlafen. Ich bitte Sie, auf die Regierung einzuwirken, daß ich zur Behandlung nach Hause entlassen werde."

Sein Amtskollege und Mitgefangener Thongsouk Saysangkhi stirbt am 14. Februar 1998 im Lager an Diabetes und Auszehrung. Die Angehörigen erhalten keine Nachricht von seinem Tod, erst nach mehreren Wochen bestätigt die laotische UN-Vertretung in New York Amnesty International gegenüber, daß er gestorben ist. Thongsouk Saysangkhi, 1938 ebenfalls in Paksé geboren, schließt sich nach dem Studium von Jura und Wirtschaftswissenschaften in Paris der Partei an und ist seitdem ununterbrochen in der Regierung tätig. Nach 1975 beauftragt ihn der Präsident mit der Leitung des laotischen Freihafens im vietnamesischen Da Nang und ernennt ihn 1990 zum stellvertretenden Minister für Wissenschaft und Technologie. Aber noch im selben Jahr tritt er zurück und erklärt seinen Austritt aus der Partei, weil er die Reformpolitik für unzureichend hält. Nach seiner Auffassung führt die wirtschaftliche Öffnung des Landes ohne politische Reform des Systems in den wirtschaftlichen Ruin des Landes und erzeugt soziale Konflikte. Die Verfassung von 1991 müsse umgeschrieben werden, weil sie keine demokratische Basis habe. Demokratie sei erst möglich, wenn das Einparteiensystem abgeschafft werde und freie Wahlen stattfänden. Korruption und soziale Ungleichheit seien zu beseitigen.

Feng Sakchittaphong, der dritte Regimekritiker, an dem sich die Partei rächt, stammt aus Khone in Südlaos. Geboren 1940, studiert Diplomatie in Paris, schließt sich in den 1960er Jahren der Studentenbewegung in Frankreich an und wird Mitglied der französischen KP. Nach Abschluß des Studiums holt Prinz Suphanuvong ihn ins Kabinett im Untergrund und ins Zentralkomitee der Partei, wo er für auswärtige Beziehungen zuständig ist. Die Partei beruft ihn 1975 ins Justizministerium, wo er seitdem als Abteilungsleiter tätig ist. Zusammen mit seinen Amtskollegen wird er im Oktober 1990 wegen seiner Kritik an der Partei verhaftet, 1992 zu 14 Jahren Gefängnis verurteilt, und er erleidet dieselbe Tortur in der Untersuchungshaft in Vientiane und im Lager von Sob Hao. Seine Kritik richtet sich auf die Ideologie des Sozialismus. Die Diktatur des Proletariats, Lenins Strategie zum Aufbau des Sozialismus, hält er für eine billige Rechtfertigung von Machtanmaßung der Partei und Mißachtung der Menschenrechte. Auch der sozialistische Staat müsse auf einer demokratischen Verfassung basieren. Er fordert freie Wahlen und die Abschaffung der Todesstrafe. Die Urteilsbegründung besteht wiederum aus Zitaten seiner Kritik am Verfassungsentwurf, die gegen ihn verwandt werden: „Die Legislative, Exekutive und Judikative einer Person zu unterstellen, führt zur Diktatur", und: „Die wirtschaftliche Öffnung ohne politische Reform wird dem Land keine gute Entwicklung bringen." Seine angeblichen Umsturzpläne werden mit einer beiläufigen Bemerkung aus einem Brief an seine Frau begründet: „Man kann kein Ei essen, ohne die Schale aufzubrechen." Sogar sein Bekenntnis zur Gewaltlosigkeit verwendet das Gericht gegen ihn: „Ich möchte einen friedlichen Wandel ohne Demonstrationen auf der Straße, ohne Konfrontation und Sturz der Regierung."

Vor dem Hintergrund des erschütterten Sozialismus in Osteuropa soll offensichtlich an den drei prominenten Kritikern im eigenen Lager ein abschreckendes Exempel statuiert werden. Die Unterdrückung der Debatte über die Umgestaltung von Staat und Wirtschaft zeigt, wie wenig ernst die Reform gemeint ist. Verfolgung, Inhaftierung und Tod von so angesehenen Regimekritikern wie Latsami Khampoui, Thongsouk Saysankhi und Feng Sakchittaphong enttäuschen die Erwartungen und lähmen die Kooperationsbereitschaft von engagierten Bürgern im Lande und Laoten im Ausland.

„Umerziehung"

Welche Auffassung die Parteiführung vom Menschen in einer sozialistischen Gesellschaft hat und wozu sie in der Lage ist, zeigt das „Umerziehungsprogramm" für ehemalige Gegner des Regimes. Von der Machtübernahme 1975 bis Anfang 1990 schickt die Parteiführung 10.000 bis 15.000 Menschen zu „politischen Seminaren" in Umerziehungslager. Souvanna Phuma, ehemals Premierminister und nach 1975 Sonderberater der Regierung, hat die Angaben über die Anzahl der Inhaftierten und die Bedingungen der Umerziehung bestätigt. In den Lagern werden Menschen vorsätzlich durch Fronarbeit ohne ausreichende Ernährung und medizinische Versorgung ausgehungert und umgebracht. Man schätzt, daß ein Drittel der Internierten umgekommen ist.

Viele Tote sind Opfer politischer „Säuberung". Nach der Machtübernahme 1975 werden Kader, die Vietnam kritisieren, aus der Partei „gesäubert", im Lande interniert oder nach Vietnam verschleppt. Auf dem Höhepunkt der Spannungen mit China 1979/80 werden Pro-China-Kader aus der Partei ausgestoßen und in Arbeitslager gebracht. Erst nach der wirtschaftlichen Öffnung Anfang der 1990er Jahre sieht sich die Partei durch internationalen Druck gezwungen, die letzten Gefangenen aus der „Umerziehung" zu entlassen. Die Lager aber werden nur zum Teil geschlossen.

Die prominentesten Opfer der politischen „Umerziehung" sind König Sri Savang Vatthana und Königin Khampoui sowie Kronprinz Vongsavang und zwei weitere Söhne

Die neuen Wallfahrtsstätten: Büsten des verstorbenen Präsidenten Kaysone Phomvihan

und vier Brüder des Königs und außerdem drei weitere Mitglieder des Königshauses. König Vatthana wird unter dem Vorwand konterrevolutionären Widerstands am 24. November 1977 zusammen mit der Königin ins Lager Nummer 1 in der Provinz Hua Phan verschleppt und stirbt im März 1980 an den Strapazen des Lagerlebens. Die Königin wird zwei Wochen nach seinem Tode ins Lager Nummer 7 gebracht. Seitdem gibt es keine Nachricht von ihr, dem Kronprinzen und den anderen Mitgliedern des Königshauses. Man nimmt an, daß alle umgekommen sind.

Die größten Lager sind in den rauhen und kargen Bergregionen der Provinz Phong Saly im Norden und Hua Phan im Nordosten des Landes angelegt, aber auch in den Provinzen Xiang Khuang in Mittellaos und Savannakhet und Attapeu im Süden. Besonders berüchtigt sind die Lager Nummer 1 bis 7 in den Distrikten Xiang Kho und Sam Neua in Hua Phan. Lager Nummer 7 in der Ortschaft Sop Hao wird unverändert als Gefängnis und Arbeitslager genutzt. Die Lager der Provinz Attapeu liegen im Tal des Xe Xou im Distrikt Samakhixai und im Distrikt Xanxay an der vietnamesischen Grenze. Die Lager in Xanxay sind durch das Arbeitsbataillon Nummer 402 bekannt geworden, das die Verbindungsstraße Nummer 16 vom Tal des Xe Kong nach Paksong auf dem Bolaven Plateau in der Provinz Champasak baute. Dabei sind viele Gefangene umgekommen. Das Lager Chinaimo in der Nähe von Vientiane diente als Durchgangslager für die „Umerziehung" in den Außenprovinzen.

Verschwundene Studentenführer

Die schwer bewaffneten Wachen vor dem Präsidentenpalast am Ende des Lane Xang-Boulevards in Vientiane erinnern uns an die Polizisten, die hier am 26. Oktober 1999 etwa 30 Studenten verhaften. Die Studenten versuchen während des laotischen Wasserfestes, auf ihre Kritik am Regime aufmerksam zu machen und öffentliche Unterstützung für ihre Forderungen zu gewinnen. Sie sind Mitglieder der „Laotischen Studentenbewegung für Demokratie". Aber noch bevor sie ihre Transparente mit den Forderungen „Freiheit für Laos" und „Das 21. Jahrhundert für Demokratie und Freiheit in Laos" entrollen und ihre Flugblätter verteilen können, sind sie von Polizeikräften umstellt und werden verhaftet, unter ihnen die fünf führenden Köpfe der Studentenbewegung. Thongpaseuth Keuakoun und vier Kommilitonen sind seitdem verschwunden, und niemand weiß, wo sie festgehalten werden und unter welchen Bedingungen sie inhaftiert sind. Im Anschluß an die Demonstration nimmt die Polizei hunderte Studenten von der Nationalen Universität Don Doc und den Colleges der Hauptstadt fest. Man spürt sie im Elternhaus und in Wohnheimen auf und holt sie aus Bibliotheken und Cafés. Die meisten kommen wieder frei, aber wie viele noch inhaftiert sind, ist nicht bekannt. Die Regierung leugnet trotz des öffentlichen Aufsehens und vieler Zeugen der Verhaftung, daß überhaupt eine Demonstration stattgefunden hat und Studenten verhaftet wurden.

Inspiriert von den Aufständen der Studenten 1988 in Burma und 1989 auf dem Tiananmen-Platz in Beijing, gehen die Studenten mit ihren Forderungen auf die Straße. Sie rechnen damit, daß sich die Menschen, die sich während des laotischen Wasserfestes in der Stadt aufhalten und beim Bootsrennen auf dem Mekong amüsieren, spontan ihrem Protestmarsch auf dem Lane Xang-Boulevard anschließen und ihre Forderungen unterstützen. Am Boulevard haben sich Gruppen von Studenten aus Vientiane und der Umgebung der Stadt aufgestellt, um den Demonstrationszug anzuführen.

Die „Laotische Studentenbewegung für Demokratie" existiert seit 1988, gewinnt aber erst Anfang 1999 aufgrund der wirtschaftlichen Misere vieler Studenten und der politischen Repression großen Zulauf. Die Studenten verknüpfen soziale Fragen mit politischen Forderungen und treten für gewaltfreien Wandel ein. Sie fordern Demokratie und die Freilassung aller politischen Gefangenen. Ein Mitglied des Führungskreises erklärt Amnesty International gegenüber: „Wir wollen die Regierung dazu bringen, sich die Nöte der Bevölkerung anzuhören. Wir wenden keine Gewalt an und wollen die Obrigkeit nicht in Schwierigkeiten bringen."

Der Gründer und Anführer, Thongpaseuth Keuakoun, geboren 1961, verheiratet und sieben Kinder, bricht aus wirtschaftlichen Gründen das Studium an der Nationalen Universität ab und arbeitet als Straßenverkäufer. Eine ähnliche Biographie haben auch die übrigen vier Kommilitonen aus der Führungsgruppe, die seit dem 26. Oktober 1999 verschwunden sind: Kamphouvieng Sisaath (Jahrgang 1961), Seng-Aoun Phengphanh (Jahrgang 1972), Bouavanh Chanhmanivong (Jahrgang 1961) und Keochay (Jahrgang 1966).

Nach der Erfahrung von Studenten in China, woran sich die Partei im Umgang mit Regimekritikern orientiert, ist eine rigorose Behandlung der verhafteten Studenten zu befürchten, bis hin zu Folter und Tod.

Verhaftung von Siedlern und Bauern

Die Nachrichtenagentur Agence France Press und Radio Free Asia melden, daß am 17. November 2000 im Distrikt Sanasomboun in der Provinz Champasak 15 Personen während eines Protestmarsches festgenommen wurden. Die Meldung wird vom Europaparlament bestätigt. In einer Resolution über Menschenrechte und Demokratie in Laos vom 14. Februar 2001 fordert das Parlament ihre Freilassung.

Angeführt von Phomachanh Phannorath, Leiter des Informationsbüros des Distrikts, demonstrieren 200 Bauern und fordern mehr Land und bessere soziale Bedingungen für ihre Neuansiedlung. Auf der Demonstration sollen auch Fahnen der ehemaligen königlichen Regierung von Laos entrollt worden sein. Die Polizei verhaftet Phomachanh Phannorath und 14 weitere Angestellte der Distriktverwaltung sowie

Siedler und bringt sie an einen unbekannten Ort. Seitdem ist nichts über ihren Verbleib und ihr Schicksal bekannt. Bei unserem Aufenthalt in der Provinz Champasak und einem Besuch in der Region können wir nichts über die Inhaftierten erfahren. Wir spüren die Angst und eine große Zurückhaltung, über politische Maßnahmen der Regierung zu sprechen.

Die Verfolgung „reaktionärer" Religionsgemeinschaften

In Savannakhet machen wir einen Besuch in der katholischen Kathedrale, einem eindrucksvollen Gebäude im alten kolonialen Zentrum der Stadt, und kommen mit dem Pfarrer über die Lage der christlichen Kirchen in Laos ins Gespräch. Er bestätigt, daß sein Kollege aus der Protestantischen Kirche „wohl wegen Aktivitäten gegen die Regierung", wie er sagt, in Schwierigkeiten geraten ist und in der Provinz Attapeu im Gefängnis sitzt. Er spricht von Pastor Pa Tod, der am 15. März 1999 in Savannakhet verhaftet wird, weil er angeblich die „gesellschaftliche Ordnung gestört und Geld aus dem Ausland angenommen hat".

Pastor Pa Tod, geboren 1954, verheiratet und fünf Kinder, hat sich immer an die staatlichen Vorschriften gehalten und seine Tätigkeit auf den religiösen Bereich beschränkt. Sein Vergehen besteht darin, daß er Bibelunterricht in Privathäusern gibt, weil die Gemeinde keine Kirche besitzt. Auf ideologische Reinheit bedachte Funktionäre der Provinz verlangen von ihm, daß er seinem Glauben abschwört. Dem Vorsitzenden des Volkskomitees ist die Verhaftung peinlich, er versucht zu vermitteln und seine Freilassung zu erwirken. Pastor Tod bedankt sich und wehrt ab: „Wenn ich meinen Glauben aufgeben würde, wäre ich nicht hier." Das Provinzgericht will das Verfahren aus Mangel an Beweisen einstellen, aber die Polizei sucht neue Anschuldigungen und verschleppt den Prozeß. Familie Tod wird gezwungen, die Stadt zu verlassen, obwohl sie seit 1994 eine Aufenthaltserlaubnis für Savannakhet besitzt. Sie zieht um, erhält aber im Juli 1999 erneut einen Räumungsbefehl.

Im Mai 2001 werden sieben Gemeindevorsteher und ein Mitglied der Protestantischen Kirche von Savannakhet im Alter zwischen 30 und 60 Jahren wegen angeblicher staatsfeindlicher Aktivitäten festgenommen, aber offensichtlich aufgrund internationaler Aufmerksamkeit nach kurzer Zeit wieder freigelassen. Man fordert sie ebenfalls auf, ihrem Glauben abzuschwören und eine Erklärung zu unterzeichnen. Im Gefängnis werden sie mit Handschellen gefesselt, die Füße in Holzblöcke geschlossen. Die Behörde verbietet ihre Zusammenkünfte und schließt ihre Versammlungsräume.

In Vientiane wird der Armeeoffizier im kartographischen Institut des Militärs, Khamtay Phousy, im März 1996 während einer Dienstreise in Phonesavan, der Provinzhauptstadt von Xiang Khuang, verhaftet. Ihm wird zur Last gelegt, Geld aus dem Ausland erhalten zu haben und einer reaktionären Vereinigung anzugehören. Damit ist die Finanzierung einer Schule durch die Presbyterian Church in den USA gemeint, die 1995 auf Initiative von Khamtay Phousy, aber mit ausdrücklicher Genehmigung der Behörden, gebaut wurde. Er gehört einer christlichen Kirche an und stellt gelegentlich seine Wohnung für religiöse Zusammenkünfte zur Verfügung. Das Gericht läßt 1997 die Anklage gegen ihn fallen. Daraufhin soll er angeblich aus dem Gefängnis C-156 in Phonesavan freigelassen und nach Vientiane zurückgebracht werden, wird aber stattdessen ins Lager Nummer 7 bei Sob Hao in der Provinz Hua Phan verlegt. Das alles ohne Begründung, Anklage, Prozeß und Rechtsbeistand. Seine Appelle ans Verteidigungsministerium laufen ins Leere. Im Lager ist jede Unterhaltung mit Mitgefangenen untersagt, er ist Tag und Nacht angekettet, und seine Füße sind in einen Holzblock gesperrt. Nach einem mißlungenen Fluchtversuch werden die Haftbedingungen weiter verschärft.

Nach einem detaillierten Bericht thailändischer Kirchen vom Juni 2000 sind in Laos 60 Kirchenführer und Gemeindemitglieder inhaftiert und leben unter unmenschlichen Bedingungen in Gefängnissen und Lagern. Das Committee for International Religious Freedom in den USA ermittelt, daß im Jahr 2000 wenigstens 95 Christen länger als einen Monat verhaftet waren. Amnesty International identifiziert die Provinzen Savannakhet, Attapeu, Champasak, Xiang Khuang und Luang Prabang als Schwerpunkte der Christenverfolgung mit den meisten Verhaftungen und weist außerdem darauf hin, daß Christen aus den Ethnien der Bru in Südlaos und Hmong in Nordlaos besonders betroffen sind. Im Januar 1998 erregt die Verhaftung von 44 Angehörigen der Church of Christ in Vientiane großes Aufsehen, die während einer Bibellesung festgenommen werden. Fünf ausländische Teilnehmer werden ausgewiesen und 13 laotische Christen zu zwei bis fünf Jahren Gefängnis wegen eines „Treffens mit der Absicht, Unruhe zu stiften" verurteilt. Auf Druck des Nationalen Kirchenrates und der Regierung der USA werden alle freigelassen, die letzten im Juni 1999, nach 17 Monaten Haft.

Die Christen werden gezwungen, der „ausländischen Religion" in schriftlicher Form abzuschwören und sich zu einer „laotischen Religion" zu bekennen, zum Buddhismus oder Animismus. Die Religionszugehörigkeit wird im Ausweis vermerkt. Kirchen und Versammlungsräume werden geschlossen. Familien, die ihre Wohnungen für Zusammenkünfte zur Verfügung stellen, werden zur Umsiedlung gezwungen. Der Religionswechsel wird in den Dörfern öffentlich mit Lautsprechern bekanntgegeben. Die buddhistischen Wats und Pagoden werden beobachtet, um festzustellen, ob die „Bekehrten" auch wirklich ihren neue Glauben praktizieren.

Die Kirchenverfolgung wird mit staatsgefährdendem Verhalten der Christen begründet, daß sie Verbindung zum Ausland pflegen und Spionage für den amerikanischen Geheimdienst CIA betreiben. Die Verfolgung liegt in der Hand der Massenorganisation „Front for National Construction", in der alle Religionsgemeinschaften und Kirchen eingeschriebene Mitglieder sein müssen. Der ehemalige Partei- und Staatspräsident Nouhak Phousavan, bekannt als ideologischer Hardliner, hat offensichtlich ein besonderes Interesse an der Unterdrückung der christlichen Kirchen. Er taucht regelmäßig bei Kampagnen gegen Christen auf und überwacht ihre Verhaftung und die Schließung von Kirchen.

Die christlichen Kirchen in Laos haben etwa 120.000 Mitglieder, die zur Hälfte der katholischen Kirche und zur anderen Hälfte dem Dachverband der Lao Evangelical Church und den Seventh Day Adventists angehören. Andere christliche Kirchen sind nicht zugelassen. Die buddhistischen Wats und Pagoden sind in der „Lao Unified Buddhist Association" zusammengefaßt, die von der Regierung kontrolliert wird. Die Verfassung von 1991 garantiert in Artikel 9 und 30 die Religionsfreiheit, regelt aber nicht die Ausübung des Glaubens. Die Menschenrechtsabkommen der Vereinten Nationen, die auch von der laotischen Regierung unterzeichnet wurden, sehen jedoch die Realisierung der Religionsfreiheit und Ausübung des Glaubens vor.

Verschärfte Anwendung der Todesstrafe

Unmittelbar nach dem VII. Parteitag vom März 2001 beschließt die Nationalversammlung einstimmig ein Gesetz zur verschärften Anwendung der Todesstrafe. „Die Gesetze werden verschärft, um den Erfordernissen des schnellen wirtschaftlichen Wachstums und der Kultur des Landes gerecht zu werden", so die Begründung des Justizministers Ket Kietisack. Schwerwiegende Fälle von Spionage können jetzt mit dem Tode bestraft werden. Was damit gemeint ist, ist jedoch nicht festgelegt. Darunter kann aber beispielsweise die Weitergabe von Informationen ins Ausland zur „Schädigung der Unabhängigkeit, Sicherheit, Wirtschaft und Kultur von Laos" fallen. Nach chinesischem Vorbild wird die Todesstrafe bei der Herstellung, dem Handel und Besitz von Drogen angewandt. In pedantisch genauer Abstufung ist das Strafmaß für Drogenvergehen festgelegt. Die Todesstraße wird ab 500 Gramm Heroin und jeweils ab 10 Kilogramm Chemikalien zur Herstellung von Amphetamin oder 10 Kilogramm Amphetamin selbst verhängt.

Der Weg zu Reformen in Laos ist lang und schwierig. Angehörige von Partei und Regierung, Studenten, Bauern und Christen des Landes setzten sich dafür ein und werden mit Gefangenschaft und Arbeitslager, Demütigung und Tod bestraft.

h.k.

Ein Agrarexperte und sein wechselndes Saatgut

Die Provinz Oudomxay liegt mitten in den nordlaotischen Bergen, eine langgestreckte Bergregion zwischen China und Thailand. Die eindrucksvolle Bergwelt senkt sich 250 Kilometer vom südchinesischen Grenzübergang Boten bis Pak Beng hinunter, einem Bootsanleger am mittleren Mekong. Der Nam Beng fräst ein tiefes Tal durch dieses imposante Bergmassiv. Auf beiden Ufern steigen satte Wälder und karge Felsen nahezu 2000 Meter bis zur Wasserscheide zum nächsten Flußtal auf, des Nam Tha im Westen und Nam Ou im Osten.

Drehscheibe des Nordens

Die gleichlautende Provinzhauptstadt Oudomxay liegt auf einem hügeligen Hochplateau. Um einen großen Markt und einen weiträumigen Busbahnhof gruppieren sich die wenigen mehrstöckigen Geschäftshäuser, aber auffällig viele Hotels. Auf die umliegenden Hügel verstreut stehen großzügig angelegte Gebäudekomplexe der Provinzverwaltung und die Filialen laotischer Geschäftsbanken. Wie ein Wahrzeichen erhebt sich über der Stadt ein mächtiges Buddha-Chedi, von dem man einen Blick in das weite Panorama von Oudomxay gewinnt. Im Stadtzentrum erstreckt sich an einer der vielen Kreuzungen ein großes eingezäuntes Gelände mit dem Denkmal von Kaysone Phomvihan in Bronze.

In Oudomxay kreuzen sich die Karawanenstraßen des Gebirges. Seit der wirtschaftlichen Öffnung des Landes ist die Stadt zum nördlichen Zentrum des Handels mit Thailand, China und Vietnam geworden. Die Nationalstraße Nr. 1 verbindet die Stadt mit der Provinz Hua Phan an der vietnamesischen Grenze im Osten und mit Huay Sai im Westen am Mekongübergang nach Thailand. Davon zweigen die Verbindungen zum chinesischen Grenzübergang Boten und zum alten Fürstentum Müang Sing ab. Die nördliche Route Nr. 4 führt in die Provinz Phong Saly und über Dien Bien Phu nach Hanoi. In südlicher Richtung verläuft die Nationalstraße Nr. 2 schnurgerade 150 Kilometer durch das Tal des Nam Beng zum Hafen von Pak Beng, 1962 bis 1979 vom chinesischen Militär als strategischer Zugang nach Thailand gebaut. Wegen dieser Straße stationierten die USA auf dem Höhepunkt des Kalten Krieges 10.000 Soldaten in Nordthailand, um China vom Zugriff auf die „freie Welt" abzuhalten.

Die südlichste Stadt Chinas

Die Provinz Oudomxay ist erst 1967 als Teil von Luang Prabang gegründet worden, als die Bergregion „jenseits von Luang Prabang" eine größere strategische Rolle im Indochinakrieg der USA spielte. Die etwa 230.000 Einwohner sind größtenteils Subsistenzbauern und leben weit verstreut in den Bergen und Tälern der sieben Distrikte der Provinz. Die durch Raubbau und Brandrodung strapazierten Wälder und kargen Berge geben nicht viel für das Leben der Bergvölker her. Naßreis gedeiht nur im Tal auf dem schmalen Ufer des Nam Beng und auf kleinen Reisterrassen im alten Siedlungsraum der Stadt Oudomxay.

In der Provinz leben Angehörige aller Sprachenfamilien des Landes, sie werden allen drei Gruppierungen zugeordnet, den Lao Lum, Lao Theung und Lao Sung. Ethnologen haben in der Region 23 Ethnien registriert. Die größten Ethnien bilden die Tai-Kadai sprechenden Tai-Gruppen, die Mon-Khmer sprechenden Khamu und die Hmong-Yao sprechenden Hmong.

Die Siedlungsstruktur der Ethnien hat sich in den vergangenen Jahrzehnten stark verändert. Infolge der Bombardierung ihrer Lebensräume während des Indochinakriegs sind viele Dorfgemeinschaften aus den Bergen an die Durchgangsstraßen gezogen. Neuerdings versucht die Regierung, die Bergvölker durch Landverteilung an die Straßen zu locken, um sie von der Brandrodung abzubringen und seßhaft zu machen, eine große Veränderung der Lebens- und Ernährungsgewohnheiten. Die Bauern der Khamu sind beispielsweise gewohnt, süßen Klebreis im Hochland anzubauen, die Hmong dagegen bevorzugen Naßreis. Der erleichterte Zugang zu den Städten hat einen ambivalenten Einfluß auf ihre Kultur und ihre Lebensgewohnheiten. Die Hmong nehmen die Chancen der neuen Marktwirtschaft wahr und bieten ihre Produkte auf den Märkten der Distrikte und in Oudomxay an. Dazu gehört auch Opium, unverändert die beste Geldquelle für den Kauf von Reis und Geräte für Haus und Hof, solange es keine Alternativen gibt. Ob der Plan der Regierung gelingt, den Anbau bis 2003 ganz zu unterbinden, ist fraglich.

In Oudomxay hat der Markt die Schlachtfelder Indochinas tatsächlich abgelöst, und der „Neue Marktmechanismus" hat voll gegriffen. Die Straße sind voller Autos, meist chinesische Lastwagen und zu Bussen umgebaute Kleinlaster. Auf dem Busbahnhof stehen klimatisierte Kleinbusse der chinesischen Firma „Wanda Che", die nur die Route nach Yünnan und Südchina befahren. Aus den Dörfern kommen grüne einachsige Traktoren mit kleiner Ladefläche „made in China", der neue Wasserbüffel der Bergbauern. Die Marktstände und Auslagen der Geschäfte sind vollgepackt mit chinesischen Textilien, Porzellan, Elektro- und Haushaltsgeräten.

Die Hotels sind Niederlassungen chinesischer Firmen mit Übernachtungsmöglichkeiten für Händler im Nordlaosgeschäft. Für Außenstehende ist undurchschaubar, was da aus alten Militärkontakten aus der Zeit des chinesischen Straßenbaus und aus der Öffnung des Landes an neuen Wirtschaftsbeziehungen zu China entstanden ist. Das öffentliche Leben ist so sehr vom chinesischen Handel und der Sprache und Kultur Chinas geprägt, daß Oudomxay den Eindruck einer chinesischen Stadt erweckt, sozusagen die südlichste Stadt Chinas.

Das Hotel Fushan beispielsweise, in dem wir wohnen, gehört der „North Lao-China Co. Ltd.", einem chinesischen Unternehmen für Transport und den Bau von Straßen und Brücken. Es ist eher ein Bürozentrum als eine Unterkunft, gut organisiert und mit Telefon, Fax und E-Mail ausgerüstet, einer kostbaren Seltenheit in der abgelegenen Bergprovinz. Nachts sorgt ein Bar- und Discobetrieb für zwielichtige und lautstarke Unterhaltung der Geschäftsleute. Der Lärm der Techno-Musik dröhnt durch alle Stockwerke des Betonbaus.

Der Agrarexperte der Provinz

Wir sind nach Oudomxay gekommen, um die Veränderungen des Lebens seit Einführung des „Neuen Marktmechanismus" kennenzulernen und einen Eindruck von der Landwirtschaft und Ernährungssicherung der Bevölkerung zu gewinnen.

Unser Gesprächspartner ist Houmpheng Mingboupha, Direktor des Büros für Landwirtschaft und Forsten der Provinz Oudomxay. Wir treffen ihn in seinem Büro auf einem weitläufigen Gelände am Rande der Stadt, wo auch internationale Hilfsorganisationen für Landwirtschaft und Umweltschutz, wie die Deutsche Welthungerhilfe (DWHH), ihre Büros haben. Ein zierlicher Mann, der Energie und Optimismus ausstrahlt, empfängt uns mit großer Freundlichkeit in seinem bescheidenen Büro. In seiner dicken Militärjacke wirkt er wie ein verlorener Kämpfer für die schwierige Entwicklung einer armen Provinz. Houmpheng Mingboupha fühlt sich der Provinz eng verbunden. Er ist 1942 in Oudomxay geboren und hier aufgewachsen. Auch seine Familie und die Verwandten leben hier, er ist verheiratet und hat drei Kinder. Die Ausbildung zum Agrarökonomen hat er in Vietnam und in Minsk erhalten, im Stil der sozialistischen Vorstellung von Produktionsgenossenschaften und Kolchosen. 1984 nach Oudomxay zurückgekehrt, hatte er reichlich Gelegenheit, die Misere der sozialistischen Landwirtschaft in Laos kennenzulernen, und setzt sich jetzt mit dem Wechsel zur kapitalistischen Wirtschaftsform auseinander.

Wir wollen von ihm wissen, wie er den Übergang von der sozialistischen zur privaten und kapitalistischen Landwirtschaft in Oudomxay beurteilt. Das Gespräch wird wörtlich wiedergegeben, denn es ist ein Musterbeispiel für die Art und Weise, wie sich

Houmpheng Mingboupha

ein Funktionär äußert, wenn er das gegenüber westlichen Besuchern, Journalisten zumal, überhaupt tut.

Unsere erste Frage: Welche Veränderungen finden in der Provinz Oudomxay seit der Einführung des „Neuen Marktmechanismus" (NEM) statt?

Seine Antwort: „Die Bevölkerung begrüßt die politischen und profunden wirtschaftlichen Veränderungen, die 1986 eingeführt wurden, und nimmt sie mit Begeisterung auf. Das Reformprogramm von 1986 wird seit 1989 in der Provinz Oudomxay umgesetzt. Es werden Schulen und Hospitäler, Häuser und Straßen gebaut. Der wirtschaftliche Schwerpunkt der Provinz liegt in der Landwirtschaft, wo 90 Prozent der Bevölkerung tätig sind. Daher hat die Regierung die Landwirtschaft zur Grundlage der Wirtschaftsentwicklung von Oudomxay erklärt."

Was bedeutet die Veränderung für Sie persönlich, der Sie in der Sowjetunion und Vietnam studiert haben?

„Meine Ausbildung habe ich zwar in sozialistischen Ländern gemacht, aber die sozialistischen Länder suchen jetzt Wirtschaftsstrategien, die zu den neuen Märkten passen und besser den veränderten Verhältnissen gerecht werden."

Haben Sie Schwierigkeiten, die neue Politik zu verstehen und umzudenken?

„Wir müssen die Erfahrung aller Länder heranziehen und das Beste davon auswählen. Das ist nicht schwierig, sondern ein natürlicher Prozeß. Wir machen uns die Erfahrungen zu eigen, die auf unsere Situation passen und geeignet sind, die Armut des Landes zu beseitigen."

Was sind die negativen Seiten der neuen Politik?

„Die Entwicklung ist überwiegend positiv, die schwachen Seiten müssen wir überdenken und überlegen, welche Kurskorrektur wir vornehmen."

Wo stimmt der Kurs nicht, können Sie ein Beispiel nennen?

„Die Bevölkerung war bisher in Genossenschaften und größeren Produktionseinheiten tätig, die Menschen müssen sich jetzt auf die Familienwirtschaft umstellen und sich dem neuen Marktmechanismus anpassen."

Das Scheitern der sozialistischen Landwirtschaft

Im informellen Gespräch bringt Houmpheng Mingboupha etwas deutlicher zur Sprache, daß die sozialistische Landwirtschaft versagt hat und die Rückkehr zur privaten Landnutzung der einzige Ausweg aus der Misere ist. Die Provinz hatte bis 1988 die niedrigsten Hektarerträge für Reis und war nicht in der Lage, die Bevölkerung zu ernähren, und dies, obwohl 90 Prozent Bevölkerung in der Landwirtschaft tätig waren. Der Waldbestand der Provinz nimmt rapide ab, nach offizieller Version durch Brandrodung der Bergvölker und das Anlegen neuer Naßreisfelder verursacht. Der um ein Vielfaches höhere Verlust an Wald durch illegalen Holzeinschlag und die undurchsichtige Vergabe von Lizenzen zum Abholzen, der Raubbau durch das Militär und der Verkauf von Rundholz nach China und Thailand ist ein heißes Thema, zu dem sich ein Regierungsbeamter nicht äußert.

Houmpheng Mingboupha kennt die Regierungspläne und erläutert sie jedem, der sie hören möchte: Selbstversorgung mit Reis, Beendigung der Brandrodung und Produktion für den Markt, Sicherung von Trinkwasser und Bau von Bewässerungsanlagen, bessere Ausbildung der Regierungsberater und Fortbildung der Bauern. Um das umzusetzen, hofft er mehr auf öffentliche und private Hilfe aus dem Ausland als auf Unterstützung der Regierung und Mittel aus dem nationalen Haushalt.

Zu wenig Land für Reis

Die Provinz verfügt über gute Bodenverhältnisse und klimatische Bedingungen für einen vielfältigen landwirtschaftlichen Anbau. Mit den reichlichen Niederschlägen der Region, einem kühlen und feuchten Klima und einer starken Sonneneinwirkung gedeihen Gemüse, Mais, Baumwolle, Zuckerrohr, Kaffee und Tee.

Reis ist das Hauptnahrungsmittel und die „landwirtschaftliche Währung". Die Provinz verfügt aber nur über 34.000 Hektar Reisland, davon 10.000 Hektar im Flachland

Naßreisanbau im Hochland

(Daten der Regierung von 1999). Der größte Teil besteht aus kleinen Anbauflächen für Trockenreis im Hochland. Die 70.000 Tonnen Jahresproduktion decken gerade die Hälfte des regulären Verbrauchs der Provinz. Mit etwa zwei Tonnen Reis pro Hektar und Jahr (Tiefland drei und Hochland 1,5 Tonnen) gehört Oudomxay zu den Provinzen mit den niedrigsten Erträgen. Die Brandrodung ist mit 30.000 Hektar in der Provinz weit verbreitet und äußerst schädlich für den Waldbestand und das Ökosystem. Infolge der wachsenden Bevölkerung und der niedrigen Erträge im Hochland ist der Zyklus der Brandrodung von acht auf zwei Jahre geschrumpft, eine Zeitspanne, in der sich der Wald nicht erholen kann.

Landesweit kann sich Laos mit einer Jahresproduktion von 2,3 Millionen Tonnen Reis gerade selbst versorgen, 70 Prozent davon werden im Tiefland und 30 Prozent im Hochland angebaut. Über zwei Millionen Hektar Land werden in Brandrodungskultur bewirtschaftet, fast 10 Prozent der Anbaufläche des Landes. Bis 2005 soll die Brandrodung abgeschafft sein, eine Illusion, solange es im Hochland keine alternativen Anbaumethoden für Reis gibt. In den heißen Monaten der Trockenzeit, von Februar bis April, brennen die Hänge überall im Gebirge, und die Rauchschwaden hängen tief über dem Land.

Die Bergvölker ernähren sich größtenteils aus den Wäldern. Aber die schwindenden Wälder zwingen sie zu mehr Brandrodung für den kargen Anbau von Trockenreis, Mais und Knollenfrüchten. Ein unseliger Teufelskreis!

Hilfe von außen

Humpheng Mingboupha klammert sich an das Integrated Upland Agriculture Research Project (IUARP), ein Programm des National Agriculture and Forestry Research Institute (NAFRI) in Vientiane, das von ausländischen Hilfsorganisationen finanziell unterstützt wird. In den nördlichen Distrikten Xay und Beng, im Einzugsgebiet des oberen Nam Beng und Nam Mau, profitieren 15 Dörfer mit 1150 Haushalten vom integrierten Entwicklungsprogramm der Deutschen Welthungerhilfe. Das Programm besteht in der Anleitung der Bergvölker zur seßhaften Landwirtschaft, dem Bau von Terrassen, dem Anpflanzen von Obstbäumen, organischem Landbau, Fischzucht, Bienenzucht, Anlegen von Reisvorräten auf Dorfebene und Gründung von Spar- und Kreditgenossenschaften. Gefördert werden auch das traditionelle Handwerk, Seidenraupenzucht, Weben von Stoffen und die Verarbeitung von Textilien.

Für das Programm kommen erhebliche Mittel aus Deutschland, mit denen auch drei laotische Mitarbeiter finanziert werden. Auch zwei Landwirtschaftsexperten des Deutschen Entwicklungsdienstes (DED) sind eingespannt. Der deutsche Vertreter der

Deutschen Welthungerhilfe, Lothar Kinzelmann, hat ein Komitee aus Vertretern der Bergdörfer und Agrarexperten der Provinz zur Koordination des Programms ins Leben gerufen, das Houmpheng Mingboupha leitet. Er pflegt eine gute Beziehung zu den verantwortlichen Beamten und ein fast freundschaftliches Verhältnis zu Houmpheng Mingboupha. Seine Erfahrungen als Landwirtschaftsexperte in Thailand und seine guten thailändisch-laotischen Sprachkenntnisse kommen ihm dabei gut zustatten.

Der Agrarökonom des DED, Filip De Bryne, ebenso in der Region als Berater tätig, kritisiert die Übertragung des westlichen Entwicklungsmodells auf Nordlaos. Das Bewußtsein der Bevölkerung über ihren immensen natürlichen Reichtum an Wäldern, Flüssen und biologischer Vielfalt sollte geweckt werden, damit sie sich nicht die Wälder, ihre reichen Ressourcen zur Nahrungssicherung, rauben läßt. Stattdessen sind die Bergvölker vom bunten Angebot chinesischer Ramschware auf den Märkten der Distrikte und in Oudomxay fasziniert und vergessen ihre reiche Kultur und Tradition. Die neuen Straßen dienen mehr dem Raubbau der Ressourcen und der „Erschließung" neuer Märkte in den Bergen als der Integration der Bergvölker in die Wirtschaft und Gesellschaft des Landes. Aber an der Öffnung der Bergregionen und der „Modernisierung" der Subsistenzwirtschaft geht kein Weg vorbei. Es gibt keinen anderen Weg, als die Dorfbevölkerung zu unterstützen, sich über ihren Reichtum und ihre Chancen bewußt zu werden und besser damit umgehen zu lernen. Solange keine laotischen Initiativen und Nichtregierungsorganisationen (NRO) für eine solche Bewußtseinsarbeit zugelassen sind, müssen Ausländer einspringen. Aber die große Frage ist, was bleibt, wenn die Experten abgereist sind und kein Geld mehr aus dem Ausland fließt? Houmpheng Mingboupha schweigt zu solchen Fragen mit einem vielsagenden Lächeln, hinter dem sich ein Vertreter der Regierung verschanzt.

h.k.

Ein Damm, Asche und Proteste

Laos hat keinen Zugang zum Meer. Als gewaltige Wasser und Leben spendende Aorta durchzieht der Mekong das südostasiatische Land. Die Politiker in Vientiane und die internationalen Investoren und Kreditgeber erhoffen sich aus der Wasserkraft des Mekong und seiner Nebenflüsse eine munter sprudelnde Devisenquelle. Das Ausbauprogramm der hydroelektrischen Dämme ist umstritten – allerdings hauptsächlich bei internationalen Umweltschutz- und Nichtregierungsorganisationen. Laotische Normalverbraucher haben nichts zu sagen. Deren Meinung ist im politischen Alltag des zentralistisch regierten Staates nicht gefragt. Ein fatales und folgenreiches Defizit. Um die Misere der Dammbauten und ihre Folgen in Laos besser verstehen zu können, ist ein Blick über die westliche Grenze ins benachbarte Thailand aufschlußreich.

Ein einsamer Fischer wirft im glatten Gewässer sein Netz aus. Ein Bild von Frieden und Zeitlosigkeit. Doch was da wie eine Idylle wirkt, hat einen dramatischen Hintergrund. Der ragt gigantisch in die Höhe. Die Staumauer des Nam-Mun-Dammes im nordöstlichen Thailand, nahe der Grenze zu Laos läßt den Mann in seinem Boot als Winzling erscheinen; und sein Versuch, aus dem Fluß einige Fische ins Netz zu bekommen, bevor das Gewässer jenseits der Mauer zum See gestaut wird, läßt den Beobachter an Sisyphus und Don Quichotte denken. Ein Bild wie aus einem Buñuel-Film. Bedrohlich hoch türmt sich die Staumauer, dunkel, bombastisch, ein Fremdkörper, weit hergeholt aus der Welt der Industrie. Im kleinen Boot sitzt ein Vergessener, ein Letzter seiner Zunft, der das nur noch nicht weiß – so scheint es. Eine Szene aus Trotz und Verzweiflung. Der Fischer ist längst ein Opfer der ökologischen Schäden und der Vernichtung einstigen Fischreichtums durch eben diesen Staudamm geworden; ein run-of-the-river dam. Und mit diesem einen Fischer sind Tausende von Familien im Einzugsgebiet des Nam Mun-Flusses gestrandet.

Es ist einer der wichtigsten Nebenflüsse des Mekong; im thailändisch-laotischen Grenzgebiet nördlich der laotischen Stadt Paksé vereint sich der Nam Mun mit eben diesem Strom, der wie kein anderer das Wasser- und Ökosystem des gesamten Südostasien in den Ländern China, Burma, Laos, Thailand, Kambodscha und Vietnam beeinflußt: die Lebensader einer Großregion mit einigen hundert Millionen Menschen. Deshalb sind Staudämme – geplant oder bereits verwirklicht – unermeßlich folgenreich für den Naturhaushalt und politisch ein höchst brisantes Thema. Die Folgen machen nicht an Landesgrenzen halt.

Davon ist in unmittelbarer Nachbarschaft des Nam-Mun-Dammes zu erfahren. „Village of Demonstration" kündet ein Spruchband über dem Eingang zu Dutzenden von Holzhütten, die oberhalb des Ufers stehen. Was da wie ein Dorf aussieht, ist zum Sammelpunkt der thailändischen Flußanrainer geworden, die hier gegen die Auswirkungen des Staudamms protestieren. Er war 1994 fertiggestellt worden, lange zuvor bereits von Umweltschützern kritisiert. Sie sollten in ihrer düsteren Voraussage recht behalten. Zur Laichzeit zogen einst riesige Fischschwärme vom Mekong ins Quellgebiet des bis zu 300 Meter breiten Nam Mun hinauf und kehrten anschließend mit den Jungfischen in den Mekong zurück. Nun versperrt ihnen die Dammanlage den Weg. Fische sterben aufgrund veränderter Druck- und Strömungsverhältnisse des Wassers an inneren Verletzungen. Mit bitterer Ironie sprechen die Fischer von der neuen Fischart im Nam Mun, den „pla mai mee hua", den Fischen ohne Köpfen, die in die Kraftwerksturbinen geraten und verstümmelt sind. Die Bestände haben sich drastisch verringert.

Fischerfamilien wurden arbeitslos, wanderten weg und reihten sich ein in das Heer der Slumbewohner und Tagelöhner in den Städten. Im Protestdorf blieben die zurück, die noch immer von ihrem Recht auf angestammte Fanggründe überzeugt sind und von den Dammbetreibern eine Kompensation einfordern. In ihrem Ansinnen werden sie von Frauen wie Vanida Tantivitayapitak unterstützt. „Advisor Assembly of the Poor", so steht auf ihrer Visitenkarte; Mitarbeiterin einer der thailändischen Nichtregierungsorganisationen, die die Folgeprobleme von Dammbauten öffentlich machen.

Die Frau strahlt Entschlossenheit aus. Ihr kämpferisches Selbstbewußtsein hat erkennbar nichts mit Fanatismus zu tun, sondern mit der Überzeugung, den Landsleuten zu einer gemeinsamen Stimme verhelfen zu wollen, die im Sinne der Obrigkeit gefälligst den Mund zu halten haben. Sie drückt uns eine Zeitschrift ihrer Organisation in die Hand. Auf einem der Fotos entdecken wir Vanida auf einem Podium in lebhafter Diskussion.

Ein Versuch der Dammbetreiber, das ökologische Desaster zu mindern, war die nachträgliche Installation einer Fisch-Treppe, eine 17 Meter hohe betonierte Wasserrinne, die neben der Staumauer den wandernden Fischen einen Durchlaß ermöglichen soll. Das Ergebnis ist kläglich. „Fische sind doch keine Zirkustiere, denen man Kunststücke beibringen kann. Die springen nicht, wie es sich Menschen so wünschen." So ist von den aufgebrachten Fischern zu hören. Vanida erklärt: „Den Damm können wir nicht mehr abreißen. Unsere Forderung lautet jetzt, den Damm wenigstens während der Laichzeiten zu öffnen." Aber sie kennt natürlich die Abwehrgründe der Betreiber: „Kein Stauwasser, kein Strom, kein Profit." Deshalb wird der Widerstand der Fischer hart zurückgedrängt.

Frau Vanida Tantivitayapita im thailändischen Protestdorf

Bei einer Protestveranstaltung zu Beginn 2001 waren den Familien die Hütten angezündet worden. Als schwarze Vierecke, aschebedeckt, sind die Grundstücke noch zu erkennen. Da ging vielen Fischern auch noch ihr letztes Hab und Gut in Flammen auf. Die Dammanlage ist wie eine Festung gegen Proteste gerüstet. Die Mauern, Zäune, technischen Installationen sind mit Stacheldraht bewehrt. Spanische Reiter, ebenfalls mit Stacheldraht versehen, stehen auf Rollen bereit, jederzeit Demonstranten vom Gelände des Dammes fernzuhalten. Der Widerstand wird trotz allem fortgesetzt. Daran lassen Frauen wie Vanida und ihre Mitstreiter keinen Zweifel.

In einer Hütte zur Straße hin unterhalten sich zwei junge Frauen mit einer der Fischerinnen. Sie hocken im Schneidersitz auf dem Boden aus Bambuslatten. Die Unterschiede fallen auf. Zwei Intellektuelle, bebrillt, zierlich, ausgestattet mit Notizbüchern, kritisch fragend, nachhakend. Ihnen gegenüber die stämmige Fischersfrau, die zuzupacken versteht. Sie haben sich etwas zu sagen. „Wir sind von der Khon Kaen-Universität", erklärt uns eine der Interviewerinnen, „wir vertreten eine NRO und sammeln Material über den Widerstand hier am Damm, speziell über das Verhalten der Frauen. Davon sollen auch andere erfahren. Wir werden ein Buch veröffentlichen." Die Kamera zur Dokumentation liegt griffbereit auf dem Lattenrost der Hütte. Die Fischersfrau gibt mit der größten Selbstverständlichkeit Auskunft zum Thema Zivilcourage. „Wir wollen auch wissenschaftlich festhalten, was hier vor sich geht", sagt die Frau von der Universität.

Der Ortstermin am Nam-Mun-Stausee in Thailand macht Zusammenhänge deutlich, die auch und gerade für Laos gelten: Dammprojekte haben internationale Auswirkungen; dies gilt in besonderer Weise für den Mekong und seine Nebenflüsse. Schon deshalb ist internationale Öffentlichkeit erforderlich. Die unmittelbar Betroffenen wehren sich, und sie werden dabei organisatorisch und politisch von einheimischen und internationalen Nichtregierungsorganisationen unterstützt. Es bleibt nicht bei der Wut über abgebrannte Hütten. Aus der Asche wachsen neue Aktionen. Die Szenen vom Nam-Mun-Damm bieten geradezu ein Kontrastprogramm zu Laos. Nur einige Kilometer weiter östlich sieht das Bild auf laotischem Boden nämlich völlig anders aus. Ähnliche Probleme, doch da herrscht die von oben gebotene Friedhofsruhe in Sachen öffentlicher Auseinandersetzung.

Die Begegnungen am Nam Mun auf thailändischer Seite haben uns verblüfft – nicht, weil wir zum erstenmal derartige Protestaktionen erlebten, weiß Gott nicht, doch weil wir sie nach völliger Fehlanzeige solchen Bürgerbegehrens auf laotischem Gebiet so direkt in unmittelbarer Grenznähe erfahren haben. Die Menschen beiderseits der Grenze unterscheiden sich von ihrer ethnischen Herkunft kaum, haben eine gemeinsame Geschichte, vermögen sich mit ihren eng verwandten Sprachen gut zu verständigen – und doch könnten sie in ihrem Verhalten als Staatsbürger gegensätzlicher nicht sein.

Der Mekong teilt als Grenzfluß nicht nur die beiden Länder. Der Strom trennt zwei Gesellschaftssysteme. Thailand hat sich der Marktwirtschaft verschrieben, gehörte zu den bewunderten „kleinen Tigern" der Boom-Zeiten, geriet Ende der 1990er Jahre in die Turbulenzen der Asien-Krise und hat sich in seiner profitorientierten Dynamik erstaunlich gut davon erholt. Laos dagegen wird seit 1975 unter sozialistischen Zeichen regiert und von der alle öffentlichen Bereiche beherrschenden Einheitspartei gegängelt: der Laotischen Revolutionären Volkspartei, LRVP. Es gehört zu den letzten Ländern, die vom einstigen Ostblock übriggeblieben sind: China, Nordkorea, Vietnam, Kuba sind die anderen dieser fünf Staaten, die sich nur noch bedingt oder gar nicht mehr auf einen Nenner bringen lassen. In der Rangfolge der Weltbank, wo Einkommen und soziale Indikatoren gewertet werden, rangiert Laos auf den untersten Plätzen. Was in keiner Statistik auftaucht und eben auch nur einer kleinen Gruppe in die Taschen fließt, sind die Einnahmen aus dem Schmuggel und illegalem oder verschleiertem Holzhandel: dem Ausverkauf des natürlichen Reichtums. Damit sind wir wieder bei der Wasserkraft.

Hydroelektrische Dammbauten gelten als einer der lukrativsten Energie- und Devisenbringer, die dem Land aus seiner wirtschaftlichen Misere helfen sollen. Die drei wichtigsten Einnahmeposten des Staatshaushaltes sind der Export von Holz, elektrischem Strom (hauptsächlich nach Thailand) und Textilien. Die Rangfolge der drei Produkte wechselte in den zurückliegenden Jahren. Die Elektrizität macht etwa zwei Drittel der Deviseneinnahmen aus. Das zeigt die wirtschaftliche Abhängigkeit von diesem einen Posten und erklärt, warum die Regierung in Vientiane sich jede öffentliche Kritik an Bau und Plänen der Damm-Vorhaben verbittet.

Laos hat nur einen Anteil von 26 Prozent am Mekongbecken (Mekong River Basin), besitzt aber auf seinem Territorium 81 Prozent des hydroelektrischen Potentials allein an den großen Nebenflüssen des Mekong. Es wird mit 18.000 Megawatt veranschlagt. In Laos selbst macht der Energiebedarf nur etwa 60 Megawatt aus, weil es kaum industrielle Großverbraucher gibt und die meisten Menschen in Subsistenz-Landwirtschaft mit Brennholz heizen und kochen. Dammbauten sind also hauptsächlich für den Export und in jeder Beziehung ein internationales Thema.

Mit dem Nam-Ngum-Wasserkraftwerk, in den 1960er Jahren gebaut und 1971 in Betrieb genommen, fing das Geschäft an. Heute gilt das Unternehmen als bedeutendster Industriebetrieb mit einer Leistung von 150 Megawatt. Auch der Nam Ngum nördlich von Vientiane ist ein Nebenfluß des Mekong. Längst sind die ökologischen Folgen ein wahrscheinlich irreparables Problem geworden. Das große Fischaufkommen im Stausee in den ersten Jahren – der Triumph der Befürworter und Betreiber des Dammprojektes – beruhte auf den vorübergehend verbesserten Futterbedingungen in den überfluteten Wäldern und der Irreführung der Instinkte der Fische durch das ansteigende Wasser. Heute ist am gesamten Flußlauf, oberhalb wie unterhalb des Staudamms, die Fischerei zusammengebrochen. Doch die Folgen reichen tiefer.

Die Abholzung der laotischen Wälder ist ein landesweites Fiasko. Ob bereits mehr als die Hälfte der Waldfläche verloren gegangen ist oder der Anteil noch über 40 Prozent beträgt, ist ein Staatsgeheimnis. Diesbezügliche Untersuchungsergebnisse ausländischer Organisationen werden unter Verschluß gehalten, weil Abholzung eine ökologische Zeitbombe ist. Wälder und Wasserhaushalt stehen in unauflöslichem Zusammenhang. Für Stauseen werden weite Flächen gerodet; so wird bereits in der Vorbereitung eines solchen Projektes massiv in den Naturhaushalt eingegriffen. Für den Nam-Ngum-Stausee hatte das zweierlei Folgen: Zum einen bringen die ihn versorgenden Zuflüsse nicht mehr die erforderlichen Wassermengen auf, und zum anderen nimmt die Versandung des Staubeckens markant zu.

Gegenwärtig läuft ein Rehabilitations-Programm, das diese Schäden beheben soll. Auch deutsche Fachleute sind im Auftrag der Gesellschaft für Technische Zusammenarbeit (GTZ) dabei. Die Arbeit läßt ans Schuldenmachen denken: Um einen Kredit zurückzuzahlen, werden andernorts neue Schulden gemacht. Oder anders ausgedrückt: Um ein Loch zuzuschütten, wird ein neues daneben gegraben. Die Eingriffe in den

Naturhaushalt sind bereits so massiv, daß die jeweiligen Sanierungsmaßnahmen zu einem endlosen Flickwerk werden. Ökologisch wie ökonomisch überaus fragwürdig.

Zwei Aspekte machen Dammbauten zur Elektrizitätserzeugung zum unkalkulierbaren Risiko für die Auftraggeber, hier also für die laotische Regierung. Zum einen: Dämme lohnen sich hauptsächlich für die Investoren und Bauunternehmen, die mit internationalen Krediten arbeiten können. Volkswirtschaftlich bleiben die Anlagen eine Belastung und werden zum Dauerproblem, wenn sie nach einem Jahrzehnt modernisiert und langfristig gewartet werden müssen. Ob sich das rechnet, hängt wesentlich von der Exportnachfrage der erzeugten Elektrizität ab. Dies bedeutet zum anderen: Die Asienkrise zum Ende der 1990er Jahre ließ im benachbarten Thailand fast über Nacht den Bedarf drastisch sinken und führte zu Devisenverlusten in Laos. In der Zwischenzeit nahm beim Hauptkunden Thailand der Strombedarf wieder zu. Aber ebenso wächst die Zahl der Anbieter. Die Staudämme, die China am Oberlauf des Mekong baut, werden zu Konkurrenten für Laos. Sinkende Preise auf dem Strommarkt werden die Folge sein. Das heißt: weniger Geld für die Instandhaltung von Dammanlagen. Eine Entwicklung, die letztendlich auf Kosten von Natur und Lebensraum geht.

Diese Erfahrungen können nicht optimistisch für die weiteren Dammvorhaben in Laos stimmen. Für etwa 60 Dämme gibt es Planungsvorgaben; etwa 20 sind in einem Stadium der Absichtserklärungen (Memoranda of Understanding). Alle einschlägigen Institutionen wie die Mekong River Commission (MRC) mit Sitz in Phnom Penh, Geldgeber wie Weltbank und Asiatische Entwicklungsbank und private Investoren aus Japan, Thailand, Frankreich, den USA und anderen Ländern sind mehr oder weniger beteiligt. Nur die unmittelbar betroffenen Bürger bleiben bei Entscheidungen außen vor. Von partizipatorischer Entscheidungsfindung kann keine Rede sein. Ein zentrales Kriterium im Pro und Kontra von Dammbauten wird nicht erfüllt: das Kriterium „Gewinnung öffentlicher Akzeptanz". Es steht ganz oben auf der Bewertungsliste, die die World Commission on Dams (WCD) bei ihrer vielbeachteten Konferenz am 16. November 2000 in London verabschiedet hat.

Das ist kennzeichnend für das politische Klima im Lande. Die wenigen Zeitungen sind Regierungsorgane, ebenso das Fernsehen, der Rundfunk. Die Gründung einheimischer Nichtregierungsorganisationen ist nicht zugelassen. Es findet keine öffentliche Diskussion über die existentiellen Themen statt. Kritische Gruppen, so sie sich ansatzweise überhaupt bilden, werden verfolgt. Linda Schneider, Chefin des Weltbank-Büros in Vientiane, wird bezüglich des politischen Systems mit dem Bonmot zitiert: Laos sei ein „kommunistisches Land mit der Mentalität einer absoluten Monarchie". Der im März 2001 im Fünf-Jahres-Rhythmus abgehaltene LRVP-Parteitag hat diese Einschätzung wieder einmal bestätigt. Demokratie, Zivilgesellschaft, Pressefreiheit sind

Fremdwörter. Das Bildungsniveau ist gering. Die Analphabetenrate wird bei Männern mit 38 Prozent, bei Frauen mit 70 Prozent angegeben. Nahezu die Hälfte der Bevölkerung ist unter 15 Jahre alt. Was Einkommen, Gesundheitsversorgung, Basisdienste betrifft, so klafft die Schere zwischen der kleinen Oberschicht und der Mehrheit weit auseinander.

Alles denkbar schlechte Voraussetzungen für den Umgang mit Dammplänen, gemessen an dem Maßstab-Katalog der World Commission on Dams, der in London für die Entscheidungsprozesse aufgestellt wurde. Aktuelles Beispiel: Der Nam-Theun-Hinboon Damm ist bereits 1998 in Betrieb genommen, ohne daß darüber öffentlich diskutiert werden konnte. Er liegt im Nakai-Plateau im südlichen Laos, das Fachleute als „part of the largest biodiversity conservation area in Laos" bezeichnen. Durch seine Sturz-Tunnel-Technik wird das kalte Wasser des Gebirges in das tiefer gelegene, wärmere Hinboon-Becken geleitet. Ein Fischsterben ist die Folge, weitere tiefgreifende Umweltveränderungen werden befürchtet. 50 Kilometer flußaufwärts wird nun der Nam-Theun-2-Damm vorbereitet: ein Projekt der Superlative. 4.500 Anrainer müßten umgesiedelt werden. Der künftige Stausee würde 40 Prozent des Plateaus überfluten, etwa 450 Quadratkilometer. Das größte derartige Vorhaben in Laos.

An diesem Projekt entzündet sich wegen der ökologischen Folgen der internationale Protest. Für die Umweltschutzorganisationen und die auf Damm-Probleme spezialisierten Institute ist Laos zum Musterbeispiel für die fragwürdigen Aspekte des Themas geworden. Der Beobachter staunt, was dazu das Internet zu bieten hat. „Laos Dams" ist ein Stichwort, das eine Flut von Daten, Reportagen, Konferenzergebnissen auslöst. Wer dazu aber in Laos nachfragt, findet unter den Laoten wenige Gesprächspartner. Aus Laos ist dazu kaum eine kritische Stimme zu vernehmen; und wenn doch, dann mit der dringenden Bitte: keine Zitate, keine Namensnennung.

Es geht um fundamentale Entscheidungen. Dammbauten, ob überhaupt und wo und wieviele und in welcher Größe, werden wesentlich die Zukunft von Laos bestimmen. Ökonomie und Ökologie in einer sinnvollen Balance zu halten, wird gerade in diesem Zusammenhang zur großen Herausforderung der Politiker und ihrer Berater – und deren Bereitschaft, eine partizipatorische Entscheidungsfindung mit den betroffenen Bürgern zuzulassen: im Sinne der World Commission on Dams. Es ist ein weiterer Unterschied zum Nachbarn Thailand: Dort hat sich ein populäres und auch kämpferisches Umweltbewußtsein entwickelt, von dem in Laos keine Rede sein kann. Noch nicht.

r.s.

Umstrittene Reform:
Armut und Ausverkauf des Landes

Laos ist das ärmste Land Südostasiens, nach den Wirtschaftsdaten steht das Land auf der Stufe der Armutsländer Afrikas. Die durchschnittliche Lebenserwartung eines laotischen Kindes beträgt 53 Jahre (in Deutschland 77 Jahre), 30 Prozent der Menschen erreichen nicht das 40. Lebensjahr. Die Bevölkerung aber wächst jährlich um 2,2 Prozent – auch ein extremer Wert in Südostasien – und wird von 5,4 Millionen im Jahre 2000 auf 7,3 Millionen Menschen im Jahre 2015 anwachsen. Über die Hälfte der Laoten (55 Prozent) ist jünger als 20 Jahre, dagegen sind nur 3,5 Prozent über 65 Jahre alt (in Deutschland 16 Prozent).

Das sind ernüchternde Daten des Human Development Report der Vereinten Nationen vom Jahre 2001.

Bildung und Gesundheit

Der Mangel zieht sich wie ein roter Faden durch alle Bereiche der Gesellschaft. Nach Regierungsangaben besuchen 70 bis 80 Prozent der Kinder zwischen sechs und zehn Jahren eine Schule, jedoch nur 11 Prozent der Bevölkerung haben einen vollständigen Grundschulabschluß, nur zwei Prozent ein Abitur oder Hochschuldiplom. Die Tendenz ist fallend, denn viele Eltern nehmen ihre Kinder seit Einführung der Marktwirtschaft frühzeitig von der Schule und spannen sie zum Erwerb des Lebensunterhalts ein. Auf dem Land und bei den Bergvölkern ist die formale Schulbildung besonders desolat: Dort bieten 42 Prozent aller Schulen nur zwei Schulklassen an.

Fast ein Drittel der Bevölkerung (29 Prozent) ist chronisch unterernährt. Von Kindern unter fünf Jahren sind 40 Prozent nicht ausreichend ernährt, und 47 Prozent erreichen nicht die kindgerechte Körpergröße. Die Kindersterblichkeit beträgt 11,1 Prozent (in Deutschland 0,22 Prozent). Die Regierung gibt nur 3,5 Prozent des Nationalen Haushalts für den Gesundheitsdienst aus, dagegen 21 Prozent für Polizei und Militär. Das entspricht einer Pro-Kopf-Ausgabe von 35 US-Dollar für Gesundheit (im Vergleich zu 90 in Kambodscha und 44 in Indonesien, aber 2.500 in Deutschland und 4.200 Dollar in den USA). In der Regel trägt die Bevölkerung über die Hälfte (57 Prozent) der Kosten für medizinische Behandlungen und Medikamente. Kein Wunder, daß in Laos die Krankenhäuser und Apotheken besonders stark von Geldverleihern und Pfandhäusern umgeben sind.

Die in Thailand ausgelöste Finanzkrise Südostasiens von 1997 trifft die einkommensschwachen Bevölkerungsgruppen in Laos besonders hart. Die Inflation vernichtet 80 Prozent der Kaufkraft. Ende 1997 steht die Inflation bei 26 Prozent, ein Jahr später bei 124 Prozent und erreicht im März 1999 den Höhepunkt mit 167 Prozent. Seit Mitte 2000 hat sie sich bei 30 Prozent eingependelt. Ein großer Teil der Bevölkerung lebt in der Subsistenzwirtschaft und ist von der Wirtschaft in den Städten im Mekonggürtel ganz abgekoppelt. Nach Angaben der Nationalen Planungskommission leben 28 Prozent der Bevölkerung in Vientiane und Umgebung „hauptsächlich" von Überweisungen von Verwandten im Ausland, im Vergleich zu 25 Prozent von der Landwirtschaft, 22 Prozent von Erwerbsarbeit und 18 Prozent vom Gewerbe.

Vom Weltkommunismus zur Weltbank

Die Ursache für die desolate Situation ist hauptsächlich in der Zerstörung des Landes während des Krieges, im Wirtschaftsembargo durch Thailand und die USA seit 1975 und in der Mißwirtschaft des sozialistischen Systems zu suchen, mit unterschiedlicher Gewichtung nach Regionen des Landes und Sektoren der Wirtschaft. Ende der 1980er Jahre brechen die Landwirtschaft und die Versorgung der Bevölkerung zusammen, was eine Reorganisation der sozialistischen Landwirtschaft unumgänglich macht. Die ineffizienten Produktionsgenossenschaften werden aufgelöst, und die Landwirtschaft wird in die vorsozialistische Familienwirtschaft zurückgeführt. Nach dem Wegfall der Hilfe aus dem Ostblock und der Sowjetunion 1989 bis 1991 muß das gesamte Wirtschaftssystem umgebaut werden. Die zentralistische Plan- und Kommandowirtschaft wird auf das System der Marktwirtschaft umgestellt, um die Kräfte der Gesellschaft zu mobilisieren und Anschluß ans kapitalistische Weltwirtschaftssystem zu finden.

Auf dem IV. Parteitag von 1986 erklärt Partei- und Regierungspräsident Kaysone Phomvihan den Kurswechsel mit einem verlängerten Übergang zum Sozialismus in Laos. Die Anwendung der „objektiven Gesetze" der sozialistischen Wirtschaft sei auf unvorhergesehene Schwierigkeiten gestoßen, und man müsse einige Instrumente zur Überwindung der Probleme einführen. In Anlehnung an Lenins „Neue Wirtschaftspolitik" (NEP) aus den 1920er Jahren wird der „Neue Marktmechanismus" (NEM) zur Belebung der festgefahrenen Wirtschaft eingeführt. Die Partei behält die Kontrolle über die Wirtschaft in der Hand und führt eine „angeleitete" Wirtschaftsplanung ein. Man spricht von der kapitalistischen Wirtschaftsform mit sozialistischer Zielsetzung. Das bedeutet konkret, daß Handelsbarrieren im Lande fallen, das mehrfache Preissystem verschwindet, der Rohstoffhandel den Preisen unterworfen wird und Löhne und Preise ausgehandelt werden.

Der Internationale Währungsfonds (IWF), die Weltbank (WB) und internationale Banken kommen ins Land, lösen den Ostblock ab und bestimmen den Kurs. Das Land wird geöffnet und ins kapitalistische Weltwirtschaftssystem integriert. Staatsbetriebe werden privatisiert, der Wechselkurs wird freigegeben, der öffentliche Sektor eingeschränkt, die Wirtschaft auf Export getrimmt, und für den Außenhandel und Auslandsinvestitionen werden günstige Bedingungen geschaffen.

Die Bevölkerung greift nach der neuen wirtschaftlichen Freiheit und kehrt zur Eigeninitiative in Produktion und Handel auf der Ebene des Familienbetriebs zurück. Der makroökonomische Strukturwandel des Internationalen Währungsfonds und der kommerziellen Großbanken kommt jedoch wie eine Invasion ins Land. Für die Anpassung der Wirtschaft an die Bedingungen des Weltmarktes fehlen alle Voraussetzungen. Es gibt keine gesetzlichen Rahmenbedingungen, und neue Absatzmärkte für laotische Produkte sind nicht erschlossen, Fachkräfte fehlen, und die Infrastruktur ist schlecht. Das Land gerät zunehmend in die Abhängigkeit der neuen Kreditgeber.

Das Gefälle zwischen Stadt und Land wächst, und die Einkommensunterschiede im öffentlichem Dienst und in der Privatwirtschaft eskalieren. Die Schere zwischen Arm und Reich öffnet sich immer weiter. Öffentliche Dienstleistungen wie Erziehung und Gesundheit werden den Marktgesetzen unterworfen und sind für den Durchschnittsbürger nicht mehr erschwinglich. Innerhalb und außerhalb der Partei bilden sich neue Eliten, die ihre Chancen wahrnehmen, sich Filetstücke aus der sozialistischen Konkursmasse aneignen und ins Geschäft mit thailändischen Unternehmern einsteigen.

Die enge Bindung von Wirtschaft und Finanzen an Thailand stürzt Laos 1997 wie kein anderes Land Südostasiens in eine tiefe Wirtschaftskrise. Statt die Fehler zu analysieren und den Wirtschaftskurs zu korrigieren, wird ein Sündenbock gesucht und bestraft. Finanzminister Khamphoun Keoboulapha und Zentralbankgouverneur Cheuang Sombounkham werden für die hohe Inflation von 1999 und die Stagnation der Auslandsinvestitionen verantwortlich gemacht und abgesetzt. Khampoun Keoboulapha gilt als einer der fähigsten Wirtschaftsfachleute, ist der Verfechter einer vorsichtigen Öffnung des Landes und einer sozial vertretbaren Liberalisierung der Wirtschaft. Der Vorwurf seiner zu großen Nähe zur thailändischen Wirtschaft ist offensichtlich ein Vorwand, einen Kritiker von Privilegien und Machtanmaßung der Parteielite loszuwerden.

Bis zum VII. Parteitag im März 2001 wird Generaloberst Bounnyang Vorachit (Jahrgang 1936) kommissarisch zum Finanzminister ernannt. Der ehemalige Gouverneur von Savannakhet und Bürgermeister von Vientiane, Mitglied des Politbüros und die Nummer 6 in der Parteihierarchie, ist ein Reformgegner und Anhänger von Macht und Privilegien der Partei. Er wird auf dem VII. Parteitag zum Premierminister ernannt. Der kommissarische Zentralbankgouverneur Soukan Mahalat steigt zum Finanzminister auf, und ein anderer Reformgegner, Thonglou Sisoulith, die Nummer 9 im Politbüro, übernimmt den Vorsitz der einflußreichen staatlichen Planungskommission.

Aus tiefem Mißtrauen gegen die Einführung der Marktwirtschaft greift Präsident Khamtay Siphandone die alten Wirtschaftsbeziehungen zu Vietnam und China wieder auf. Im Juni 1999 wird in Vientiane die erste Laotisch-Vietnamesische Bank eröffnet. Khamtay Siphandone bietet den sozialistischen Bruderländern Kompensationsgeschäfte alten Stils an und gewährt ihnen Vorzugsbedingungen bei Steuern, Zöllen und Quoten. Das sind jedoch Verstöße gegen die Handelsbedingungen der ASEAN, in der Laos seit 1997 Mitglied ist.

Die sozialistische Landwirtschaft

Die Mißwirtschaft des sozialistischen Systems wird in der Landwirtschaft am deutlichsten sichtbar. Der Anbau von Reis und anderen Nahrungsmitteln fällt unter Vorkriegsniveau zurück, kein Programm gibt den Subsistenzbauern Anreize, über die Selbstversorgung hinaus Überschüsse für den Markt zu produzieren. Landwirtschaftliche Produktionsgenossenschaften, die den Formen der traditionellen Produktionsweise und dörflichen Kooperation im Lande widersprechen, werden nach 1975 aus ideologischen Gründen nach vietnamesischem Vorbild eingeführt. Nach dem Versagen der sozialistischen Landwirtschaftspolitik hat die Partei nichts anderes anzubieten, als den Bauern ein Nutzungsrecht des Bodens zu gewähren und ihnen die Rückkehr zur alten Clanwirtschaft zu empfehlen. Die Umstellung erfolgt ohne Vorbereitung und Hilfestellung, ohne fachliche Beratung und Kredite. Was die Bauern jedoch am meisten beklagen, sind die Übergriffe von Vorständen der Genossenschaften und Volkskomitees auf fruchtbares Land und kostbare Ressourcen der Dörfer und Regionen.

Die jährliche Reisproduktion ist inzwischen auf 2,2 Millionen Tonnen gestiegen und deckt damit die Selbstversorgung des Landes ab. Aber auf die Verarbeitung und Vermarktung landwirtschaftlicher Produkte, was Arbeitsmöglichkeiten auf dem Lande schafft und das Einkommen der Landbevölkerung verbessert, wird kaum Wert gelegt. Denn über 80 Prozent der Bevölkerung sind in der Landwirtschaft tätig, aber nur drei Prozent der Nutzfläche ist bewässert. Die Hektarerträge von 1,8 Tonnen gehören zu den niedrigsten Südostasiens. Die primitive und schädliche Brandrodungskultur ist unverändert weit verbreitet. Statt den Bergvölkern jedoch alternative Anbaumethoden wie Mehrfelderwirtschaft und Terrassenanbau nahezubringen, werden sie zwangsumgesiedelt und sich selbst ohne Chancen und Perspektiven überlassen. Der Anteil staatlicher Kredite für Landwirte liegt unter zehn Prozent, der der Auslandsinvestitionen bei einem Prozent.

Ähnlich verhält es sich mit der Viehwirtschaft. Büffel, Ochsen, Schweine, Ziegen und Schafe werden fast nur zum Eigenbedarf gehalten. Die Wildbestände sind weitgehend dezimiert. Selbst die Bezeichnung des Landes als „Eine Million Elefanten" wäre völlig absurd und anachronistisch, wenn nicht eine königliche Herde zur Ehrenrettung der Landesbezeichnung gehalten würde.

Raubbau an den Wäldern

Wie der Raubbau der natürlichen Ressourcen aussieht, zeigen die Wälder des Landes. Seit Anfang der 1980er Jahre wurden in den drei Ländern Indochinas – Vietnam, Kambodscha und Laos – 11,6 Millionen Hektar Wald gerodet, ein Drittel des gesamten Bestandes. So die Untersuchungen der internationalen Umweltorganisation IUCN (International Union for the Conservation of the Nature). In Laos waren 1940 noch 70 Prozent des Landes von Primärwald bedeckt, 1999 nur noch 42,2 Prozent, in 60 Jahren ein Verlust von 28 Prozent des wertvollen und lebenswichtigen Waldes. Dieser Forstinventur stimmt die Regierung zu, nicht jedoch den offensichtlich realistischen Ergebnissen einer internationalen Untersuchung, daß der Bestand inzwischen unter 30 Prozent gefallen ist.

Holz für Vietnam

Raubbau im Naturschutzgebiet

Zusammenhängenden und dichten Waldbestand gibt es fast nur noch in Mittel- und Südlaos. Der Norden ist weitgehend geplündert. Vietnam und China verfügen über eine Generallizenz zum Holzeinschlag aus Dankbarkeit für solidarische Hilfe während des Befreiungskrieges. Es gibt keine Transparenz über den Umfang der Lizenzen, an wen und zu welchen Bedingungen sie vergeben werden. Die Vergabe von Lizenzen behält sich der Premierminister persönlich vor, sie liegt nicht in der Hand des zuständigen Ministers für Landwirtschaft und Forsten. Das dunkle Holzgeschäft wird weitgehend von Militärs und ihren Wirtschaftsunternehmen kontrolliert.

Dinh Van Chien, Direktor der staatlichen „Quang Tri Import und Export Firma" mit Sitz in Quang Tri in Mittelvietnam, gibt in einem Interview mit der Deutschen Presseagentur (dpa) einen Einblick in das Holzgeschäft mit Vietnam: „Laos hat kein Geld, man hat nichts anderes als Holz anzubieten. Die bankrotten Staatsbetriebe Vietnams stoßen sich gesund an laotischem Holz. Die Provinzverwaltung von Saravan in Südlaos hat einem staatlichen vietnamesischen Tiefbauunternehmen 1,5 Millionen Kubikmeter Holz für den Bau einer Straße durch die Provinz angeboten." Die Plünderung der Wälder läuft auf Hochtouren, obwohl Vietnam, Kambodscha und Laos 1992 vereinbart haben, den illegalen Einschlag von Holz und den Export von Rundholz einzustellen.

Rohstoffe und Bekleidungsindustrie

Eine Industrie größeren Ausmaßes gibt es nur beim Holzeinschlag, der Wasserkraft und neuerdings in der Herstellung von Bekleidung. Der industrielle Sektor beschäftigt jedoch nicht mehr als 100.000 Menschen (1999: 76.250) oder 3,3 Prozent der Arbeitskräfte. Fast drei Viertel aller direkten Auslandsinvestitionen (1995: 72 Prozent) fließen in den profitablen Bereich der hydroelektrischen Energieerzeugung. Etwa ein Viertel der industriellen Arbeitsplätze entfällt auf die Textil- und Bekleidungsindustrie (1995: 22.600), die wegen der billigen Arbeitskraft von Thailand über den Mekong nach Laos verlegt wird, bevorzugt nach Vientiane und Savannakhet. Am Ufer des Mekong, zwischen Vientiane und der „Freundschaftsbrücke" nach Nong Khai, im Distrikt Hadxaifong, ist eine informelle thailändische Wirtschaftsenklave für die Herstellung von Bekleidung, Konsumgütern, Zigaretten und Bier entstanden. In Savannakhet entsteht ganz formal eine thailändische Wirtschaftszone. Teils werden die maroden Staatsbetriebe für solche Unternehmen „verpachtet", nicht aufgelöst wie in China oder vom Staat weitergeführt wie in Vietnam.

Thailändische Unternehmer haben die sowjetischen Zinnminen von Nam Pathene in der Provinz Khammouane übernommen, die gewinnbringende Verarbeitung ist jedoch nach Thailand verlegt worden. Mit thailändischem Kapital wird die Anthrazitkohle von Vieng Phoukha in der Provinz Sayabury zum Betrieb eines Kohlekraftwerks in Hong Sa gefördert, dessen Bau infolge der Finanzkrise von 1997 vorläufig eingestellt ist. Aus den Steinbrüchen von Dong Hen in der Provinz Khammouane befördern staatliche vietnamesische Transportunternehmen jährlich 100.000 Tonnen Kalk- und Gipsgestein über die Nationalstraße Nummer 9 in die Zementindustrie Mittelvietnams. Abbau und Export des Rohstoffs sind auch für das hochwertige Eisenerz (60 bis 70 Prozent Eisengehalt) in der Provinz Xiang Khuang geplant. Großflächig im Tagebau gewonnen, soll das kostbare Erz ans Südchinesische Meer transportiert und im Ausland verarbeitet werden.

Laos liefert nur Rohstoffe, der Mehrwert aus der Verarbeitung und die Arbeitsplätze gehen ins Ausland. Selbst in der Holz- und Möbelindustrie, die sich in den Städten am Mekong konzentriert, sind nicht mehr als 20.000 Menschen beschäftigt (1995: 12.900). Das geschlagene Holz wird als Rundholz oder als leicht bearbeitete Stämme nach Thailand und Vietnam exportiert. Die größten Holzunternehmen des Landes gehören dem laotischen Militär mit Niederlassungen im ganzen Land. Das meiste Holz wird im Naturschutzgebiet von Nakai in Südlaos geschlagen, dem Gelände des geplanten hydroelektrischen Großkraftwerkes Nam Theun II im Inneren der Provinz Khammouane.

Das Geschäft mit dem Mekongstrom

Ein Viertel (26 Prozent) des Mekongbeckens gehört zu Laos, aber das Land besitzt 81 Prozent des hydroelektrischen Potentials seiner Nebenflüsse, die reichlich Wasser von den bewaldeten Hängen der Annamitischen Kordilleren führen. Die Wasserkraft wird auf 18.000 Megawatt geschätzt, von denen 615 Megawatt oder 3,4 Prozent ausgebaut sind. Nur ein Drittel des erzeugten Stroms wird in Laos selbst verbraucht, 93 Prozent der Bevölkerung decken den Energiebedarf unverändert mit Feuerholz ab. Der Abnehmer von zwei Dritteln des erzeugten Stroms (67 Prozent) ist das staatliche Energieunternehmen Thailands, EGAT (Energy Generating Authority of Thailand). Wegen fehlender Überlandleitungen in Laos werden davon 10 Prozent im Wert von 2,5 Millionen US-Dollar jährlich für die südlaotischen Städte aus Thailand reimportiert.

Die Firmen Lahmeyer und Worley International haben für Thailand einen Energiebedarf von 27.000 Megawatt für das Jahr 2010 berechnet. Davon sollen 3.000 Megawatt aus Laos kommen, 1.500 aus Burma und 1.200 von den Mekongkraftwerken Manawan, Dachaosan, Xiaowan und Jihong in Yünnan, mit Überlandleitungen durch Nordlaos nach Thailand geleitet. Infolge des Wirtschaftseinbruchs von 1997 wird der Bedarf inzwischen um 10 bis 15 Prozent niedriger angesetzt. Daneben ist ein Export von jährlich 1.500 Megawatt Strom aus Laos nach Zentralvietnam geplant.

Der Ausbau der hydroelektrischen Energie konzentriert sich auf die Mekongzuflüsse Nam Ngum nördlich von Vientiane, Nam Theung/Kading in Mittellaos und Nam Xe Kong in Südlaos. Das Kraftwerk Nam Ngum wird 1972 als erstes mit japanischer Finanzierung und deutscher Technik gebaut. Die Energie aus dem 400 Quadratkilometer großen Stausee (Größe des Bodensees) beträgt jedoch wegen zunehmender Versandung nur 150 Megawatt. Der Xe Xet-Damm in der Provinz Saravan geht 1991 mit 45 Megawatt ans Netz. Der Nam Theun-Hinboon in der Provinz Khammouane folgt 1998 mit 210 Megawatt, der erste mit dem System eines Druckwassertunnels zwischen den Flüssen Nam Theun und Nam Hinboon und das erste privat finanzierte Build-Operate-Transfer-Projekt (BOT) für 280 Millionen US-Dollar. Die „Theun-Hinboon Power Company" (THPC) mit thailändischen, norwegischen und südkoreanischen Firmen baut das Kraftwerk und nutzt es 30 Jahre, bevor es an die laotische Regierung abgetreten wird. Zu gleichen Bedingungen wird 1999 das 150 Megawatt-Kraftwerk Houay Ho in der Provinz Attapeu fertiggestellt, zu 60 Prozent von der südkoreanischen Firma Daewoo, 20 Prozent von thailändischen Firmen und 20 Prozent von der staatlichen Laotischen Elektrizitätsgesellschaft EDL (Electricité du Laos) mit insgesamt 235 Millionen US-Dollar finanziert. Mit Beteiligung der Asian Development Bank (ADB) wird im selben Jahr auch das Nam Leuk-Kraftwerk im Einzugsbereich des Nam Ngum mit 60 Megawatt für 96,6 Millionen US-Dollar fertiggestellt.

In der Planung oder bereits im Bau sind die Kraftwerke Nam Ngum II mit 450 bis 615 Megawatt und Nam Ngum III mit 450 Megawatt sowie die Kraftwerke Xe Piang-Xe Nam Noi mit 390 Megawatt und Xe Kamli mit 200 bis 470 Megawatt in der Provinz Attapeu. Dazu gehört auch das von thailändischen Firmen gebaute Kohlekraftwerk von Hong Sa in der Provinz Sayabury mit 600 Megawatt.

Das umstrittenste Großprojekt ist das Kraftwerk Nam Theun II. Mit einer Mauer von 47 Metern Höhe wird der Nam Theun (im Tal Nam Kading genannt) auf einer Länge von 85 Kilometern gestaut und ein Gebiet von 450.000 Quadratkilometern (größer als der Bodensee) Primärwald und biologisch wertvolle Feuchtgebiete und dicht besiedelte Flußtäler mitten im Naturschutzgebiet von Nakai in der Provinz Khammouane unter Wasser gesetzt. Das Kraftwerk soll 650 Megawatt Strom erzeugen und kostet 1,2 Milliarden US-Dollar, das Dreifache des Nationalen Haushalts, gebaut und finanziert vom „Nam Theun Electricity Consortium" (NITEC) mit Firmenbeteiligungen aus Australien, Frankreich, Italien und Thailand. Das Konsortium nutzt das Kraftwerk in der profitablen Anfangsphase und tritt es nach 25 Jahren an den laotischen Staat ab, nach der Entwicklungsstrategie BOT (Build-Operate-Transfer – Bauen-Betreiben-Übergeben). Wie beim Kraftwerk Nam Theun-Hinboon werden 85 Prozent des gestauten Wassers durch Drucktunnel in den 350 Meter tiefer gelegenen Fluß Se Bang Fai abgeleitet. Es sollen 4.000 Bauern und Angehörige von Minderheiten umgesiedelt werden. Die sozialen Auswirkungen und ökologischen Schäden und Gefahren sind weitgehend unbekannt. Es gibt keine Erfahrungen mit der Umleitung von so großen Wassermengen von einem Hochplateau in ein klimatisch unterschiedliches Flußtal. Der Holzeinschlag im Gebiet des zukünftigen Stausees läuft jedoch bereits auf Hochtouren.

An der Nabelschnur des Auslands

Holz und Strom gehen als kostbarer Rohstoff ins Ausland. Der Raubbau an den Wäldern und riskante Kraftwerke schaffen keine Arbeitsplätze und ruinieren die Ökologie, sie bringen internationalen Finanziers hohe Rendite und kommen nur einer kleinen Schicht des Landes zugute. Die Herstellung von Textilien und Bekleidung erlebt wegen der Billiglöhne einen Boom, aber nur, weil laotische Näherinnen für thailändische Firmen zu denselben Bedingungen arbeiten wie ihre thailändischen Kolleginnen vor 20 Jahren. In Laos umgehen die Textilunternehmer die Beschränkungen in ihrem eigenen Land und nutzen die für das Armutsland Laos von der EU und den USA eingeräumten Einfuhrquoten für Textilien und Bekleidung.

Die wirtschaftlichen Wachstumsraten von durchschnittlich fünf Prozent seit 1995 haben keine solide Grundlage und Perspektive. Die Importe übersteigen die Exporte fast um das Doppelte (laut Weltbank 1999: 310 Millionen US-Dollar Export gegenüber 524 Millionen Import). Japan, Schweden und Australien sowie der Internationale Währungsfonds (IWF) decken das Defizit ab und finanzieren über die Hälfte des nationalen Budgets. Die Devisenreserven werden auf dem Stand des Importbedarfs für drei Monate gehalten (1999: 123 Millionen US-Dollar). Die Kreditwürdigkeit des Landes liegt in den wertvollen Ressourcen und der für die Expansion des Asienhandels günstigen Lage von Laos.

Exportförderung und Ausbau der Infrastruktur haben daher oberste Priorität in der „Entwicklungszusammenarbeit". Mit jährlich 300 bis 400 Millionen US-Dollar offizieller Entwicklungshilfe (ODA) – davon etwa fünf Prozent aus der Bundesrepublik) – steht Laos an der Spitze der südostasiatischen Nehmerländer und aller Armutsländer in der Statistik der Vereinten Nationen. Das entspricht einer Pro-Kopf-Hilfe von jährlich über 50 US-Dollar und einem Anteil von über 15 Prozent (2000: 16 Prozent) am Bruttoinlandsprodukt.

Seit Beginn der 1990er Jahre und verstärkt seit der Aufnahme in die ASEAN 1997 sind die Außenhandelsbeziehungen vollständig ausgewechselt worden. Wurden 1984 noch 40 Prozent des Handels mit der Sowjetunion abgewickelt, hat der Handel mit Rußland 1996 nur noch einen Anteil von 0,3 Prozent. Vietnams ideologische Verbundenheit mit Laos schlägt sich auch in den Handelsbeziehungen nieder. Die Importe aus Laos sind um die Hälfte höher als die Exporte. Aber zwei Drittel des Handels werden inzwischen mit den ASEAN-Staaten abgewickelt.

Thailändische Unternehmer profitieren am stärksten vom „Marktplatz Indochina". Dem Import von hauptsächlich Konsumgütern von 30 Prozent aus Thailand stehen nur 4 Prozent Exporte aus Laos nach Thailand gegenüber. Aber für den Export laotischer Waren über den Hafen von Bangkok werden Transitgebühren in Höhe von 20 bis 35 Prozent erhoben. Alle großen thailändischen Banken sind in Laos vertreten und beherrschen das Geldgeschäft. Die spekulationsbedingte Finanzkrise Thailands reißt daher 1997 die laotische Währung mit in den Abgrund. Das relativ stabile Verhältnis des laotischen Kip zum Dollar vor 1997 (1 US-Dollar = 950 bis 1.000 Kip) stürzt Ende Dezember 1999 auf 10.000 Kip ab und pendelt sich seit Anfang 2000 auf 7.500 bis 8.000 Kip ein. Dem folgt auch der Einbruch der direkten Auslandsinvestitionen, nach Angaben des Wirtschaftsmagazins „Far Eastern Economic Review" in Hongkong von 2,6 Milliarden US-Dollar 1995 auf 150 Millionen 1997 und 20 Millionen im Jahre 2000.

An ehrgeizigen Plänen für Laos fehlt es nicht. Die Partei hat auf dem VII. Parteitag im März 2001 große Fünfjahrespläne und Wunschdaten wie eine Fata Morgana an die Wand geschrieben. Das Pro-Kopf-Einkommen soll bis 2020 von 350 US-Dollar auf

1.500 Dollar „vervierfacht", die Lebenserwartung auf 70 Jahre erhöht und die Analphabetenrate auf 10 Prozent gesenkt werden.

Ein anderes gigantisches Szenario entwirft die Asian Development Bank (ADB) für Laos. Das Land wird ins Zentrum der Entwicklungsregion Greater Mekong Subregion (GMSR) gerückt, die sich von Yünnan bis Thailand und von Burma bis Vietnam erstreckt und eine Bevölkerung von über 200 Millionen Menschen umfaßt. Laos wird vom geschlossenen Binnenland zur offenen Kreuzung moderner Karawanenstraßen stilisiert, die von Bangkok über Laos nach Südchina und von Thailand über neue Mekongbrücken durch Laos nach Vietnam ans Südchinesische Meer laufen.

Nicht nur solche phantastischen Pläne kommen ohne Rückfrage und Beteiligung der Bevölkerung zustande. Bei der Nutzung der Wälder, dem Bau einer Straße oder der Anlage eines Bewässerungskanals werden die betroffenen Dörfer und ihre Bewohner nicht einbezogen. Der Sozialismus hat als System von Gerechtigkeit und Emanzipation versagt und dient der Parteielite lediglich zum Erhalt von Macht und Privilegien. Die Kader zeigen mit der skrupellosen Aneignung von Besitz und Macht ihr zynisches Verhalten.

Wirtschaftswachstum und Auslandsinvestitionen, flankiert von der internationalen Entwicklungshilfe, florieren jedoch auch unter repressiven Bedingungen ohne Demokratie, Menschenrechte und Zivilgesellschaft, wie nicht nur in Laos, sondern auch in der Militärdiktatur Burmas und im repressiven System Chinas und Vietnams zu sehen ist.

In Laos sind es Nichtregierungsorganisationen, der sozial bewußte Arm der Auslandshilfe, die sich um den sozialen Kontext von Entwicklung bemühen und sich in der kulturellen und ökologischen Komplexität des Landes engagieren. Laotische Nichtregierungsorganisationen duldet die Elite der Partei und des Staates nicht, wohl wissend, daß sie für die Bildung ziviler Verhältnisse in Gesellschaft und Wirtschaft auf ihre Macht und Privilegien zu verzichten hätte.

h.k.

Der neue Ho-Chi-Minh-Pfad

In Savannakhet besteigen wir den Bus für die Fahrt an die vietnamesische Grenze, nach Sephone und Lao Bao und tauchen in eine andere Welt ein. Der Bus ist ein Lastwagen ohne spürbare Federung, ausgestattet mit Holzbänken und kleinen Luken, die man mit Klappen gegen den Straßenstaub und die Kälte in den Bergen schließen kann. Wir hocken auf der Hinfahrt zwischen Säcken mit Reis und Salz, auf der Rückfahrt zwischen Holzkohle und Maniokwurzeln. Die Armut der Passagiere steht ihnen ins Gesicht geschrieben und ist an ihrer abgetragenen Kleidung abzulesen. Mit uns reisen viele jüngere Frauen, die ihre Waren mit dem Bus transportieren lassen, auch Soldaten unterer Ränge und Mönche in dunkelbraunen und verwaschenen Roben. Mit der Entfernung von den Städten am Mekong nimmt in Laos überall die Armut zu und erreicht bei den Bergvölkern extreme Formen. Unsere Reise führt in die Berge der Annamitischen Kordilleren, in die Region der zerbombten, verminten und verseuchten Erde des Ho-Chi-Minh-Pfads aus dem Vietnamkrieg der USA.

Straße der Kriegsgeschichte

Der Lastwagen kämpft sich durch tiefe Schlaglöcher und Furten der Flüsse, die zu Rinnsalen ausgetrocknet sind. Die 250 Kilometer auf der Kolonialstraße Nummer 9 an die vietnamesische Grenze sind eine Tagesreise. Sie führt durch stark besiedelte Regionen, öde Vegetation und dichte Waldgebiete in Südlaos. Hinter der Kleinstadt Müang Phin fahren wir die letzten 100 Kilometer eine sanft ansteigende Region zu den Kordilleren hinauf, zum 200 Meter hohen Lao Bao-Paß, dem niedrigsten Übergang nach Vietnam. Hinter der Grenze liegt auf vietnamesischer Seite das Schlachtfeld Khe San, wo die USA 1968 kurz vor ihrem „Dien Bien Phu" standen. In Vietnam erreicht die Nummer 9 nach 80 Kilometern die Provinzhauptstadt Dong Ha an der Nord-Süd-Verbindung Hanoi-Saigon. Von dort sind es 180 Kilometer über Quang Tri und Hue zum Hafen von Da Nang, wo Vietnam dem Binnenland Laos einen Freihafen eingeräumt hat.

Die Nummer 9 ist eine alte Karawanen- und Heerstraße der Cham, auf der sie vom fünften bis zum 15. Jahrhundert von ihrer Hauptstadt My Son im heutigen Mittelvietnam ihre Waren und ihre Kriege ins heutige Thailand und Burma trugen. Mit der

Straße ketten die französischen Kolonialisten im 19. und 20. Jahrhundert Südlaos an Indochina. Der Vietminh nutzt sie nach dem Zweiten Weltkrieg zum Kampf gegen die französische Kolonialmacht, und von 1964 bis 1975 macht der Vietcong den östlichen Teil der Straße zum Kernstück des Ho-Chi-Minh-Pfads für die Versorgung der Guerillafront in Südvietnam. Im Vietnamkrieg verwüsten die USA die Straße und die gesamte Region des Ho-Chi-Minh-Pfads mit Bomben und dem hochgiftigen Entlaubungsmittel Agent Orange. Nach der Vertreibung der USA 1975 baut die Sowjetunion die Nummer 9 als strategische Verbindungsstraße aus, um das sozialistische Laos über den Hafen von Da Nang zu versorgen und den Einfluß des Ostblocks vom Südchinesischen Meer bis an die Grenze des „westlichen" Thailand am Mekong zu sichern. Sogar eine Pipeline und eine Überlandleitung waren entlang der Nummer 9 geplant, sie wurden allerdings nicht mehr gebaut.

Nach dem Zusammenbruch des Ostblocks und seit der wirtschaftlichen Öffnung von Laos Anfang der 1990er Jahre erlebt die Nummer 9 eine neue Phase des internationalen Interesses. Südkoreanische Firmen bauen mit japanischem Geld 150 Kilometer von Savannakhet bis Müang Phin aus. Den Ausbau der restlichen 100 Kilometer bis an die Grenze übernimmt der vietnamesische Staat, finanziert von der Asian Development Bank. Das Gebiet des Ho-Chi-Minh-Pfads und seine Infrastruktur gibt Vietnam nicht mehr aus der Hand. In Seno, 30 Kilometer vor Savannakhet, an der Kreuzung der Nummer 9 mit der Nationalstraße Nummer 13, ist die aus frischem Bitumen gebackene koreanisch-japanische Straße bereits zu bewundern. Der Ausbau des vietnamesischen Streckenabschnitts läßt noch auf sich warten. Dafür rollen Tag und Nacht vietnamesische Konvois über das ausgefahrene Pflaster, schwere russische Dreiachser, IFA Transporter mit Hängern aus der ehemaligen DDR und neue japanische Lastwagen. Sie haben Rundholz aus den Wäldern von Südlaos und Kalkstein aus den Steinbrüchen von Dong Hen geladen und schaffen die kostbaren Rohstoffe nach Vietnam. Vietnamesische Plastikprodukte und andere Billigwaren werden im Gegenzug an den Mekong transportiert.

Die Straße Nummer 9 ist im Plan der Asian Development Bank das Kernstück einer Ost-West-Transportachse zur „Erschließung" der „Greater Mekong Subregion" (GMS – Größere Mekongregion) von Da Nang am Süchinesischen Meer bis Bangkok am Golf von Siam, mit einer neuen Mekongbrücke in Savannakhet.

Die Dörfer entlang der Straße sind arm, und die Armut nimmt zu, je weiter wir uns den Bergen nähern. Wo es genügend Wasser gibt, nutzen die Bauern den Boden für Reisfelder. Aber selbst die großen Flüsse sind in der Trockenzeit fast ausgetrocknet, verursacht durch den Holzeinschlag im Einzugsgebiet ihrer Quellen und Zuflüsse. Das Angebot auf den Märkten ist dürftig, etwas Reis, billiges Gemüse, gekochte Maniokwurzeln und vietnamesische Kekse in staubigen Plastiktüten verpackt. Wo immer wir zu einer Rast anhalten, dringen die zirpenden Stimmen von Kindern an unseren Bus, die uns Wachteleier und gekochte Bananen anbieten.

Wir sehen kaum Schulen und keine buddhistischen Wats an der Straße, nur gelegentlich Mönche in safranfarbenen Roben. In Dong Hen (auch Atsaphangthong genannt), 60 Kilometer vor Savannakhet, ist die ganze Region von einer Staubschicht aus den Kalkminen des Ortes überzogen, aus denen die vietnamesischen Lastwagen jährlich 100.000 Tonnen Kalk- und Gipsstein für die Zementindustrie in Zentralvietnam holen. Auf dem letzten Teil der Strecke, von Müong Phin bis Sephone und weiter bis Lao Bao an der vietnamesische Grenze, lebt offensichtlich die gesamte Bevölkerung an der Straße. Die Menschen sind während des Krieges aus der Grenzregion entlang des Ho-Chi-Minh-Pfads vor den Bomben geflohen und können bis heute nicht zurückkehren, weil ihre Dörfer und Felder von Blindgängern und Minen verseucht sind.

In der Ferne sind bewaldete Hänge und Laubwälder zu erkennen, die in der Trockenzeit so bunt wie herbstliche Mischwälder in Europa leuchten. Aber immer, wenn wir durch bewaldetes Gebiet kommen, führen ausgefahrene Sandpisten in die Richtung der Wälder, und an der Straße stapeln sich die gefällten Bäume auf großen Holzplätzen, wo sie trocknen, zugeschnitten und verladen werden. Die größten Holzplätze liegen am Eingang zum Naturschutzgebiet Phu Xang He in der Ortschaft Ban Pha Lane, 100 Kilometer östlich von Savannakhet. Mächtige Baumstämme von über zwei Metern Durchmesser stapeln sich hier, gefällte Riesen aus einem der schönsten Ökosysteme von Südlaos. Das Naturschutzgebiet von 1000 Quadratkilometern Größe gehört zu den 23 „National Biodiversity Conservation Areas" (NBCA – Nationale Schutzgebiete zum Erhalt der Biodiversität) von Laos und ist nach einer laotisch-schwedischen Untersuchung eines der wertvollsten Waldgebiete des Landes mit einer breiten Pflanzenvielfalt und einem großen Artenreichtum. Das Naturschutzgebiet wird durch die massive Abholzung ruiniert.

Die alte und neue Frontstadt Sephone

Sephone ist die am weitesten nach Osten vorgeschobene Kleinstadt an der Nummer 9, Zentrum des gleichnamigen Distrikts der Provinz Savannakhet, 200 Kilometer von Savannakhet am Mekong und 50 Kilometer vom Paß Lao Bao an der vietnamesischen Grenze entfernt. Aus der alten Frontstadt des Krieges ist ein neuer Stützpunkt des Holzgeschäfts mit Vietnam geworden. In der Stadt hat sich sozusagen die Himmelsrichtung der Geschichte gedreht. Während des Krieges rollt der Nachschub aus dem Norden an die Front im Süden, jetzt werden Rohstoffe aus Laos im Westen nach

Die ehemalige Brücke von Sephone

Vietnam im Osten transportiert. Aus dem alten ist ein neuer Ho-Chi-Minh-Pfad geworden. Die Rolle der Kreuzung und Schnittstelle ist Sephone in der Geschichte immer wieder zum Verhängnis geworden, zuletzt im Vietnamkrieg der USA. Kurz vor der Stadt, in der Ortschaft Ban Nabo, trifft die Straße Nummer 28 von den Kordillerenpässen Keo Neua und Mu Gia im Norden auf die Nummer 9. In der Ortschaft Ban Dong, 25 Kilometer östlich von Sephone, biegt die alte Karawanenstraße in den Süden ab und läuft nach Saravan und Attopeu mit einer direkten Verbindung zur alten Hauptstadt der Cham in My Son und nach Da Nang, dem größten Militärstützpunkt der USA in Zentralvietnam. Auch schiffbare Flüsse treffen sich in Sephone. Der Xe Pon und Xe Kok kommen beide aus Vietnam und münden in Sephone in den Xe Bang Hiang, einem Zufluß des Mekong. Sephone liegt im Zentrum des Ho-Chi-Minh-Pfads und ist der Knotenpunkt im Netz von Straßen, Flüssen und Pisten, auf denen der Nachschub auf Fahrrädern und Lastwagen an die Guerillafront in Da Nang und Zentralvietnam, Saigon und im Mekongdelta läuft. Die Stadt wird während des Kriegs ununterbrochen aus der Luft angegriffen und ist auf dem Höhepunkt der Flächenbombardements von 1970 und 1971 dem Erdboden gleich gemacht worden.

Alles, was jetzt in Sephone zu sehen ist, wurde nach 1975 wieder aufgebaut, der Markt und feste Geschäftshäuser, Schulen und ein Krankenhaus, die Verwaltung des Distrikts und die Polizeistation. Die neue von der Sowjetunion gebaute Brücke über den Xe Bang Hiang ist erst im Oktober 1987 fertig geworden. Als Mahnmal steht ein Pfeiler der alten Brücke im tiefen Flußbett. Ein anderes Monument ist ein laotisch-vietnamesisches Kriegerdenkmal aus dem Jahre 1986, ein Sowjetstern auf einer stilisierten Sputnikrakete, eine verspätete Bekundung von Völkerfreundschaft kurz vor dem Zusammenbruch des Ostblocks.

Der Frontcharakter des Ortes hat sich nicht verändert. Wer sich in Sephone aufhält, hat eine Mission für die Regierung oder die Geschäftswelt übernommen, möglicherweise für beide. Die Läden entlang der Straße sind alle sehr einfach und bescheiden. Die Reparaturwerkstätten für Lastwagen und Reifen, Friseurläden und Restaurants bieten ihren Service in laotischer und vietnamesischer Sprache an. Dazu gehört auch ein bunt beleuchtetes Bordell in einer armseligen Baracke neben einer Baustelle. Hotels gibt es nicht im Ort, aber zwei Gästehäuser. Der Manager des neu gebauten Hauses weist uns ab, weil er bereits Geschäftsleute einquartiert hat. Die andere, etwas bescheidenere Herberge nimmt uns auf, füllt sich am Abend aber auch mit einer Delegation vietnamesischer Geschäftsleute und Militärs. Alles ist sehr dürftig, die Atmosphäre des Ortes ist trostlos.

Am östlichen Stadtrand liegt das Büro einer kleinen Hilfsorganisation, der EU-Nord-Süd-Aktion, mit zwei laotischen Mitarbeitern. Der Landwirtschaftsberater Khamla Sombandith ist in den zerstörten Dörfern von Sephone tätig, in die Bauern nach Beseitigung von Blindgängern und Minen zurückkehren. Rückkehrer erhalten nur eine kleine Unterstützung für den Anbau von Reis und Viehzucht aus Mitteln der EU, größere Starthilfen stehen nicht zur Verfügung. Die Bevölkerung ist sehr arm und kann nur Reis für zwei Monate des Jahres anbauen. Viele Kinder erkranken durch das verseuchte Wasser. Die Böden trocknen im Sommer infolge von zerstörten Wäldern völlig aus und sind in der Regenzeit von Erosion bedroht. Laotische Firmen und das Militär dringen tief in die Wälder vor und schlagen Holz für vietnamesische Unternehmer. Schon seit Jahrzehnten rollen die Holzkonvois nach Vietnam, bevorzugt nachts, um kein Aufsehen zu erregen und Proteste der Bevölkerung zu vermeiden. Khamla Sombandith selbst hat am meisten Angst vor Minen auf den Feldern der Region, denn seine Mutter und eine Tochter sind bei Gartenarbeiten auf eine Landmine gestoßen und beide umgekommen.

Auch in Sephone gibt es ein Büro der staatlichen Minenräumung UXO Lao (Unexploded Ordnance – Nicht explodierte Militärgegenstände). Der Hof des Büros bietet ein schauriges Bild von explodierten Bomben und Minen. Der Stahlmantel von schweren Bomben ist wie ein Stück Plastik verbogen und zerrissen. Die entschärften Bomben und Minen stapeln sich zu Schrottbergen, darunter auch Granaten und Anti-Personen-Splitterbomben, vollgepackt mit Schrotkugeln. Auch das Triebwerk eines abgeschossenen US-Bombers ist als Siegestrophäe ausgestellt. Im Büro sind an einer Wand die Biographien von getöteten und verstümmelten Bewohnern der Region ausgehängt, darunter die Geschichte eines 29-jährigen Bauern, den eine Bombe zerreißt, als er sein Feld bestellt. Neben seinem Bild hängt seine schwere Feldhacke, zerfetzt wie ein Stück Papier.

Oberhalb der Stadt liegt das Camp des Militärs von Sephone, ein offenes Gelände mit festen Gebäuden, Werkstätten und einem großen Fuhrpark. Es herrscht ein reges Kommen und Gehen von Uniformierten und Zivilisten mit Autos und auf Motorrädern, aber Auskunft gibt es nicht. Der Grund ist leicht zu durchschauen, denn die Fahrzeuge des Camps sind alle für den Holzeinschlag in den Wäldern der Region umgebaut, ausgerüstet mit Kränen, Seilwinden und Hängern zum Verladen und Transport von Bäumen. Das Camp ist ein Stützpunkt der „Mountain Dèvelopment Corporation" (MDC – Firma zur Entwicklung der Bergregion), eines Unternehmens des laotischen Militärs, wie wir später erfahren, das für den Raubbau am Waldbestand von Südlaos verantwortlich ist.

In unserem „Stammrestaurant" an der Nummer 9 in Sephone kommen wir mit einem Landwirtschaftsberater der Provinzverwaltung ins Gespräch, Bountoe Meunchan, der wie wir auf der Durchreise ist. Er ist Spezialist für Trockenreis und kennt die Lage der Bauern in der Region. Hunger und Krankheiten quälen die Menschen, die in ihre Dörfer zurückgekehrt sind. Es ist äußerst schwierig, auf den zerbombten und verseuchten Böden wieder Nahrungsmittel anzubauen. Er stammt selbst aus dem Distrikt Sephone und hat im Alter von 17 Jahren 1970 den Höhepunkt des Kriegs in der Region erlebt. Alle fünf Minuten geht eine Bombenladung nieder. Sephone existiert nicht mehr, und die Nummer 9 ist eine Kraterlandschaft. Die Menschen flüchten in die Berge oder verkriechen sich in Höhlen. Die Grenzregion ist auf 50 Kilometern Breite, von Sephone bis zum Paß Lao Bao, eine verbrannte Erde, die lange unbewohnbar sein wird.

Verbrannte Erde am Ho-Chi-Minh-Pfad

Wir fahren per Anhalter mit einem vietnamesischen Lastwagen die 50 Kilometer nach Lao Bao. Der Fahrer, ein rauher, aber freundlicher Mann aus Quang Tri, fährt schon fünf Jahre lang die Strecke Da Nang-„Savan" (Savannakhet) und schafft Güter für Laos aus dem Hafen von Da Nang an den Mekong. Wie von einem Hochsitz aus haben wir im Führerhaus eine gute Sicht auf die Landschaft, während der japanische Laster Marke „Kamas" über die miserable Straße holpert, zwei Stunden für 50 Kilometer. Was für eine Landschaft! Nach 25 Jahren seit Ende des Krieges wachsen immer noch keine Bäume, überall eine spärliche Vegetation, eine öde Buschlandschaft und Farne. Die Erde ist schwarz, und die Flüsse führen verseuchtes Wasser. Nur zwei Ort-

Vietnamesische LKW-Fahrer im Grenzgebiet

schaften, Ban Alang Noy und Ban Dang, sind wieder besiedelt. Die Menschen leben in unbeschreiblicher Armut. Sie haben vor ihren Hütten entlang der Straße kleine Stände aufgebaut und bieten den Fahrern der vietnamesischen Konvois Kekse und Wasser an.

In dieser Region zeigt der Vietnamkrieg der USA eines seiner brutalsten Gesichter. Von 1964 bis 1969 fliegt die US-Air Force in geheimer Mission täglich 100 Einsätze über dem Ho-Chi-Minh-Pfad, von 1969 bis 1973 läßt Präsident Nixon die Bombereinsätze in offener Aggression verdoppeln und ordnet die Flächenbombardierung mit B-52-Bombern an. Nach der Vorstellung der US-Militärexperten, daß sich der Widerstand asiatischer Agrargesellschaften in Dörfern bildet, werden alle Siedlungen entlang der Grenze angegriffen und systematisch zerstört. Auf den Landkarten der Bomberpiloten sind alle Dörfer in der Grenzregion als zerstört angegeben, sozusagen als erledigt abgehakt. Der Krieg in Laos wird mit einem sonderbaren Zynismus erst verschwiegen und schließlich begründet. Weil Vietnam die Nutzung des laotischen Territoriums für den Nachschub nach Südvietnam verheimlicht, leugnen die USA die Bombardierung des Landes. Es gibt keine Angaben darüber, wie viele Menschen in Laos umgekommen sind oder verletzt wurden. Auch die vietnamesische und laotische Regierung schweigen darüber. Während des Vietnamkriegs ziehen 600.000 Kämpfer über den Ho-Chi-Minh-Pfad an die Guerillafronten im Süden, 25.000 Personen sind ständig am Pfad stationiert, für den Ausbau und die Reparatur des Wegenetzes, in Krankenstationen und Nachschubdepots, für den Waffentransport auf Fahrrädern und als Fahrer von Lastwagen und Panzern. Es gibt auch keine Untersuchungen darüber, wie viele Angehörige der Ethnien umgekommen sind. Das Grenzgebiet ist der Lebensraum der Tai-Kadai sprechenden Phutai (Weiße, Schwarze und Rote Tai) und der Mon-Khmer sprechenden Katang und Bru. Die auf beiden Seiten der Grenze lebenden 20.000 Angehörigen der Bru sind größtenteils in ihren Bergdörfern umgekommen.

Nachdem die Nixon-Administration 1970 durch den Militärputsch in Kambodscha den Nachschub der Sowjetunion für den Vietcong über den Hafen von Sihanoukville am südchinesischen Meer gestoppt hat, versuchen die US-Militärs am 31. Januar 1971 in der sogenannten Lam Son 719-Offensive mit 17.000 südvietnamesischen Soldaten, den Nachschub über den Ho-Chi-Minh-Pfad an der Nummer 9 abzuschneiden, unterstützt von 10.000 Mann US-Special Forces und der US-Air Force. Es gelingt den Truppen jedoch nicht, den Ho-Chi-Minh-Pfad einzunehmen und bis Sephone vorzudringen. Nach sechs Wochen erbitterter Kämpfe endet das Unternehmen in einem Desaster. Die südvietnamesischen Truppen verlassen in wilder Flucht den Ho-Chi-Minh-Pfad und ziehen sich nach Vietnam zurück. Die Lam Son-Offensive ist ein Teil der „Nixon-Doktrin", der „Vietnamisierung" des Kriegs, nämlich US-Bodentruppen durch die Air Force zu ersetzen und die Verantwortung des Kriegs an das südvietnamesische Regime abzutreten, ein vorweggenommenes Scheitern, das mit dem Verlust von Saigon am 30. April 1975 endete.

Auf dem Schlachtfeld der Lam Son-Offensive von 1971, in der Nähe der Ortschaft Ban Dong, an der Kreuzung der alten Karawanenstraße zum Süden, ist ein Lager mit großen blauen Zelten aufgebaut. Auf einem weit abgesteckten Areal wird wie auf einem archäologischen Ausgrabungsfeld nach Überresten von abgeschossenen US-Piloten gesucht, von „Missed in Action" (MIA – Vermißten des Krieges). Auf dem „anderen Schauplatz" (the other theatre), Codename für den geheimen Krieg in Laos, sind 500 US-Soldaten gefallen und 400 werden noch vermißt. Man habe Teile einer Uniform und den Oberarmknochen eines Menschen gefunden, erklärt uns auf dem Rückweg von Lao Bao der laotische Busfahrer, und hoffe noch mehr zu finden. Das Lager ist sehr aufwendig eingerichtet und mit modernsten technischen Mitteln ausgestattet, mit Räumgeräten, Suchelektronik, Generatoren und sogar einem Hubschrauber für die Spezialisten aus den USA. Was für ein Kontrast zu den vergessenen einheimischen Opfern des Vietnamkrieges der USA und dem erbärmlichen Leben der zurückgekehrten Flüchtlinge am Ho-Chi-Minh-Pfad.

h.k.

Backpackers und Minderheiten

Wir trauen unseren Augen nicht. Bis vor wenigen Jahren war Müang Sing nur äußerst mühevoll und langwierig mit Lastwagen oder mit einem Jeep zu erreichen gewesen. Hoch oben im Norden von Laos, in der Luang Nam Tha-Provinz nahe der chinesischen Grenze gelegen: 700 Meter über dem Meeresspiegel. Es wird klamm und naßkalt; und nachts freut man sich hier über eine dicke Decke. Ein eher ungemütliches Nest, von Bergen umgeben, die sich bis in die Mittagsstunden in Nebel hüllen und erst danach von der Sonne beschienen werden. Brillant ist dann das Licht, klar die Luft. Vom tropischen Süden der Palmen ist dieses Laos der bewaldeten Berge tausend Kilometer entfernt. Abgeschieden? Vergessen? Verschlafen? Von wegen! Unzugänglich ist Müang Sing längst nicht mehr. Wir trauen unseren Augen nicht. Entlang der Hauptstraße mit all den Schlaglöchern reihen sich die Gästehäuser. Mehr als ein Dutzend zählen wir. Ständig werden neue eingerichtet. Die traditionellen Holzhäuser, zweigeschossig, mit einer Außentreppe versehen, sind karg und einfach ausgestattet. Bestehende Häuser wurden in winzige Zimmer unterteilt, Bretterwände schaffen die Andeutung von Privatraum. Neue Häuser werden in Eile hochgezogen. Man spürt den Boom. Müang Sing ist „in". Die Bedürfnisse der Fremden, die hier neuerdings in Scharen aufkreuzen, sind bescheiden. Müang Sing ist zum Treff der Traveller geworden. Reisende? Nein, nicht in diesem allgemeinen Sinne; das andere englische Wort trifft die Kategorie besser: Backpackers – Rucksacktouristen.

Es ist erstaunlich: Kaum werden die Grenzen einen Spalt breit geöffnet, kaum wird notdürftig eine Landstraße ausgebessert, kaum verkehren die ersten Lastwagen mit ein paar Bänken auf der Ladefläche, kaum bietet sich eine kümmerliche Herberge als Bleibe an, schon kommen die Backpackers; Zugvögeln gleich, die ihrem Instinkt folgen und sich unterwegs zurufen, wo's langgeht und billig ist. Müang Sing mauserte sich zum Ziel der Internationale des Billigreisens. Der ganze Marktflecken und seine Bewohner haben sich darauf eingestellt. Mehrere Restaurants offerieren asiatische Küche, und die jungen Kellnerinnen und Kellner überreichen in Plastik geschweißte Speisekarten mit englischer Übersetzung, soweit erforderlich; Müsli beispielsweise ist als Lehnwort bereits in die lokale Sprache aufgenommen worden. Radebrech-Englisch bewährt sich als Lingua franca. Nur die älteren Leute haben noch gewisse Schwierigkeiten und schicken bei Verhandlungen über die Zimmermiete und die Art des Frühstücks die Enkel vor. Die Atmosphäre ist freundlich, aber die Umgangsformen sind in ihrem geschäftsmäßigen Ton bereits routiniert und von Konkurrenz geprägt. Es gibt schon zu viele Betten, deren Belegung die Herbergsbetreuer gestenreich zu vermitteln versuchen.

Ein buntes Völkchen ist da auf der Durchreise. Bärte und wallendes Langhaar. Niemand muß hier auf Etikette achten. Es fällt auf, daß besonders viele alleinreisende junge Mädchen und Frauen unterwegs sind. Man hat Zeit, gibt sich locker und unbeschwert. Bevorzugter Reiseführer ist die Laos-Ausgabe von „Lonely Planet", die Bibel der Backpackers. „Eher ein Segen als ein Fluch bietet der Mangel an ausländischem Einfluß den Travellers einen einzigartigen Eindruck vom alten Südostasien", so lesen wir beim Autor Joe Cummings. „Von den fruchtbaren Niederungen des Mekong-Tales bis zu den nebelverhangenen annamitischen Hochlanden stimmen die Reisenden in ihrer Bewunderung des Landes überein – auch wenn sie nur ein paar Tage auf der Durchreise von und nach Vietnam sind. Viele Besucher empfinden Laos als einen Höhepunkt ihrer Südostasien-Reise." Es ist die alte Geschichte in laotischer Neuauflage: Die Fremden suchen das Ursprüngliche und tragen folgenreich zu dessen Veränderung bei. Geheimtips haben ein kurzes Verfallsdatum. Müang Sing ist zum diesbezüglichen Schauplatz geworden.

Den in den Bergen lebenden Minderheiten ist der Ort im weitläufigen Tal des Nam La urbaner Bezugspunkt, Markt, Verwaltungszentrum, Schulstadt – für die Thai Dam, Lolo, Huay, die Akha, Hmong, Mien, Shan und die Menschen aus Yünann. Seit Jahren kommen vor allem die Frauen der Akha-Dörfer zum Markt, kaufen ein, handeln mit landwirtschaftlichen Erzeugnissen. Stundenlang sind sie zu Fuß unterwegs. Neben den orangefarbenen Mönchen mit ihren hier dem Gebirgsklima angepaßten Pudelmützen geben die Akha-Frauen dem Straßenbild die bunten Farben. Das ist so geblieben, aber nun laufen die Bergbewohner den Backpackers hinterher. Kaum sitzt einer der weitgereisten Fremden im Restaurant, kaum spaziert er durchs Dorf, schon werden ihm von mehreren Händen die Souvenirs angeboten: Pfeifen, Armbänder, gewebte Stoffe, geflochtene Körbe, Schmuckstücke. Da wird geredet, gefeilscht. Prächtig sehen die Frauen aus: golddurchwirkte Wickelröcke, aus bunter Wolle gestrickte Wadenstrümpfe, schwarze Jacken mit rotem, blauem, gelbem Besatz und Kopfschmuck mit Silbermünzen, Perlenschnüren und knallroten Hibiskusblüten: Gestalten in eigenartiger Mischung aus Würde und Verelendung. Eine Herausforderung für's Farbfoto. Längst sind sich die Frauen ihrer optischen Reize bewußt, drehen sich brüsk um oder halten die Hand auf für jeden Schnappschuß. Welten treffen aufeinander: die bitterarmen Frauen von den Höhen und die Abgesandten der internationalen Spaß-Gesellschaft. Die Szenen lassen Bilder der 1960er Jahre aufleben, als Hippies auf dem Wege nach Goa ihr Glück in Kathmandu und in Peschawar suchten. Die Weltflucht der Blumenkinder ist Geschichte. So manch einer der Friedensbewegten von gestern macht

Traditionsbewußte junge Frauen in Nordlaos

sich heute als Frührenter wieder auf, die heile Welt zu suchen. Vom Verlangen nach dem Kick werden nun auch deren Nachkommen in exotische Außenbezirke gelockt. In Müang Sing treffen sich die Generationen.

Plakate machen stutzig. Darauf zu sehen: Eine einheimische Ehefrau nebst Tochter klammern sich verzweifelt an Mann und Vater, der offensichtlich nicht mehr Herr seiner Sinne ist. „Do you want to help us?" ist an die Adresse der ausländischen Betrachter gerichtet, und es wird deutlich gemacht, worin die Hilfe bestehen könnte: „Don't smoke opium in Laos. Drug tourism does damage." Wer will, der kriegt. In abendlicher Finsternis wird man angesprochen: Bedarf an Stoff? Flüsternd die Stimme. Der Dealer bleibt im Dunkel. Opium hat Tradition. Der Anbau von Mohn ist nach wie vor einträgliches Geschäft. In den Bergdörfern wird das Zeug seit Generationen als Vehikel genutzt, den irdischen Nöten temporär zu entfliehen: als Rauschmittel, als Medizin, als Überlebens-Hilfe. Mehr als zwei Drittel der heimischen Opiumproduktion werden regional verbraucht. Die Kenner der Drogenszene haben längst eine weitaus gefährlichere und finanziell attraktivere Modedroge geortet, die von Ausländern und auch von Einheimischen konsumiert wird: Meta-Amphetamine. Dahinter steckt organisierte Kriminalität, die grenzenlos ist. Das chemische Gebräu stammt vornehmlich aus einschlägigen Küchen in Burma und wird offenbar in großen Mengen nach Laos eingeschleust. Da wird auch mancher Backpacker schwach.

„Doch hüten wir uns, die Travellers über einen Kamm zu scheren", warnt Dr. Klaus Schwettmann. Als Mitarbeiter des Deutschen Entwicklungsdienstes (DED) ist er Berater im Tourismusministerium in Vientiane. „Drogen und Prostitution im Umfeld der aufblühenden neuen Touristenorte sind ein Problem geworden, keine Frage; und gerade weil die einzelreisenden Rucksacktouristen mit öffentlichen Verkehrsmitteln in ziemlich alle Landesteile kommen, stehen sie im Ruf, westliche Sitten zu verbreiten und einen enormen Einfluß auf junge unbedarfte Leute auszuüben. Das ist nicht zu bestreiten", sagt der Verfechter eines angepaßten, sanften, ökologisch vertretbaren Tourismus, den es auch in Laos zu fördern gelte, „die Backpackers in ihrer Vielfalt sind eben auch ein Teil der gesamten Veränderung und der Fremdeinflüsse. Sie sind die Pioniere des Tourismus."

Dr. Hans U. Luther bestätigt den Trend; als Mitarbeiter der Gesellschaft für technische Zusammenarbeit (GTZ) in Vientiane ist er Regierungsberater auf dem Wege in die Marktwirtschaft. Überall in Asien seien den Behörden die organisierten Gruppenreisenden viel lieber. Die bleiben zusammen, sind besser kontrollierbar, haben pauschal gebucht, besuchen vorher bestimmte Orte und logieren in Luxushotels. Doch bei genauerem Nachrechnen bringen die Backpackers mehr an Devisen ins Land als die Gruppen. Die nämlich beschränken sich üblicherweise auf wenige Tage und düsen weiter. Rucksacktouristen aber streifen wochenlang durchs Land und verteilen ihr Geld über sehr viel mehr Einheimische, auch und gerade in abgelegenen Gebieten. „Nach dem Zweiten Weltkrieg waren Rucksacktouristen vielerorts die Vorläufer des Massentourismus. Sie haben reizvolle Orte in Goa, Nepal, Bali, in den Philippinen und Thailand ‚entdeckt', die später von Fünf-Sterne-Hotels okkupiert wurden", so Hans U. Luther, der die Backpackers als Trendsetter der touristischen Entwicklung und das Geschäft mit ihnen als interessante Nische der Volkswirtschaft bezeichnet.

So gesehen sind die Travellers die heutigen Pfadfinder, die der touristischen Organisation von morgen eine Schneise schlagen. Daß Backpackers wenig Gepäck brauchen, liegt nahe. Manch einer aber transportiert Sperriges durch die Lande. In Champasak weit im Süden von Laos am Mekong beobachten wir einen fröhlichen jungen Typ in buntkarierter Hose und offenem Hemd, der im Restaurant neben sich eine übermannshohe Stange in einem Überzieher aus Stoff stehen hat. Das weckt auch unter welterfahrenen Kameraden pure Neugier. So ein Ding als Begleiter? Ziemlich unbequem. Er läßt sich nicht lange bitten, streift die Verpackung ab. Zum Vorschein kommt ein zwei Meter langes Holzrohr. Zweifel ringsum in den weißen Gesichtern aus überseeischer Welt. Was ist das? Eine Stange für das Fähnlein der Wanderfreunde? Ein martialischer Schlagstock? Der Besitzer gibt bereitwillig Auskunft, offenbar erfreut, wieder einmal Aufsehen erregt zu haben. Das sei ein Instrument der Aborigines in Australien. Ja, dort habe er einige Zeit verbracht und seither begleite ihn das Blasrohr ritueller Feste. Und wie klingt das? Nun wollen wir's wissen. Der junge Mann pustet mit kräftigem Atem hinein in den archaischen Zwitter aus Schweizer Alphorn und Tuba. Es röhrt dumpf in tiefen Bässen und klingt wie die Botschaft aus einer anderen Welt, die in Champasak niemand versteht, aber jedermann beeindruckt. Ein Nebellaut im Grenzbereich der Kulturen. Der Bläser genießt seinen Auftritt. Dann zieht er weiter, den Riesenphallus geschultert. Was Backpackers so alles mit sich herumtragen. Wir trauen unseren Augen nicht.

 r.s.

Lao Robusta und die Bruderhilfe

Der bescheidene Wohlstand ist erkennbar. Entlang der asphaltierten Straße, die von Paksé bis über tausend Meter hoch zum Bolaven-Plateau führt, reihen sich bunt gestrichene Holzhäuser, von üppigem Grün und Blumenblüten umrankt. Die natürliche Fruchtbarkeit des Hochlandes nutzten bereits die französischen Herren in den 1920er Jahren und legten Tee-Plantagen an, zogen Obst und Gemüse und Kardamon und begründeten die Kultur, die zum Devisenbringer werden sollte: Kaffee. Dessen Sträucher brauchen reichlich Regen und ein ausgeglichenes Klima. Beste Bedingungen auf den Höhen über dem Mekong-Tal. Es wird spürbar frischer, je weiter man nach oben kommt; das Licht erscheint brillanter, die Farben kräftiger – alles lebt auf, und es duftet süß nach den Kaffeeblüten. Die Sträucher mit den tiefgrün glänzenden Blättern im Schatten größerer Bäume haben alles gleichzeitig an ihren Ästen: weiße Blüten, reifende Früchte und erntebereite grüne Kapseln, in denen jeweils zwei Kerne, die Kaffeebohnen, schlummern.

Bolaven ist nach den Laven benannt, der größten Volksgruppe unter den verschiedenen Ethnien, die sich hier angesiedelt haben. Es ist die wichtigste Kaffee-Region von Laos. Mit etwa 10.000 Tonnen Jahresproduktion ist der Anteil am Weltmarkt eher bescheiden, aber als Exportprodukt, das vor allem nach Frankreich und Vietnam verkauft wird, spielt Kaffee im schwachbrüstigen Staatshaushalt eine einträgliche Rolle. In der offiziellen Statistik rangieren die Kaffee-Erträge 1999 mit knapp 60 Millionen US-Dollar nach Elektrizität, Textilien, Holz auf Platz vier der Außenhandelsbilanz.

Es gilt, Deutsches zu entdecken: Ost-Deutsches. Auf dem Markt von Paksong, dem zentralen Ort der Hochebene, weist ein junger Mann auf die Marke seines Mopeds hin, offenbar in der Absicht, gerade uns eine besondere Freude zu machen: Simson aus Suhl. Das war ein begehrtes Zweirad aus der DDR-Produktion, stabil und Schlagloch-erprobt. Gut zwei Jahrzehnte hat dieses Modell auf den Felgen. Und knattert und knattert und knattert. Auch die vereinzelten Lastwagen der Marke IFA, die noch immer über die weniger gut erhaltenen Nebenstraßen rumpeln, sind dereinst von Plansoll-bewußten Aktivisten des Arbeiter- und Bauernstaats gefertigt und ins ferne Laos verfrachtet worden.

Als Gegengabe wurden ein paar tausend Sack Kaffee auf die weite Reise in jenes sozialistische Land geschickt, wo dieses Getränk mindestens so sehr zum Inbegriff von Luxus avancierte wie Bananen. Beides war Mangelware und lausig teuer, aber die

Ost-West-Spannung und der Kalte Krieg galten als dauerhafte Konstanten der Weltpolitik. Auf Laos konnten sich die Kaffee-Sachsen verlassen.

In den frühen 1980er Jahren reisten FDJ-Freundschaftsbrigaden ins Hochland von Bolaven. Im Gepäck brachten sie Maschinen, elektrische Ausrüstung und den guten Willen mit, die Kaffeeproduktion zu modernisieren. Die Franzosen hatten ja längst das Land verlassen müssen. Als Folge des Dauerbombardements der US-Bomber während des angeblich „geheimen Krieges" der 1960/70er Jahre war auch der Kaffeeanbau ruiniert worden. Da sollte Bruderhilfe aus der DDR die verkümmerten Pflänzchen zu neuer Blüte bringen.

Wir haben einen sachkundigen Führer dabei. Jens Berger ist mitausgereister Ehemann einer DED-Helferin, die als Expertin für berufsbezogene Erwachsenenbildung in Paksé arbeitet. Beide stammen aus Leipzig. Jens Berger hat Elektrotechnik studiert und dann als Krankenpfleger gearbeitet und bezeichnet sich als „gelernten DDR-Bürger". Seine praktischen Erfahrungen im täglichen Überlebenskampf mit List und Tücke und möglichst geringer Anpassung reichen in den DDR-Alltag zurück; doch der Abstand ist längst groß genug, das Thema mit Ironie und Witz zu relativieren. Jens Berger verbreitet unerschütterlich gute Laune. Vergleiche mit solch biographischem Hintergrund sind unvermeidlich. Vieles erinnere ihn im heutigen Laos an die DDR der 1970er Jahre. Es sei die Scheu der Menschen, über Politik zu reden, die ängstliche Zurückhaltung, sich einem Fremden anzuvertrauen, von dem man nicht wisse, was er weiterträgt aus solchem Gespräch. Ja, eine ständige unsichtbare Wand umgebe einen in Laos – so ähnlich wie damals in der DDR: eine Wand aus Desinteresse und Mißtrauen. Die meisten Menschen, die einfachen armen Leute, seien viel zu sehr mit sich und dem täglichen Überleben beschäftigt, seien angepaßt und an Hierarchie gewöhnt. Da sei weder die geistige Voraussetzung gegeben für kritische Fragen, noch die Energie zu individuellem Antrieb, sich einzumischen in Verhältnisse, die man sowieso nicht ändern könne. Die vertraute Atmosphäre – bei allen kulturellen, religiösen, politischen Unterschieden – holt den „gelernten DDR-Bürger" in Laos wieder ein.

Mit den einstigen FDJ-Brigaden, die im Bolaven-Plateau dem Kaffee auf die Plan-Sprünge verhelfen wollten, hat er nichts zu tun gehabt, aber die Welt, aus der die Helfer kamen, war mal die seine. Wir nehmen an einer Spurensuche der besonderen Art teil. Die DDR-Fachleute sind heimgekehrt, vor Jahren schon. Ob die Technologie der sozialistischen Marke „Fortschritt / Gigant" so richtig auf Touren gekommen ist, darf bezweifelt werden. Ein paar hundert Meter vom Markt in Paksong entfernt ragt auf flachem Feld weithin sichtbar eine eindrucksvolle Halle auf. Darin stoßen wir auf eben dieses Wortpaar, mit dem die DDR-Planer so gern Weltniveau erreichen wollten. „Fortschritt / Gigant" steht auf den Typenbezeichnungen der Maschinen, mit denen hier Kaffee sortiert und zur Verpackung aufbereitet worden ist – oder werden sollte. Die

Schablone von vorgestern

haushohen Apparate mit Trichtern, Stangen, Motoren sind in kräftigem Industrieblau gestrichen und wirken auf eigenartige Weise neu und ungebraucht. Still und stumm stehen sie da. In den Schaltkästen lesen wir als Gebrauchshinweise deutsche Wörter wie „Einspeisung" und „Hallenlicht" und „hinten links" und „Kraftsteckdosen". Ob laotischen Mitarbeitern jemals solche Worte über die Lippen kamen? Jens Berger bekommt leuchtende Augen. „Mein Herz schlägt höher", sagt er auf sächsisch und mit einer Mischung aus Selbstironie und Bewunderung, „so was habe ich auch mal gelernt." Uns ist, als beträten wir ein Museum. Abteilung laotisch-ostdeutsche Geschichte, ein besonderes Kapitel sozialistischer Bruderliebe. Es ist eine tropische Außenstelle teutonischer Gründlichkeit. Alles ist schön aufgeräumt und gekehrt. Einige Arbeiter sind dabei, ein paar Säcke zu füllen. Von angestrengter Betriebsamkeit keine Spur. Das wirkt eher wie ein Lager der Vergessenheit. Im Hintergrund stehen Maschinen mit der Bezeichnung GM 520. Einige Teile sind noch unausgepackt. Diese Geräte sind nie in Gang gekommen. Auf sarkastische Weise ist es tröstlich, daß nicht nur Equipment westlicher Entwicklungshilfe überall auf der Welt vor sich hin rostet und ungenutzt verrottet. Hier stehen wir an einer Entwicklungsruine „made in GDR".

Die als German Democratic Republic bezeichnete Nation gibt es nicht mehr, aber als Frachtdestination ist sie nachlesbar geblieben. In einem verstaubten Stapel von Schablonen, mit denen die Säcke beschriftet worden waren, ziehen wir eine heraus: „Genuss Berlin – Coffee Laos, in Transit via Danang, Vietnam, to Rostock GDR." Jens Berger lächelt und hat einen Anflug von Nostalgie. Die filigranen Schreibhilfen aus dünnem Blech, gegen das Sonnenlicht gehalten, wirken wie javanische Schattenspielfiguren. Sie bannen die Geister der Vergangenheit und lassen geheimnisvolle Chiffren versunkener Geschichte erkennen. Auch einen anderen Staatsnamen entziffern wir in den gestanzten Scheiben, der nicht mehr existiert: „Paksong Coffee Company Lao P.D.R. – Wostokintorg via Danang S.R.V. in Transit to USSR." Die Union der Sozialistischen Sowjetrepubliken ging unter in der weltpolitischen Neuordnung der 1990er Jahre. Auf den wenigen Säcken in der riesigen Halle steht „Lao Robusta". Aber eigentlich, so erklären uns die Lagerarbeiter, ist „Arabica" drin.

r.s.

Mit deutscher Hilfe zum professionellen Durchblick

„Ich bin Lehrer, schweißen, 25 Jahre." Seng Deuan Inthavong hat noch Schwierigkeiten mit den deutschen Wörtern, lacht und sagt dann sehr zutreffend zu seiner Befindlichkeit: „Nervös." Der junge Mann strahlt Witz aus, ist pfiffig und voller Neugier auf Deutschland. Dort soll er seine Kenntnisse als Schweißer vertiefen und sich in dem Beruf fortbilden, den er in Luang Prabang bereits ausübt: Lehrer am Technik-College. „Besser wissen von Deutschland", umschreibt er seine Erwartungen und tappt geistig noch in einem Durcheinander von Alltagsszenen, die er in Filmen des Deutsche-Welle-Fernsehens schaute, Informationen aus Broschüren und Zeitungsartikeln und den Berichten seines deutschen Kollegen Wolfgang Kaiser.

Der Mann hat Seng die ganze Aufregung mit der Reise in das unbekannte, widerspruchsvolle Land beschert. Der Techniker aus Berlin ist Mitarbeiter des Deutschen Entwicklungsdienstes (DED) und arbeitet als Berufsschullehrer am Technik-College. Er hat Seng für die Ausbildung im fernen Deutschland vorgeschlagen und vermittelt nun das Gespräch mit uns. Seng und dessen Kollege Sone Prasaith Khunvilay, ebenfalls ledig, 25 Jahre alt und Lehrer für Automechanik, der auch nach Deutschland zur Fortbildung geschickt werden soll, löchern uns mit Fragen. Ja, Bilder von Hochhäusern haben sie schon mal gesehen, aber daß da völlig fremde Familien zusammenleben, die überhaupt nicht miteinander verwandt sind, erscheint ihnen als unvorstellbar. Das wäre doch so, als wären mehrere laotische Dörfer mit Menschen, die sich gar nicht kennen und verschiedenen Volksgruppen angehören, in so einem riesigen Kasten auf Gedeih und Verderb zusammengepfercht. Wie kann das gut gehen? Überhaupt: Wie lebt man denn hinter solchen Betonmauern? Den beiden fällt der Vergleich mit einem Gefängnis ein.

Immer wieder werden fehlende Vokabeln mit Lachen ersetzt, und Wolfgang Kaiser erklärt, ergänzt, vermittelt. Den beiden Junglehrern ist ihre Unsicherheit anzumerken, aber eben auch ihre Begeisterung, sich auf dieses seltsame Deutschland für zwei, drei Jahre einzulassen. Sie gehören der Generation der fortschrittsgläubigen und von den Segnungen der Technik überzeugten Laoten an, die noch eine Minderheit im Lande sind. Seng und Sone stammen aus den nördlichen Provinzen, sind in abgeschiedenen Dörfern aufgewachsen, die noch von keiner elektrischen Leitung erreicht werden. Seng hat den Kopf geschoren. Gerade war er aus seinem Heimatdorf nach Luang Prabang zurückgekehrt. Er hatte in einem Tempel gelebt, die safranfarbene Robe angezogen und sich in der Enthaltsamkeit buddhistischen Riten unterzogen. Als ältester Sohn erfüllte er damit familiäre Erwartungen. Natürlich wolle er kein Mönch auf Lebenszeit werden, wehrt er unsere Frage ab; aber es gehöre eben zu seinen Pflichten, sich immer wieder für ein paar Wochen in den strengen Tagesablauf eines Klosters einzufügen. Es ist spürbar, daß da seine geistigen Wurzeln liegen und er aus solcher Beziehung zu spiritueller Innerlichkeit, Askese, Meditation seine Lebensgrundlage erfährt. Lachend erzählt er davon, selbstsicher; vollippig ist sein rundes Gesicht, das den Mönchsgesichtern gleicht, die wir in so vielen Wats gesehen haben. Doch Seng und sein Kollege sind aus ihrer Ruhe aufgeschreckt und werden von dem Gedanken umgetrieben, was sie wohl in Deutschland erwarte. Zum erstenmal in ihrem Leben haben sie eine Herausforderung, bei der ihnen weder familiärer Rat noch die Erfahrung von Freunden helfen kann. Niemand in ihrem Bekanntenkreis ist je so weit aus der heimatlichen Geborgenheit herausgerissen worden. „Nervös", Seng wiederholt lächelnd das Wort, dessen Sinn ihm schon vertraut ist.

Wir machen einen Rundgang durch das weitläufige Areal des Colleges. 600 Schüler werden unterrichtet. Die Ausbildungsstätte für Berufe wie Schreiner, Elektriker, Schweißer, Automechaniker, Buchhalter war in den 1960er Jahren von Amerikanern eingerichtet worden. Großzügig die Anlage mit mehrstöckigen Gebäuden und berufsspezifischen Werkstätten. Betonkästen, die auch sonstwo auf der Welt stehen könnten. Das alles wirkt auf den ersten Blick solide und professionell. Die Unzulänglichkeiten und Mängel werden jedoch sofort bei den Unterkünften offensichtlich. Die Schüler und Schülerinnen stammen vornehmlich aus den abgelegenen, unzugänglichen Nord-Provinzen wie die Ausbilder Seng und Sone. Tagelang sind sie unterwegs, um überhaupt nach Luang Prabang zu gelangen. Mit Brettern und Wellblech wurde die Schlafhütte für die Jungen gebaut. Wir schauen in eine Art Flüchtlingslager. Lang aufgereiht die Holzpodeste mit den Matten. An den Wänden hängen die Kleiderbündel. Die Mädchen schlafen in einem Saal des Hauptgebäudes. Das sieht nach Klassenausflug aus, nach Improvisation und Durchreise. Doch das ist das Zuhause für mehrere Schuljahre. „Hier hat niemand besondere Ansprüche", erklärt Wolfgang Kaiser, „die Lebensbedingungen in den Dörfern sind ja nicht besser. Und auf engstem Raum zusammenzuleben, sind sie alle gewöhnt."

Der Techniker aus Berlin ist ein alter Hase, was Berufsschulen weit weg von der Spree betrifft. Elf Jahre hat er als Ausbilder im Jemen gearbeitet. Nun ist er einer von den drei Dutzend DED-Mitarbeitern, die im Auftrag staatlicher deutscher Entwicklungshilfe ihre Fachkenntnisse in Laos einbringen. Sie arbeiten in Landwirtschaftsschulen, sorgen für Dorfentwicklung, unterrichten ethnische Minderheiten, sind an medizinischer Fortbildung beteiligt, machen Vorschläge zur Tourismusförderung. Drei

Wolfgang Kaiser mit Schülern in der Elektrowerkstatt

Dutzend solcher Fachleute arbeiten in Laos; etwa tausend in insgesamt 43 Ländern vornehmlich der südlichen Erdkugel.

Wolfgang Kaiser kennt die Tücken, als Ausländer in einem anderen Kulturkreis, in einer anderen Sprache, in anderen sozialen und politischen Verhältnissen zu arbeiten. „Natürlich bin ich hier in der Hierarchie der Schule ganz oben angesiedelt", sagt er ohne Eitelkeit und macht darauf aufmerksam, daß eben dies hemmend sein kann, die eigentlichen Adressaten seiner fachlichen Hilfe zu erreichen: „Diese Position macht es nämlich schwieriger, mit den jungen Lehrern zusammenzuarbeiten, weil da Eifersüchteleien entstehen und weil es sich nicht gehört, wenn man in der oberen Hierarchie ist und in der unteren Hierarchie aktiv wird." Es gebe zwar ein Kollegium, aber von einem Team mit Austausch von Informationen und Erfahrungen könne keine Rede sein – bestenfalls: noch nicht. Zu sehr lege die Rangordnung den Platz des einzelnen Lehrers fest; und nicht unbedingt bestimme die fachliche Qualifikation die Besetzung einer Top-Position, sondern die Parteizugehörigkeit und sonstige Stellung innerhalb des staatlichen Apparates. Die laotische Variante zum Klüngel. Eigentlich seien die meisten Ausbilder nur Facharbeiter, aber keine wirklichen Lehrer, die ihr Wissen auch pädagogisch vermittelten könnten. In Wolfgang Kaisers Miene ist das einsichtsvolle Lächeln des welterfahrenen Mannes, der etwas von Technik und von Menschen versteht. Kahlköpfig wie ein Mönch ist er eine herausragende Erscheinung im College am Rande von Luang Prabang.

Wir schauen in die Lehrwerkstätten und Klassenräume. Konzentrierte Gesichter der Schüler und Schülerinnen. Es ist ihnen anzumerken, daß sie etwas lernen wollen, daß sie motiviert sind, sich auf elektrische Schaltungen oder die Reparatur eines Auspuffs oder den Hobelschliff eines Brettes einzulassen, je nach Berufsrichtung. Wolfgang Kaiser plädiert für die Grundausbildung in einem Land wie Laos, wo ein solches College noch immer eine Art von technologischer Insel in einem Meer von Unwissenheit sei. Fragen seien verpönt und würden als Mißtrauen an einem Lehrer und dessen Kompetenz verstanden – oder präziser: mißverstanden, denn zur wirklichen Bildung und Entwicklung trage solches Verhalten wohl kaum bei. Höflichkeit werde ohnehin als Tarnung der Angst gebraucht. Man kann sich und seine Unzulänglichkeit noch immer am besten hinter der Fassade von Konventionen und dem ungeschriebenen Gesetz verstecken, einer über mir habe per se Recht. Ein mühsamer Prozeß, in solche Fassaden ein paar Gucklöcher der Veränderung zu bohren. Nach so vielen Jahren im Lehrbetrieb von Ländern der sogenannten Dritten Welt sind all diese Fragen einem Mann wie Wolfgang Kaiser vertraut. „Die Hoffnung setze ich auf die junge Generation", sagt er, der nicht nur als Techniker zu den Machern zählt, sondern in seinem Grundverständnis zukunftsorientiert ist. „Wir in Europa sind in vielen Jahrzehnten mit Technik aufgewachsen, und hier knallt das plötzlich rein", faßt Wolfgang Kaiser die Verhältnisse burschikos zusammen. Die Absolventen des Colleges werden gebraucht. Es ist einer dieser Widersprüche in Laos: Das Land verfügt über Wasserkraft und hydroelektische Staudämme, über deren Wert und Gefahren man streiten kann; aber die Zahl der einheimischen Fachleute, die etwas von Elektrizität verstehen, ist verschwindend gering.

Zum Beispiel dies: Wolfgang Kaiser warnt uns vor den Heißwasser-Erhitzern, diesen kleinen weißen Geräten neben den Duschen in Hotels, importiert aus China oder Thailand. Die Verkabelung müsse zumeist als abenteuerlich, das Gefahrenpotential als hoch eingeschätzt werden. Selten sei solch ein Ding fachmännisch angeschlossen und geerdet. Ein Stromschlag bei sprudelndem Wasser könnte den Reinigungsvorgang abrupt beenden. Bis zu diesem Gespräch erfreuten wir uns gerade in den nödlichen Regionen des technischen Fortschritts in Gestalt der Durchlauferhitzer, wenn an lausig kalten Abenden und an nebligen Morgen das Waschwasser elektrisch erwärmt wurde. Fortan wurde jedes Duschen zur Mutprobe.

Wie schnell sich das Rad der technischen Veränderung in Bewegung setzt, läßt sich bei der Unterhaltungselektronik auf rasante Weise beobachten. „Vor einem Jahr gab's hier noch keinen einzigen CD-Player, und heute kann man überall CDs kaufen", sagt Wolfgang Kaiser. Im Konsumbereich ist mit importierten oder geschmuggelten Geräten das Geschäft in Gang gekommen. Doch es fehlt an technischem Know how. „Kaufen können Sie allen möglichen modernen Kram, aber finden Sie mal jemanden, der etwas reparieren oder fachmännisch warten kann." Schulterzucken.

Laos ist ein eindrucksvolles Terrain, um Wahnsinn und Sinnlosigkeit zu lokalisieren. Während des sogenannten „geheimen Krieges" ist den Laoten waffentechnisch schon in den 1960er und 70er Jahren alles an modernem und menschenverachtendem Equipment um die Ohren geflogen, was Ingenieurs-Intelligenz in Mordmaschinen einzubauen imstande war. High-tech-Krieg im Ost-West-Konflikt. Und vier Jahrzehnte danach? Es mutet wie ein Anachronismus an, daß für die meisten Laoten eine einfache Steckdose noch immer ein unbekannter oder zumindest ein geheimnisvoller Gegenstand ist. Nur 25 Prozent der Orte verfügen über einen elektrischen Anschluß. Das College in Luang Prabang mit den gut ausgerüsteten Übungsräumen, mit Schaltkreisen und Demonstrationsobjekten zur Erkundung von Physik und Chemie wirkt wie ein Vorposten der technisierten Welt. Die scheint aber noch weit entfernt zu sein. Man kommt ins Grübeln und denkt an die drei Schlüsselbegriffe der Herausforderung der Menschheit an der Schwelle des 21. Jahrhunderts: Globalisierung, Internet, Genmanipulation. In Laos sind es Fremdwörter eines anderen Planeten. Seng und Sone, die beiden Junglehrer, lassen sich auf diese Welt ein – von der sie kaum eine Ahnung haben. „Ich noch nicht weiß", sagt Seng mit entwaffnend sympathischer Unschuld.

r.s.

Gesellschaft und Kultur

Ethnische Vielfalt

Ethnische Vielfalt:
Auf der Suche nach Identität

Laos ist nach der bevölkerungsstärksten Ethnie des Landes, den Tai Lao, benannt, und wurde von der französischen Kolonialverwaltung le Laos getauft. Ebenso entsteht im Nachbarland aus den ethnisch verwandten Tai die Landesbezeichnung Thailand. Die ursprüngliche Bezeichnung aller Tai ist nach chinesischen Quellen Ngai Lao oder Ai Lao, die im 13. Jahrhundert aus China auswandern und sich in der Region von Ostindien bis Nordvietnam niederlassen. Die ursprüngliche Bezeichnung Lane Xang (Eine Million Elefanten) für Laos und Siam für Thailand wäre vielleicht angemessener, um ethnischen Chauvinismus zu verhindern und Groß-Thailand oder Groß-Laos Bestrebungen entgegenzuwirken, die längst nicht überwunden sind.

„Niederländer", „Mittelländer" und „Hochländer"

Die Ethnien in Laos werden offiziell drei geographischen Kategorien zugeordnet: Lao Lum, Lao Theung und Lao Sung. Mit den Wörter lum, theung und sung verbindet man Täler, Hänge und Höhen, die angesiedelten Völker werden entsprechend als „Niederländer", „Mittelländer" und „Hochländer" bezeichnet. Das Begriffspaar lum und theung bedeutet „unten" und „oben" wie das ähnliche Begriffspaar sung und tam „hoch" und „niedrig", räumliche Angaben ohne hierarchische Zuordnung. Lao Lum werden die Bewohner der Ebenen entlang des Mekong, der Täler und Plateaus auf der Höhe zwischen 200 und 400 Metern genannt, Lao Theung bewohnen die Hänge, Hochtäler und Hochebenen zwischen 300 und 900 Metern, und Lao Sung besiedeln die Höhen der Bergmassive auf 800 bis 1.600 Metern Höhe, jedoch immer oberhalb der Lao Theung.

Die geographische Klassifizierung stammt aus der französischen Kolonialzeit, wird vom Volk der Hmong zur Gleichbehandlung der Bergvölker mit den Lao in der Ebene propagiert und vom Pathet Lao mit dem Präfix Lao versehen, um die Einheit aller Ethnien im gemeinsamen Kampf für die nationale Befreiung zu unterstreichen. Sie bewährt sich als rhetorisches Mittel, um die Einheit der multiethnischen Gesellschaft zu festigen und den ethnischen Chauvinismus der Lao zu mildern. Die Bergvölker tragen die Last der Befreiungskriege, werden aber von der Regierung in Vientiane nicht als Gleichberechtigte behandelt, sondern benachteiligt. Wenn die Bezeichnung „Meo" (Katze) für die Hmong und „Kha" (Sklave) für die Bergvölker auch verpönt ist, das Verhältnis der „Hauptbevölkerung" zu den ethnischen Minderheiten hat sich in Laos und den Nachbarländern Thailand, Burma, Vietnam und China nicht wesentlich verändert.

Das Schema wird jedoch nur unzureichend der Siedlungsstruktur der Ethnien gerecht. Tai-Lao sprechende Völker leben beispielsweise auch in Bergen über 800 Metern, wie die Tai Phouan in Xiang Khuang oder die Tai Deng (Rote Tai) und Tai Khao (Weiße Tai) in Hua Phan, die zu den Lao Lum gerechnet werden. Die Hmong, Khamu, Katang und andere Völker werden wegen ihrer Siedlungen im Hochgebirge zu den Lao Sung gerechnet, obwohl sie auch in den Ebenen und Tälern siedeln und Naßreis anbauen. Für die soziale und wirtschaftliche Integration der Ethnien und die Bewahrung und Entfaltung ihrer kulturellen Tradition und ihres lokalen Wissens ist die formale geographische Klassifikation völlig unzureichend. Auch die Ethnologen beklagen die schematische Einteilung der Ethnien nach geographischen Gesichtspunkten als eine Verkürzung und Verarmung der Vielfalt von Völkern und Kulturen des Landes, die auf so engem Raum wie Laos einmalig ist.

Sprachfamilien und Ethnien

Anläßlich der Volkszählung von 1995 hat das staatliche Komitee für Soziale Wissenschaften, Vorgänger des Instituts für Kulturelle Studien, 1992 eine nicht unumstrittene offizielle Registrierung von fünf Sprachfamilien und 47 ethnischen Gruppen vorgenommen und sie den drei geographischen Klassifikationen zugeordnet.

Unter Lao Lum fällt die Tai-Kadai sprechende Mehrheit des Landes, die mit drei Millionen Angehörigen oder 66 Prozent der Gesamtbevölkerung zwei Drittel der laotischen Bevölkerung ausmachen. Sie besteht zur einen Hälfte aus Lao mit zwei Millionen Angehörigen und zur anderen Hälfte aus fünf verschiedenen Tai-Gruppen. Von den fünf Tai-Gruppen sind die Phutai mit den Weißen, Schwarzen, Roten Tai und den Tai Phouan mit insgesamt 470.000 Angehörigen die stärkste Gruppe, gefolgt von den Leu mit 120.000 Mitgliedern.

Die Tai-Kadai sprechenden Völker bewohnen die Städte und Dörfer im Mekonggürtel von Paklai in der Provinz Sayaburi im Westen bis an die kambodschanische Grenze im Süden und machen 84 Prozent der Bevölkerung am Mekong aus, mit der größten Dichte in der Ebene von Vientiane und im Reisanbaugebiet der Provinzen Khammouane und Savannakhet. Sie bewohnen aber auch die Region zwischen Vientiane und Sam Neua in der Provinz Hua Phan im Nordosten. Die Tai Phouan leben in den Bergprovinzen Xiang Khuang und Hua Phan und sind ethnolinguistisch nicht als Bergvölker einzustufen. Ebenso leben die Tai-Kadai sprechenden Phutai hauptsächlich in gebirgigen Regionen der Annamitischen Kordilleren, wo sie enge Beziehungen zu den Tai-Völkern in Vietnam pflegen.

Den Lao Theung werden die Mon-Khmer sprechenden austro-asiatischen Völker zugeordnet, die von den Tai im 13. Jahrhundert ins Mittelgebirge abgedrängte Ursprungsbevölkerung. Sie bestehen aus 30 verschiedenen ethnischen Gruppen und machen 23 Prozent der Gesamtbevölkerung aus. Das Komitee für Soziale Wissenschaften unterscheidet innerhalb der austro-asiatischen Völker drei Viet-Muong sprechende Gruppierungen mit 4000 Angehörigen, die in der Provinz Borikhamsay in Mittellaos an der Grenze zur vietnamesischen Provinz Nghe Tin leben, wo sie die Hauptbevölkerung bilden.

Die Mon-Khmer sprechenden Völker konzentrieren sich in Laos auf ein nördliches und ein südliches Siedlungsgebiet. Die größten Gruppen bilden die Khmu mit 500.000, die Katang mit 95.000 und die Makong mit 90.000 Angehörigen. Die homogene Gruppe der Khmu lebt im Norden und macht in der Provinz Oudomxai 43 Prozent und in Luang Prabang 73 Prozent der Bevölkerung aus. Die Katang bilden die Hauptbevölkerung der Provinz Savannakhet im Süden. Andere Mon-Khmer sprechende Ethnien haben sich in den südlichen Provinzen angesiedelt. Die Taoey und Xouay leben in der Provinz Saravan, die Talieng und Katu in Sekong und die Laven zwischen den Provinzen Champasak und Attapeu.

Die Mon-Khmer-Sprachen sind in Laos lokal begrenzt und nur teilweise schriftlich fixiert. Untersucht wurden bisher nur die Sprache und Grammatik der größeren Völker, wie Khamu, Gua Hon und Katu.

Den Lao Sung werden drei Sprachfamilien zugeordnet, die erst im 19. Jahrhundert aus China immigriert sind und sich auf der südostasiatischen Halbinsel angesiedelt haben: Miao-Yao – in Laos Hmong-Yao genannt – mit 315.000 Hmong und 22.000 Yao, die Tibeto-Burmesen mit 120.000 in acht Gruppen und die Hor mit 8000 Angehörigen. Das homogene Volk der Hmong bildet 80 Prozent der Bevölkerung in ihrem Kernland Xiang Khuang und in der Region zwischen der Provinz/Sonderzone Xaysombon und Hua Phan, siedeln aber immer oberhalb der Tai Kadai, bzw. der Tai Phouan in Xiang Khuang. Der Lebensraum der Yao liegt in den Bergregionen der Provinzen Xayaburi und Vientiane. Die tibeto-burmesisch sprechenden Völker leben in den Bergen des Nordwestens und die Hor sprechenden an der chinesischen Grenze in der Provinz Phong Saly in der nördlichsten Region des Landes.

Das Hmong-Yao ist wie das Tai-Kadai eine sino-tibetische Sprache, kaum schriftlich fixiert, aber mit ersten Untersuchungen über die Grammatik. Das Tibeto-Burmesisch wird von den Akha, Lahu und Lolo gesprochen, Völkern im „goldenen Dreieck" zwischen Thailand, Burma und Laos. Die Sprachfamilie der Hor wird in der offiziellen Klassifizierung als eigene Sprachgruppe chinesischen Ursprungs registriert, von vielen Ethnolinguisten aber nicht als solche anerkannt.

Die Anzahl der Ethnien und Unterethnien in Laos richtet sich nach sprachlichen, kulturellen und wirtschaftlichen Kriterien, die Anthropologen zu ihrer Differenzierung entwickelt haben, aber nicht einheitlich anwenden. Der französische Ethnologe Laurent Chazée listet in einem Atlas der Ethnien in Laos 130 Gruppen in vier Sprachfamilien auf. Russische Forscher unterscheiden 600 verschiedene Ethnien. In der ethnologischen Literatur werden 68 Ethnien genannt, für die offensichtlich keine eindeutigen Kriterien bestehen. Seit der Volkszählung 1995 führt die Regierung eine vereinfachte Liste von 47 Ethnien in den drei geographischen Kategorien und fünf Sprachfamilien. Die ethnische Zugehörigkeit kann sich aber auch ändern, durch Heirat von Angehörigen unterschiedlicher Ethnien, Anpassung der Sprache, Veränderung der Lebensform, Produktionsweise und der Einkommensverhältnisse. Manche Ethnien haben sich selbst mehrere Namen zugelegt oder werden unterschiedlich in den Ländern genannt, in denen sie leben und siedeln. Eine große Ethnie aus der sino-tibetischen Sprachfamilie im „goldenen Dreieck" wird beispielsweise in Thailand Lahu und in Laos aber Mosso oder Mousseur genannt.

„Hmong" steht für Freiheit und Eigenständigkeit

Die Herren der laotischen Bergwelt sind das Volk der Hmong aus der sino-tibetischen Sprachfamilie. Das Bild des Hmong vom robusten Kämpfer für Freiheit und Würde hat zwar stereotype Züge, ist aber weitgehend zutreffend. Die Hmong sind den Lebensbedingungen der rauhen Berge gewachsen, Meister des Mohnanbaus, sie züchten schnelle Pferde und sammeln Silberbarren als Sparkasse für schlechte Zeiten. Sie bauen Naßreis in den Tälern an und bewegen sich als Sammler und Jäger in den Bergen. Neuerdings nehmen sie auch die Marktchancen wahr und richten ihre Produkte danach aus. Wo es Möglichkeiten dazu gibt, schicken sie ihre Kinder in die Schule und sogar auf die Universität. Sie geben nie ihre Identität auf, ob sie als Arbeiter und Angestellte in der Stadt tätig sind oder als Flüchtlinge in den USA leben.

In den Indochinakriegen Frankreichs und der USA wird ihr Kampf um Freiheit und Eigenständigkeit stark erschüttert. Durch eine unglückliche Bündnispolitik geraten sie in die Abhängigkeit von den Krieg führenden Mächten und spalten sich. Eine Fraktion paktiert mit den Franzosen gegen den Vietminh und läßt sich anschließend vom amerikanischen Geheimdienst CIA zu einer „geheimen Armee" aufbauen und zur Bekämpfung des Pathet Lao und ihrer ethnischen Genossen im Untergrund einspannen. Als Flüchtlinge in Lagern Südostasiens lassen sie sich nach 1975 von Thailand und China für bewaffnete Aktionen benutzen, um das Regime in Vientiane zu destabilisieren. Sie stehen neuerdings unter Verdacht, hinter den Anschlägen in Laos zu stehen, um auf ihr Schicksal aufmerksam zu machen und eine Rückkehr nach Laos mit internationaler Hilfe zu erzwingen.

Das Volk der Hmong stammt aus China, wo es trotz Migration und Vertreibung noch vier Millionen Hmong gibt. In ihren Legenden leben die Vorfahren in kalten Bergen mit Eis und Schnee, ein Hinweis auf ihren Ursprung in Tibet und Nordchina. Nach chinesischen Quellen siedelten sie vor 3.000 Jahren an den Ufern des Gelben Flusses. Im 18. und 19. Jahrhundert versucht die chinesische Regierung, ihren Widerstand zu brechen und sie gewaltsam zu integrieren, bis 1870 ihre letzten Truppen aufgerieben werden. Die Überlebenden ziehen in den Süden und lassen sich in den Bergregionen von Laos, Vietnam, Burma und Thailand nieder. Um 1850 entstehen die ersten Hmong-Siedlungen in den Bergen von Luang Prabang.

Die Größe der Hmong-Siedlungen richtet sich nach der zur Verfügung stehenden Anbaufläche und geeigneten Wäldern für die Brandrodung. Die Dörfer bestehen aus vier bis acht Häusern, an geschützten Hängen in den Bergen errichtet. Die Hmong sind Nomaden, wenn sie Mohn anbauen, und seßhafte Bauern, wenn sie in den Tälern Naßreis pflanzen. Ihre Häuser sind ebenerdig, mit starken Pfosten errichtet und mit Gras oder Schindeln gedeckt. Der große Gemeinschaftsraum mit Ahnenaltar und einer zentralen Feuerstelle entspricht der Clanstruktur der Hmong. Sie pflegen einen starken Familiensinn, und die Alten genießen großes Ansehen in der Gemeinschaft. Obwohl Paternalismus herrscht und eine patrilineare Erbfolge besteht, sind Frauen gleichberechtigt und können selbst ihre Partner wählen. Der jüngste Sohn ist für das Wohl der Eltern im Alter verantwortlich und erhält dafür das Erbe der Familie. Das Dorf wird von einem Vorsteher geleitet, gewöhnlich der angesehensten Persönlichkeit der Gemeinschaft. Man kennt auch die Tradition von Königen, die in Funktion treten, wenn wichtige Entscheidungen des Volkes anstehen, die die Belange eines Dorfes übersteigen.

Hmong-Frauen sind geschickt im Umgang mit Nadeln und Garn und fertigen die schwarzen, blauen und weißen Gewänder mit bunten Stickereien an, nach denen sich die verschiedenen Gruppen der Hmong nennen. Sie sind auch die einzigen auf dem Festland Südostasiens, die die Kunst des Batikens verstehen. Ihr kostbarster Schmuck besteht aus Silber in Form von Münzen, mit denen sie ihre Kopftücher schmücken.

In den Häusern und Dörfern der Hmong leben unzählige freundliche Schutzgeister für alle Lebenslagen, für die Liebe, das Wohnen und den Acker. Nur außerhalb des Dorfes hausen böse Wesen, die der Schamane mit Opfern und Riten besänftigt.

Kultur und Identität

Wer sind die Laoten und woran kann man sie erkennen? Ist es der typisch laotische Klebreis? Klebreis ißt man jedoch auch in den Nachbarländern. Stiftet der monastische Theravada-Buddhismus eine laotische Identität? Der Buddhismus ist zwar charakteristisch für den größten Teil der Lao Lum, aber er ist keine Bezugsgröße wie der Konfuzianismus in China und Vietnam, und der Theravada-Buddhismus ist auch in Thailand die Hauptreligion. Ist die Tai-Lao-Sprache das verbindende Element aller Laoten? Ein Großteil der Ethnien spricht kein Tai-Lao, und in Thailand spricht man dieselbe Sprache, wenn auch mit Abweichungen.

Nationale Grenzen sind für die erfolgreiche Entfaltung einer verbindenden Kultur und Identität offensichtlich unverzichtbar. Selbst die Ethnien haben in Laos einen Bezug zum nationalen Territorium, auch wenn ihre Lebensbereiche keine formalen Grenzen haben. Die Lue aus der Tai-Kadai-Sprachfamilie in Luang Namtha und Phong Saly verstehen sich beispielsweise als Laoten und nicht als Chinesen oder Burmesen, obwohl sie mit den Lue in Yünnan und in Burma eine enge familiäre und kulturelle Beziehung pflegen.

Die Regierung in Vientiane sieht in der grenzüberschreitenden Mobilität der Ethnien eine Bedrohung der nationalen Einheit des Landes, nutzt sie aber auch als Vorwand für repressive Maßnahmen. „Grenzüberschreitungen" gehören zur multiethnischen Wirklichkeit von Laos, denn der Lebensraum der meisten Ethnien deckt sich nicht mit dem nationalen Territorium. In Laos haben alle 16 Provinzen des Landes und der Stadtbezirk von Vientiane Außengrenzen, und der laotische Außenhandel ist größer als der Binnenhandel.

Wie laotische Behörden mit der grenzüberschreitenden Mobilität von Ethnien umgehen, zeigt die Demonstration von 5.000 Angehörigen fünf ethnischer Gruppen der sogenannten Montagnards im Februar 2001 in den Provinzen Dak Lak und Gia Lai im Zentralen Hochland von Vietnam, die gegen die Enteignung von Land für Kaffeeplantagen, die Beschneidung traditioneller Rechte und die religiöse Unterdrückung protestieren. In Südlaos solidarisieren sich die verwandten Ethnien auf dem Bolaven-Plateau und fordern ebenso besseres Land und günstigere Bedingungen für ihre Umsiedlungen. Statt ihre Forderungen ernst zu nehmen und dadurch ihr Vertrauen in den Staat und die Gesellschaft von Laos zu stärken, werden sie wie ihre ethnischen Verwandten in Vietnam festgenommen, der Subversion und Untergrabung der nationalen Einheit beschuldigt und inhaftiert.

Der australische Soziologe Grant Evans, der sich mit der Kultur und Gesellschaft von Laos befaßt, sieht das laotische Trauma von der bedrohten Einheit und vom Verlust der kulturellen Identität in der Arroganz begründet, mit der die internationale

Öffentlichkeit Laos behandelt. Ethnologen neigen dazu, Laos als Ansammlung von Ethnien zu betrachten und nicht als Volk zu respektieren. In den 1960er Jahren stellt der Indochinaforscher Bernhard Fall die These auf, daß Laos „keine geographische oder ethnische Größe, sondern ein politischer Zufall" sei. Nach Auffassung von Arthur Schlesinger, Berater von John F. Kennedy in den 1960er Jahren, ist Laos nicht mehr als ein „diplomatisches Zugeständnis" der Großmächte, eine infame Rechtfertigung für die Intervention und Zerstörung des „Niemandslandes" Laos in „geheimer" Bombardierung während des Indochinakriegs der USA.

Die Verunsicherung hat tiefe Wurzeln in der historischen Ironie, daß die französische Kolonialmacht den Bestand des heutigen Laos am Ende des 19. Jahrhunderts sichert, als Siam sich den Rest des Landes anzueignen versucht und Vietnam Anspruch auf Gebiete im Nordosten und Süden des Landes erhebt. Die stereotype Darstellung von Laos aus thailändischer Sicht in den Medien – daß nämlich in Thailand mehr Laoten leben als in Laos, Laos also nicht deckungsgleich mit dem Lebensraum der Laoten ist und der Mekong eine künstliche Grenze zu Thailand bildet – verunsichert das nationale Selbstbewußtsein und die Suche nach Identität.

Die geschichtliche Realität und Kontinuität von Laos als Gesellschaft und Staat wird so auf eine „natürliche" Größe des Landes reduziert und Geschichte wieder in Natur umgewandelt. Als ob die Einigung von Fürstentümern und die Gründung von Lane Xang (Eine Million Elefanten) von König Fa Ngum 1353 und 350 Jahre „Blütezeit" des Königreichs keine konstituierende Bedeutung für Laos hätten. Während des Zweiten Weltkriegs versuchen Prinz Phetsarat und Prinz Suvanna Phuma ein von Frankreich unabhängiges Laos auf der Basis von Demokratie und Blockfreiheit zu gründen und experimentieren in den 1950er und 1960er Jahren mit liberalen und demokratischen Parteien. Aber die Intervention Frankreichs und der USA und die Kriege machen die Ansätze der demokratischen Modernisierung eines unabhängigen Laos zunichte. Der jüngste Versuch von drei Angehörigen der Regierung, anläßlich der neuen Verfassung demokratische Strukturen aufzubauen, scheitert 1990 am sozialistischen Einparteiensystem und bringt ihnen 14 Jahre Haft und Arbeitslager ein.

Sonderbehandlung oder Bürgerrechte für Ethnien

Die französische Kolonialmacht entscheidet 1893, wer ein Laote ist, und erklärt nach nationalstaatlicher Vorstellung von territorialen Grenzen den Mekong zur Trennungslinie zwischen Laoten in Siam und Laoten in Laos. Die Vorstellung von rassischer Reinheit und Unreinheit spielt bei den französisch-thailändischen Grenzverhandlungen von 1893 bis 1907 und erneut 1947 eine große Rolle. Frankreich besteht auf Ausweitung des kolonialen Territoriums Indochina aufs Plateau von Khorat wegen der ethnischen Einheit der Bevölkerung. Mit demselben Argument eignet sich Thailand während des Zweiten Weltkriegs die Gebiete am westlichen Ufer des Mekong an – Sayabury im Norden und Champasak im Süden – und sträubt sich 1947, sie an Laos zurückzugeben.

In Thailand und Laos geistern Vorstellungen herum, alle Tai-Völker zu vereinen und die ethnische Zugehörigkeit eines Volkes mit dem Staatsgebiet in Deckung zu bringen, chauvinistische und nationalistische Manien, die wie in anderen Ländern in blutigen Konflikten enden. Die Bevölkerung des Nordostens von Thailand besteht zu 80 Prozent aus Laoten, die nach thailändischer Sprachregelung nicht „Laoten", sondern Khon Isan (Volk des Nordostens) genannt werden, sich aber auch selbst so verstehen. Sie gelten als Bürger Thailands und pflegen ungehindert ihre eigene Kultur und Tradition.

Ein anderes Argument für die ethnische Einheit ist dieselbe Sprache und Kultur, das Schlüsselkriterium der Ethnologen für die Zusammengehörigkeit einer Ethnie. Das „Volk des Nordostens" spricht trotz regionaler Besonderheiten dieselbe Sprache wie die Laoten in Laos und die Thai in Thailand. Aber auch ethnolinguistische Gemeinsamkeiten sind kein zwingendes Argument für eine ethnische und kulturelle Einheit und schon gar nicht für eine staatliche Zusammenführung. Wie Linguisten argumentieren, gibt es zwar keine Verständigung ohne gemeinsames Gedankengut, wohl aber gemeinsames Gedankengut und sogar Gemeinsamkeiten ohne Verständigung. Die gemeinsame Sprache kann als Brücke der Verständigung und zum kulturellen Austausch dienen, aber auch als Rechtfertigung für Übergriffe und eine gewaltsame Zusammenführung von Völkern, wie nicht nur die jüngste europäische Geschichte zeigt.

Die kommunistische Führungselite hat nach der Abschaffung der Monarchie und der Ausrottung des Königshauses, des traditionellen Symbols der Einheit des Landes, keinen institutionellen Ersatz für eine gemeinsame Kultur und Identität anzubieten. Statt dessen wird die Vorstellung von der Reinheit und Unreinheit der sozialistischen Ideologie eingeführt und das Land von „schlechten Elementen" gesäubert. Tausende fallen der Säuberung in den Umerziehungs- und Arbeitslagern zum Opfer, und ein Drittel der Bevölkerung flüchtet ins Ausland. Die Manie der ideologisch gesäuberten Gesellschaft führt das Land kulturell in die Isolation und wirtschaftlich in den Ruin. Die Gefahren der ethnischen Polarisierung und Pogrome nach dem Zusammenbruch einer ideologisch begründeten Einheit ist aus der jüngsten Geschichte multiethnischer Gesellschaften unter sozialistischer Herrschaft nur zu gut bekannt.

Zur Schaffung einer Massenkultur werden eine standardisierte Erziehung und die Kultur des sozialistischen Nationalstaates verordnet, die ohne Rücksicht auf kulturelle Eigenheiten auch für ethnische Minderheiten gilt, das Gegenteil von Pflege und Entfaltung der reichen kulturellen Vielfalt des Landes sowie von Verständigung der Ethnien in einer multiethnischen Gesellschaft. Stattdessen wird Laos seit der wirtschaftlichen Öffnung, die keine politische und kulturelle Neuorientierung beinhaltet, von einer globalen Massenkultur erfaßt, die kommerziellen Regeln folgt und die Gesellschaft unvorbereitet trifft, von thailändischen Medien mit aller Macht ins Land getragen.

Die Öffnung des Landes seit Anfang der 1990er Jahre ermöglicht einen neuen Zugang zur einzigartigen multiethnischen Gesellschaft von Laos. Die internationalen Geberorganisationen, Ersatz für die bankrotten sozialistischen Brüderländer, bieten jedoch auch nur standardisierte und fragwürdige Konzepte der Wirtschaftsentwicklung an, die keine Rücksicht auf die differenzierten Formen des einheimischen Wissens und der eigenen Erfahrung in bezug auf Problemlösungen nehmen. Die Kultur der Bergvölker wird für den internationalen Tourismus als folkloristisches Angebot aufbereitet und für ein „Visit Laos"-Programm verkauft. Viele thailändische Touristen strömen beispielsweise nach Laos, um die Wurzeln ihrer eigenen Kultur kennenzulernen. Unfähig, den Ursprung ihrer eigenen Tradition wahrzunehmen und schätzen zu lernen, wenden sie sich ab und nennen Laos ein rückständiges und primitives Land.

Die Welt ist jedoch ethnischen Minderheiten gegenüber sensibler geworden. In Laos greifen viele internationale Nichtregierungsorganisationen deren Bedürfnisse auf und bieten den marginalisierten Minderheiten soziale und wirtschaftliche Hilfsprogramme an. Konkrete Projekte gesellschaftspolitischer Bewußtseinsbildung sind nützlich, solange in Laos keine Demokratie besteht und Minderheiten nicht selbst für ihre Rechte in der laotischen Gesellschaft kämpfen können. Andererseits ist bei den Hilfsorganisationen auch eine romantische Überidentifikation mit Ethnien und eine rassische und ethnische Sichtweise des Landes anzutreffen, die nicht auf staatsbürgerliche Integration der Ethnien in die Gesellschaft setzt. Denn für die Entfaltung von Demokratie in einer multiethnischen Gesellschaft taugen keine „natürlichen", sondern nur politische Ideen einer Nation.

Die Öffnung des Landes hat weitreichende Konsequenzen für die kulturelle Veränderung von Laos, die auch die entlegensten Regionen und ihre Bewohner erreicht. Selbst in unzugänglichen Dörfern der Minderheiten öffnen Videobars und Internetcafés. Grant Evans berichtet, wie er in Sam Neua einen jungen Angehörigen der Hmong aus den Bergen von Hua Phan beobachtet, der ins Postamt der Stadt geht und mit der größten Selbstverständlichkeit der Welt ein Telefongespräch mit seinen Verwandten in den USA führt.

h.k.

Veränderungen in Luang Prabang

Vonglat Phouthasone lachte pfiffig. Die Überraschung war ihm gelungen. „Woher kommen Sie? Wie gefällt Ihnen unser Land?" Mitten in Laos nach Eindrücken und Wohlbefinden befragt zu werden – und zwar in sehr gutem Deutsch – machte neugierig. Der junge Mann in der schäbigen Baracke neben der Flugpiste von Luang Prabang prüfte die Tickets und erzählte seine Geschichte. Der 27jährige war 1989 in die damalige DDR geschickt worden. Eine große Auszeichnung, erinnerte er sich; nur die Besten seien zur Weiterbildung in ein sozialistisches Bruderland delegiert worden. In Nordhausen habe er Maschinenbau studiert. Nein, das sei nicht seine Berufswahl gewesen. So etwas wurde von oben bestimmt.

Es dürfte eine der vielen Fehlentscheidungen jener Jahre gewesen sein. Mit diesem Studium konnte er nämlich in seiner Heimat gar nichts anfangen. Die Fabriken, in denen ein Ingenieur seines Fachs gebraucht würde, müßten erst noch gebaut werden. Auch seine Deutschkenntnisse konnte der junge Mann mangels Touristen nur selten anwenden.

Vonglat Phouthasone berichtete mit Schicksalsergebenheit von solchen Mißlichkeiten. Es sei ja einiges in Gang gekommen, fügte er hinzu; und in diesen Worten schwang ein hoffnungsvoll unternehmerischer Ton mit. Wie schnell sich in einem Land etwas ändern könne, habe er schließlich selbst erlebt. Damals in Deutschland. Erst 1993 sei er nach Laos zurückgekehrt. „Wende", sagte er und setzte wieder sein Lächeln auf. Begriff und Vergleich waren weit hergeholt und für Laos unzutreffend. Aber atmosphärische Veränderungen und die wirtschaftspolitische Öffnung waren unverkennbar. Das war 1995.

Das Willkommensschild neben der Rollbahn von Luang Prabang warb rotgelb für Kodakfilme. Der Zusatz „Express" wirkte in dieser Umgebung spürbarer Gemächlichkeit zwar übertrieben, doch man konnte solche Reklamesprüche getrost als Zeichen der neuen Zeit deuten. Gleich neben dem herunter- und in die Jahre gekommenen Abfertigungsgemäuer der laotischen Fluggesellschaft rotierten Betonmischmaschinen an einer Baustelle. Da wurde mehrstöckig das neue Airportgebäude hochgezogen. Schon waren die Umrisse des Towers zu erkennen. Ein Projekt, an dem thailändische Geschäftsleute beteiligt waren. Die Nachbarn, die ihr eigenes Land zu einer Boomregion entwickelt hatten und noch von keiner Asien-Krise angekränkelt waren, traten auch in Laos überall auf, wo gebaut, modernisiert, investiert und kassiert wurde.

Von einem fast vergessenen Land schrieben wir damals. Nun hat es seine Grenzen geöffnet. In der Zwischenzeit ist der neue Flugplatz fertiggestellt worden. Luang Prabang wird von Thailand aus direkt angeflogen und wird als internationales Tor zum nördlichen Laos gepriesen. Der Tourismus floriert. Wir treffen Vonglat Phouthasone wieder. Er arbeitet noch immer am Flugplatz. Wir erkennen den kleinen freundlichen Mann sofort. Er erinnert sich nicht mehr an uns – bei so vielen Touristen seither. Ein entschuldigendes Lachen im runden Gesicht. Der Mitarbeiter von Lao-Aviation ist nun fülliger, geschäftiger und macht den Eindruck, weniger Zeit als damals zu haben. Ein Managertyp. Laos verändert sich. Und seine Menschen tun es auch.

Noch eine Erinnerung kommt hoch. 1995 waren wir von Vientiane nach Luang Prabang geflogen, hatten uns nach der Landung sofort ein TukTuk in die Stadt gemietet und völlig die strengen Bestimmungen vergessen. Als wir nämlich ein paar Tage später zurückfliegen wollten, verlangte ein Militär unseren Ankunftstempel zu sehen. Hatten wir nicht. In Kauderwelsch-Englisch wurde uns das Vergehen als Todsünde im sozialistischen Staat der Ordnung und Gesetzlichkeit vorgehalten. Wir senkten schuldbewußt die Köpfe. Doch es wurde weniger eine Demutshaltung erwartet als Barzahlung – unverblümt geforderte 10-US-Dollar in cash. So erhielten wir ehedem den Ein- und Ausreisestempel in einem Amtsvorgang. Vergangenheit. Mit dem modernen, lichten Flugplatzgebäude kam offenbar diese Direkt-Einnahmequelle in Verruf. Niemand fragt einen mehr nach einem Stempel.

Luang Prabang also auf ein Neues.

In der Stadt verkehren nun Autos, und das Geknatter zahlreicher Hondas ist deutlich lauter geworden. Vor der Markthalle stehen die Motorräder aufgereiht wie bei einer Verkaufsschau, modern und farbenfreudig die meisten: Statussymbole der aufstrebenden Mittelschicht. Auffallend die vielen Geschäfte mit den Markenprodukten westlicher Herkunft. Neue Hotels und renovierte Luxusherbergen in einigen der bürgerlichen Villen aus französischer Zeit. Da wird eine schon brüchig gewordene Eleganz mit pastellner Tünche aufgefrischt, die nun Pauschaltouristen aus aller Welt die Kulissen vom einstigen Indochina ins colorierte Bild bringt.

Dieser Geschichte ist im einstigen Königspalast nachzuspüren: Ho Kham genannt, der Goldene Palast. Schneeweiß und sehr gepflegt. Das Gebäude wurde zwischen 1904 und 1909 von französischen Architekten im orientalisierenden Pagodenstil erbaut. Der Palast erlaubte laotischen Königen die märchenhafte Zurschaustellung ihrer vorgeblichen Macht, die ihnen die Franzosen tatsächlich längst genommen hatten. Im Giebel sind noch die nach drei Himmelsrichtungen blickenden Elefanten des monarchistischen Laos zu sehen. Als Etikett des verhaßten Königshauses wurden die Dickhäuter von der kommunistischen Regierung aus der blau-weiß-rot-gestreiften Nationalflagge verbannt. Heute prankt da nur noch ein weißer Kreis in der Mitte. Er wirkt wie ein leerer Fleck, dem ein aussagekräftiges Symbol fehlt. Spötter, die die jüngste politische Entwicklung verfolgen, können sich in diesem Rund nun sehr passend das Dollar-Zeichen vorstellen.

Seit 1976 ist der Palast als Museum zugänglich. Die erklärenden Hinweisschilder in englischer Sprache wurden freundlicherweise von der australischen Botschaft spendiert. Doch wer an diesem ereignisreichen Ort eine historische Dokumentation erwartet, Aufklärung von Zusammenhängen der jüngeren Geschichte und ihrer wirren und verwirrenden Verwicklungen, der wird enttäuscht. Der Palast mit repräsentativen Hallen und schlichten, ehedem privaten Räumen wirkt wie ein Kaleidoskop vergangener Glitzerpracht, deren Splitter man sich selbst zu einem stimmigen Bild zusammenfügen muß.

Die großflächigen Wandgemälde im Eingangsbereich illustrieren in Beaux-Arts-Manier der 1930er Jahre eine Phantasiewelt, die wie die gigantische Bebilderung des Katalogs einer Kreuzfahrtreise in die Tropen jener Epoche wirken, vom französischen Maler Alix de Fautereau in blassen, dekadent-schattigen Farben gehalten: Edle Wilde tummeln sich da in einer Dorf- und Tempellandschaft des Meditierens und schönen Nichts-Tuns. Davor erinnern in dekorativer Verlassenheit die Bronzebüsten der letzten laotischen Könige, von französischen Künstlern in betont europäischer Haltung geformt, an den Niedergang der Monarchie. Jener Oum Kham ist zu sehen, der zwischen 1872 und 1889 regierte – oder doch zumindest den Schein zu wahren versuchte. Eine Marionette der siamesischen Vorherrschaft, die entwürdigend und repressiv vom fernen Bangkok aus in das laotische Leben eingriff. Es war jener König, den der Franzose Auguste Pavie 1887 in ziemlich ärmlichen Verhältnissen antraf und für sich und die französische Bevormundung zu gewinnen verstand. Der einflußlose Oum Kham, alt und gebrechlich, unterwarf sich der französischen Kolonialverwaltung als ein Opfer im Machtpoker der Konkurrenten Großbritannien, Siam und Frankreich. Der Nachfolger, sein Sohn Tiao Kham Souk, war zwischen 1890 und 1904 bereits zur Repräsentationsfigur degradiert; und der vorletzte König, Sisavang Vong, durchlebte zwischen 1905 und 1959 schließlich alle Höhen und Tiefen der jüngeren laotischen Geschichte. Mit französischen Orden sind die Brüste der Herren geschmückt; Ehrenzeichen, die als schillernde Einzelstücke in Vitrinen aufgebahrt sind – mit solchem Kleingeld der Eitelkeit belohnten die Kolonialherren ihre Gefolgsleute. Sogar die Orden, die der König selbst verleihen durfte, stammten aus Frankreich. Der Firmenname Arthus Bertrand, Paris, ist in Goldschrift auf weißem Satin zu lesen.

Sisavang Vong steht übrigens als bulliger Riese mit Pluderhosen im Park vor dem Königspalast, ein Bronzekoloß sowjetischer Machart. Es ist das Duplikat eines Denkmals, das 1962 in Vientiane als Geschenk Moskaus aufgestellt wurde und dort ebenso wie in Luang Prabang wohl wegen dieser sozialistischen Urheberschaft die politischen

Veränderungen nach 1975 überdauern durfte. In der Rechten hält der auf hohem Steinsockel wachende Monarch ein Buch der Palmblatt-Literatur.

Im einstigen Empfangsraum der Königin treffen wir Sisavang Vatthana, überlebensgroß, 1967 ebenso vom russischen Maler Ilya Glazunov in leuchtende Ölfarben gebannt wie die Königin Kampoui und Prinz Vongsavang. Mit König Sisavang Vatthana, der 1959 den Thron bestieg, ging die Monarchie endgültig zu Bruch. Diese so eindrucksvoll auf die Leinwand komponierte Gestalt, prächtig gewandet, sollte zur tragischen Figur im gnadenlosen Schachspiel werden. Nach der kommunistischen Machtübernahme 1975 zuerst als Berater der neuen Regierung geduldet, wurden er und seine Familie in ein Internierungslager verschleppt. Es klingt wie purer Hohn, wenn im Palastprospekt zu lesen ist: „On his return to Luang Prabang he moved to his private residence close to Xieng Thong temple and made available the palace to the Government." Der letzte laotische König kehrte nicht mehr nach Luang Prabang zurück. Im Arbeitslager verendete er unter grausamen Umständen. Offiziell wurde dies nie bestätigt, eine Untersuchung kam nicht zustande; und auch im Museum, dem nunmehr leeren Gehäuse entschwundener Autorität, erfährt der Besucher nichts von den Hintergründen.

Doch das Auge kann sich weiden. Der rot-goldene Thronsaal funkelt und glitzert in seinem Schmuck der bunten Spiegelscherben, die an den Wänden zu phantastischen Szenen geformt sind. Ende der 1950er Jahre wurde hier ein Farbenrausch installiert; er läßt eine Scheinwelt aufleuchten, die in ihren naiven Darstellungen von ländlicher Idylle und traumhaften Legenden die Wirklichkeit der damaligen Machtkämpfe auf geradezu operettenhafte Weise ausblendete. Der Thronsaal als Spielzimmer inszenierter Obrigkeit und Ordnung, völlig losgelöst von den tatsächlichen Verhältnissen. Vom goldenen Thron wurde der letzte König über Umwege des verschleierten Sturzes ins Abseits verschleppt, schließlich dem Hungertode preisgegeben. Die Grabstätte, wenn es überhaupt eine gibt, ist unbekannt. Tiefer konnte der Fall monarchistischer Größe, wie sie mit jenem Fa Ngum im 14. Jahrhundert begründet wurde, nicht mehr sein.

Für Kontinuität im laotischen Selbstverständnis steht weder die dynastische Erbfolge, noch die kommunistische Nomenklatura. Beides kommt und geht. Der Buddhismus bleibt. In seiner laotischen Ausprägung des Theravada-Budddhismus (die Lehre der Alten) und mit den Vermischungen anderer religiöser Traditionen (der volkstümlichen Naga-Verehrung, dem Brahmanismus, dem Animismus, dem Geisterglauben) bestimmt die Lehre des Erleuchteten den inneren Zusammenhalt des Landes und das Weltbild der meisten seiner Bewohner.

Eine Sammlung von Hunderten von Buddha-Figuren in verschiedenen Glasschreinen des Palastes zeugt von der symbolkräftigen Bedeutung der offiziellen Religion, die

Wat Xieng Thong in Luang Prabang

das Werden und den Fortbestand des Staates in seinem geistigen Gehalt bis heute wesentlich bestimmt. In Gold und Bronze und Holz und in schier endloser Variation sind die Statuen aufgereiht. Sichtbare Zeugnisse jener das gesamte Süd- und Südostasien prägenden Bewegung, die mit dem Namen Buddha verbunden ist.

Vor zweieinhalbtausend Jahren hatte der meditierende Mann nach seiner Wandlung vom nordindischen Prinzen Siddharta zum predigenden Asketen mit seiner Rede im Tierpark von Sarnath nahe des heutigen Benares am Ganges „das Rad der Erkenntnis" in Bewegung gesetzt. Der Buddhismus ist keine Religion im westlichen Verständnis, er ist Suche nach Wahrheit und Erleuchtung. Diese Ziele können erreicht werden, wenn das Dharma befolgt wird, die von Buddha erläuterten allumfassenden Prinzipien der Rechtschaffenheit. Die Ausstrahlung solcher Lehre erfaßte Millionen und Abermillionen von Menschen. Während des 3. Jahrhunderts v. Chr. verbreitete sich der Buddhismus in ganz Indien und Sri Lanka. Dann wurde das Gebiet des heutigen Burma, Kambodscha, Thailand und Laos buddhistisch. Die Laoten bekennen sich zum sogenannten Kleinen Fahrzeug, dem Theravada, auch Hinayana genannten Buddhismus. Dessen Anhänger berufen sich auf die ursprünglich von Buddha gepredigte Lehre, die dem einzelnen Menschen den Weg ins Nirwana, ins endgültige Verlöschen weist. Den Mönchen kommt zwischen dem Jenseits und dem Alltag der Menschen außerhalb der Sangha, der Ordensgemeinschaft, eine wesentliche Rolle als Bindeglied zu. Sie stellen eine Beziehung her zwischen den Lebenden und den Toten; sie sind Autorität, Berater, Lehrer und Bewahrer von Traditionen.

Der Pha Bang, eine goldene Buddha-Statue, nach der die Stadt Luang Prabang benannt wurde, sollte zum Symbol des laotischen Buddhismus werden. 83 Zentimeter hoch, aufrecht stehend, etwa 50 Kilogramm puren Goldes; vermutlich in Sri Lanka gefertigt. Die Legende berichtet, daß diese Figur nach Kambodscha in Besitz der Khmer-Könige in Angkor gelangte und 1356 dem ersten König des neu vereinten Laos, Fa Ngum, als Geschenk übergeben wurde: als Zeichen der laotischen Souveränität und zugleich engen Verbindung mit dem Reich der Khmer, das freilich längst den Gipfel seiner Macht und Ausdehnung überschritten hatte. Mythen und Historie sind unauflöslich verwoben. Das spätere Hin und Her eben dieser Buddha-Figur ist in fromme Geschichten gehüllt, in denen sich Religion und Politik vermischen: wechselweise in verschiedenen Wats von Luang Prabang beheimatet, nach Vientiane gebracht und zurückgeholt, mal von den Siamesen gestohlen, mal zurückgegeben. Ob heute im Königspalast von Luang Prabang das Original zu sehen ist oder nur eine Kopie, gehört zu den vielen Ungereimtheiten der offiziellen Geschichtsschreibung und Selbstdarstellung.

Während der Neujahrs-Feierlichkeiten wird der Pha Bang (oder dessen Duplikat) in farbenprächtiger Prozession zum benachbarten Wat Mai gebracht und dort ausgestellt. Es ist eine der schönsten Klosteranlagen, die ehedem Sitz der obersten mönchischen Autorität von Laos war, errichtet zum Ende des 18. Jahrhunderts, in seiner heutigen Ausstattung freilich das Werk moderner Restaurierung. Zum Ende des 19. Jahrhunderts ruinierten die chinesischen Banden, die aus dem Norden in Laos einfielen und mit Mord und Totschlag hausten, das Tempelwerk. Auguste Pavie war Augenzeuge und berichtete darüber; er erwähnt ausdrücklich den damalien Klostervorsteher, der dem Franzosen in solch turbulenter Zeit eine Bleibe bot. Der Franzose lobte dessen handwerkliches Geschick: „Im Entwerfen von priesterlichem Schmuck und religiösen Bauten ist er der beste Künstler des Landes; auch die anderen Mönche sind begabt, jeder auf einem anderen Gebiet." Die hoch über fünf Etagen aufsteigenden Dächer, sanft geschwungen und fast bis zum Boden reichend, sind zum architektonischen Markenzeichen von Luang Prabang und dem nordlaotischen Pagodenstil geworden. Die goldbronzestrotzenden Motive in Flachreliefs an der Frontseite breiten wie ein gewaltiges Bilderbuch lebensnahe Szenen aus dem dörflichen Leben, buddhistische Motive und die göttlichen Geschichten des Ramayana aus. Eine Augenweide. Die Wandelhallen mit geschnitzten Säulen und Durchblicken zu den Holzhäusern der Mönche bilden den rechten Ort, über die geistigen Wurzeln der Sangha zu sinnieren.

Der Buddhismus bietet keine Gottheit, kein Glaubensdogma, kein Versprechen der Unsterblichkeit, kein Paradies abendländischer Frömmigkeit. „In der verblendeten Welt will ich die Trommel der Todlosigkeit rühren", so hatte Buddha verkündet. „Buddha kann dir nur den Weg zeigen", so der Kern seiner Lehre, „bemühen mußt du dich selbst." Keine andere laotische Stadt hat dieses Mühen so sehr geformt in Anlage, Kultur und Atmosphäre wie Luang Prabang, dessen historischer Kern sich über die Halbinsel zwischen dem Mekong und seinem Zufluß, dem Nam Khan, erstreckt. Ein Ort vielfältiger Einkehr. In 34 Klöstern lebt die religiöse Vereinigung der Mönche. Zwischen dem zwölften und 20. Lebensjahr kann ein junger Mann als Novize in ein Kloster eintreten. Für viele der Jungen in den Dörfern und in armen Familien ist es traditionsgemäß die einzige Möglichkeit, zu studieren und geistiges Verdienst zu erwerben, das sie den Familienmitgliedern weitergeben. Die Aufnahmeriten und späteren Mönchsweihen sind bedeutende Feste und prägende Einschnitte im Leben aller beteiligten Verwandten. Wenn der Sohn, Bruder, Onkel die safranfarbene Robe überzieht, den Kopf geschoren hat und sich zu bedingungsloser Besitzlosigkeit bekennt, dann ist er als Mitglied der Sangha zum Abbild Buddhas und zur Verkörperung des von ihm formulierten Gesetzes, des Dharma, geworden. Nach Jahren der von den kommunistischen Machthabern argwöhnisch beobachteten und diskriminierten Ordensgemeinschaften, nach Jahrzehnten des Drucks und offizieller Negierung des buddhistischen Lebens hat sich ein stillschweigendes Nebeneinander eingependelt: Wenn sich die Geistlichkeit nicht in die Politik einmischt, dürfen sich Mönche, Novizen und Laien den altüberlieferten Riten, Zeremonien und Meditationsübungen widmen.

Die moderne Zeit mit Angeboten und Anfechtungen macht auch vor den Klöstern nicht halt. Mit geradezu überwältigender Neugier werden wir immer wieder von den jungen Mönchen angesprochen. Die im Unterricht geübten englischen Vokabeln werden an den weitgereisten Mann gebracht. Lächelnd und aus einer oft naiven Unschuld und Unverdorbenheit heraus, die uns immer wieder die Frage aufdrängt, ob diese gesuchten Begegnungen bei aller Oberflächlichkeit nicht doch Folgen der Entfremdung haben werden. Ein Mönch, der in einem der Internetcafés mit aller Welt kommuniziert, ist in Luang Prabang ein vertrauter Anblick geworden. Jedem Mönch ist es erlaubt, die Robe wieder auszuziehen und sich mit nachwachsenden Haaren ins säkular-pekuniäre Treiben zu begeben. Auch Mönche sind nur Menschen. Von thailändischen Klöstern kommen längst die Meldungen, die die Boulevardpresse in Bangkok mit Schlagzeilen versieht: Mönche in Geldgeschäfte verwickelt; Mönche bei Sexualdelikten erwischt; Mönche veräußern Tempeleigentum. Wie reagiert die Sangha auf den rasanten Wandlungsprozeß in der Gesellschaft? Rückwärts orientiert? Sich einmischend in soziale und letztlich politische Entscheidungen? Fragen, über die in Thailand öffentlich gestritten wird. Es gibt Tendenzen eines Reform-Buddhismus. In Kambodscha veranstalteten Mönche ganz diesseitige Friedensmärsche, ehe sie auf das Nirwana verweisen. In Laos, so scheint es, ist davon noch keine Rede. Luang Prabang gewährt meditative Distanz.

Der Hügel Phou Si, der sich mitten in der Stadt 150 Meter über die Straßen, Häuser und den an seinem Fuße errichteten Königspalast erhebt, erlaubt einen wunderbaren Rundumblick. Steile Treppen führen hinauf. Dann liegt die Flußlandschaft mit den sich vereinigenden Strömen Mekong und Nam Khan unter einem. Es ist, als schwebe man über ein kunstvolles Gemälde, das die schönsten Aussichten in sich vereint, die Laos zu bieten hat. Aus dem dichten Grün der Parks leuchten die roten und gelben Dächer der Tempel. In den Flüssen spiegelt sich das Blau des Himmels. Ein Bild der Ruhe und Abgehobenheit. Doch dieser Gipfel war nicht nur Zuflucht von Menschen, die dem Alltag da unten entgehen wollten, kein Auf- und Ausstieg aus den Niederungen menschlicher Zwietracht; der Hügel war wegen seiner strategisch herausragenden Postion stets einbezogen worden in eben diese Kriege und Überfälle, die Luang Prabang so häufig in seiner Geschichte heimsuchten. Die eiserne Drehlafette einer Fliegerabwehrkanone, die da oben vor sich hinrostet, blieb in der erstarrten Drohgebärde ihres phallusartigen Rohres als ein Mahnmal der auch in solch buddhistischer Umgebung stets gefährdeten Friedfertigkeit der Bewohner zurück. Ein bescheidener Tempel lädt zum Nachdenken ein. Der Wind spielt mit Glöckchen und läßt sphärenhafte Töne erklingen.

Luang Prabang wurde 1993 auf die Liste der Nationalen Kulturdenkmäler gesetzt und 1995 mit dem begehrten UNESCO-Siegel eines schützenswerten Objekts des

Weltkulturerbes ausgezeichnet. Man hat wahrlich den Eindruck, auch als Europäer, als Gast aus einem anderen Kulturkreis, bei befreundeten Nachbarn angekommen zu sein. In Vientiane wird Politik gemacht; hier aber schlägt das Herz von Laos. Über den Gassen liegt noch immer eine wohltuende Beschaulichkeit, die die Touristenscharen und Hondas noch nicht wirklich aufgescheucht haben. Das Orange der wandelnden Mönche gibt dem Bild die Farbe. Nach Sonnenaufgang ziehen die Novizen und jungen Mönche los, in beiden Händen die Almosenschale. Sie werden erwartet. Vor den Häusern halten Frauen und Mädchen die Speisen bereit, Reis, Gemüse, Obst, und verteilen kniend die Gaben, demutsvoll die Augen gesenkt. Kein Blickwechsel, keine Berührung, kein Dank der Mönche. Stumm nehmen sie die Spenden entgegen in uraltem Brauch. Die Gebenden murmeln ein Dankgebet, daß sie geben durften. Die Mönche sind nicht bloße Empfänger, sondern Mittler der guten Tat, die spirituellen Verdienst bringt, ein bißchen Hoffnung auf eine Verbesserung des Karma: die Vergeltung der Taten im früheren Sein, die Belohnung der Taten in künftigen Existenzen. Jeden Morgen aufs Neue.

Im Dunst des jungen Tages, der vom Mekong aufsteigt, wirkt Luang Prabang dann auf verführerische Weise zeitlos, eingehüllt wie in eine Verpackung, die vor den Bedrängnissen der neuen Zeit, der neuen Fernstraßen, der kommerzialisierten Welt eine Schonfrist bereit hält: vor den unabwendbaren Einschnitten und Veränderungen, die der laotische Cineast Som Ock Southiphon in seinem (noch) nicht gedrehten Film zum Thema seiner Besorgnis macht. Eine Reise in die Vergangenheit, deren Fassade zumindest erhalten wird. Zwischen den beiden Hauptstraßen finden wir unter dem schattigen Schirm alter Bäume dörfliche Holzhäuser auf Stelzen. Mit internationalen Mitteln wird erhalten und wieder aufgebaut, was bereits verrottete. Immer wieder war in der Geschichte der Sturm von Krieg und Zerstörung durch den Ort gefegt. Burmesen, Siamesen, chinesische Banden, Vietnamesen, Briten, Franzosen, Amerikaner – die Fremden, die Ausländer mit selbstsüchtigen Absichten, jedesmal Trümmer, Not und Elend zurücklassend. Wenige der Bauten aus Holz oder Stein, zweigeschossig und zumeist erdverbunden, sind älter als zweihundert Jahre.

Das gilt auch für den Wat Manolom etwas außerhalb der Stadt. Das Kloster reicht in seinen Anfängen ins 14. Jahrhundert zurück, und die Legende erzählt, daß es König Fa Ngum persönlich gewesen sei, der den Platz dafür ausgesucht habe. Auch in diesen Mauern soll der Pha Bang zeitweise behütet worden sein. Berühmt wurde Wat Manolom wegen seines armlosen Buddhas. Sechs Meter ragt er auf. Zum Ende des 19. Jahrhunderts geriet ausgerechnet diese wohl zwei Tonnen schwere Statue aus Bronze in die Gefechte zwischen französischen und siamesischen Truppen. Die Arme in Meditationshaltung wurden zerstört. Ein junger Mönch zeigt auf ein Bild, das zu Füßen des Buddha steht und einen gigantischen Krüppel zeigt: den armlosen Buddha als Kriegsinvaliden. Längst sind ihm die Gliedmaße wieder angepaßt worden; aus Zement nur, aber eindrucksvoll in seiner massigen Gewichtigkeit. In einem Seitengebäude mit einer verwirrenden Vielzahl von Gemälden aus Buddhas Leben meditiert ein betagter Mönch im Lotossitz, Bücher auf dem Boden um sich gebreitet, entrückt, in sich versunken, die Besucher gar nicht bemerkend: Der alte Mann ist einäugig und scheint längst selbst zur Buddha-Statue erstarrt zu sein. Vor dem Wat und seinen Toren läßt die Abendsonne den Staub in der Luft golden aufleuchten und verwischt die Grenzen von Zeit und Raum. Solche Stimmungsbilder machen Reiz und Charme Luang Prabangs aus.

Im Wat Xieng Thong wird mittlerweile Eintritt verlangt, der Tourismus bleibt eben nicht ohne Folgen. Doch die rotgoldene Pracht der meistfotografierten Tempelanlage am nördlichen Ende der Halbinsel hat nichts von ihrem Zauber verloren. Dutzende von Stupas, Hallen, Mönchsbehausungen gehören dazu. Im 16. Jahrhundert gegründet, immer wieder zerstört und wieder aufgebaut, stand Wat Xieng Thong bis 1975 unter der persönlichen Patronage des Königs. Mit seinen geschnitzten Motiven aus dem Ramayana-Epos, den Spiegelsplitter-Bildern in ähnlicher Technik wie im Königspalast und den weit nach unten gezogenen Dächern repräsentiert gerade dieses Kloster den klassischen Baustil sakraler Anlagen in Luang Prabang. In jedem der Klöster hat der Fremde das Gefühl, willkommen zu sein. Die Türen stehen offen – überall.

Beim Bummel von Wat zu Wat machen wir in einem der kleinen Restaurants, die oberhalb des steil abfallenden Ufers zum Mekong gebaut wurden, eine Pause. Noch vor Jahren standen die gastlichen Stätten auf gefährlich anmutenden Bambusgerüsten: Nun wurden gemäß behördlicher Anordnung solide Betonpfähle aufgerichtet. Die Improvisation mußte Sicherheitsvorschriften weichen. Der phantastische Blick über den Lebensstrom ist geblieben. Wir sitzen da oben wie in einer Freilichtloge, trinken bittersüßen Kaffee und schauen dem Treiben am Wasser zu. Eine wunderbare Vorstellung, wenn man bedenkt, hier mitten am Strom zu sein, der das Land in weitem Bogen durchfließt, seine Quelle im Norden Chinas hat und sich im Süden im wasserreichen Delta Vietnams in die Südchinesische See ergießt. Nichts Hinterwäldlerisches sondern Weltoffenheit – gerade hier. Transit ist wieder einmal zu lokalisieren. Lange, schmale Fähren und bauchige Lastkähne legen an. Eine Herde quiekender Schweine wird verfrachtet. Frauen bündeln Juteballen. Kinder bepflanzen ein Gärtchen, das auf dem Schwemmboden des unteren Ufers angelegt wurde und von den Fluten der Regenzeit wieder hinweggespült werden wird. Stirb und Werde mit unendlichem Vertrauen in die Zyklen der Natur.

Am nächsten Morgen in aller Frühe mieten wir eines der Boote und fahren zwei Stunden den Mekong aufwärts zu den Höhlen Tham Thing und Tham Phum, wo dem Strom der Nam Ou zufließt. Es ist taufrisch und regnerisch. Die bewaldeten Ufer

Buddhistischer Mönch online

rauschen vorbei. Schließlich an überwuchertem Kalkstein eine schmale, steile Treppe. Wir erklettern einen heiligen Platz und dringen in die Höhlen vor wie in den Urschlund eines Monsters. Seit Jahrhunderten kommen die Menschen zu dem Grottentempel, um Zwiesprache zu halten mit sich und guten Geistern. Ein Ort buddhistischer Pilger, einst Klause von Eremiten. Eine geheimnisvolle Atmosphäre umgibt uns. Es ist, als trete man ins Totenreich ein: düster und unabschätzbar in seinen Tiefen. Was Generationen von Pilgern mitbrachten in frommem Hoffen auf ein günstigeres Karma, steht in unübersehbarer Vielfalt aufgereiht, Geistern gleich, zu Wesen einer anderen Welt geworden. Aus dem gewaltigen dämmrigen Innenraum des Felsens oberhalb des Mekong schauen Hunderte, Tausende von Buddha-Statuen aus Gips, Holz und Bronze durch ein gezacktes Loch auf den majestätisch dahinströmenden Fluß und eine Landschaft mit grüngrauen Bergen im Dunst: gemalt wie auf chinesischen Rollbildern.

Die freilich sind Momentaufnahmen der Zeitlosigkeit. Wir aber sind am Mekong unserer Gegenwart. Die Poesie der Stille wird auch an diesem Ort im Namen des Fortschritts brutal aufgeschreckt. Mehrere Schnellboote donnern vorüber, grellbunt bemalt, raketenartig, Kraftprotze bei einem Angriff auf den unsichtbaren Feind, der Gemächlichkeit heißt. Die Köpfe der Passagiere stecken in Sturzhelmen. Gischt spritzt auf. Die Propeller an langem Gestänge peitschen den Mekong. Im Wasserwirbel und dem an den Felswänden widerhallenden Motorenlärm versinkt ein Traum. Das Rollbild ist zerrissen.

r.s.

Palmblätter und Computer

Zwischen Marx und Money ist die Demokratische Volksrepublik Laos auf der Suche nach nationaler Identität. Welche Bedeutung hat in diesem Zusammenhang die Literatur? Hat sie überhaupt eine? Welche Art von Literatur? Märchen und Sagen überdauerten die Jahrhunderte fast ausschließlich in mündlicher Form. Die Erzählkultur reicht tief in die Geschichte zurück und wurde auf Palmblättern überliefert. Das gedruckte Wort aber kann in einem Staat mit zahlreichen verschiedenen Volksgruppen nur bedingt ein verbindendes Element sein. Kennzeichnend für die Spannung, in der sich zeitgenössische laotische Autoren zurechtfinden müssen: Sie sind von buddhistischer Tradition geprägt und haben einen kommunistischen Auftrag zu erfüllen. Im Gegensatz zu den Nachbarländern, wo eine vielfältige Presse- und Verlagsszene zu beobachten ist und auch im Ausland wahrgenommen wird, blieb Laos aus internationaler Sicht auf der literarischen Landkarte ein weißer Fleck.

Doch es ist ein wenig Farbe ins Bild gekommen. Zum erstenmal ist eine Sammlung laotischer Kurzgeschichten in englischer Übersetzung erschienen: „Mother's Beloved" von Outhine Bounyavong. Es ist ein Buch der Zwischentöne mit 14 Innenansichten eines Landes, das sich bis vor wenigen Jahren sehr zugeknöpft gab. Outhine lädt zu einer Lese- und Entdeckungsreise ein. Der Autor vermeidet spektakuläre oder reißerische Themen und erzählt in einer einfachen Sprache ohne Schnörkel und Effekthascherei. Für westliche Leser mag das gelegentlich banal erscheinen, entspricht aber ganz der Mentalität landesüblicher Gemächlichkeit, die jeder Besucher im Umgang mit Laoten als sympathisch empfindet. Behutsam, sanftmütig erscheint dies auf den ersten Blick, genauer: beim ersten Lesen. Bei vertiefender Lektüre wird der Hintersinn offenbar. Daß gerade die bewährten Traditionen im ländlichen Leben, so gefühlvoll und idealisierend sie auch geschildert werden, längst brüchig und gefährdet sind, daß das Land sich in einem zwar langsamen, aber unaufhaltsamen Veränderungsprozeß befindet, wird bei Outhine Bounyavong zum Grundthema. Er greift es in Variationen auf und benutzt Bilder aus einer Welt, die es auch in Laos bald nicht mehr geben wird. Die Geschichte vom Nashornvogel-Paar zum Beispiel. Die kleine Szene kann als Schlüssel zu Outhines Schreibtechnik und zum Verständnis des gegenwärtigen Einbruchs der von Profitgier getriebenen Moderne in Laos verstanden werden.

In einem Dorf beobachten die Menschen allabendlich, wie zwei Nashornvögel ihrem Neste zufliegen. Mit majestätischem Flügelschlag gleiten die beiden über die Reisfelder hin. Ein Symbol von Harmonie und intakter Natur. Doch längst liegen auch in solch vermeintlicher Dorfidylle die Cola- und Bierdosen und die Zigarettenschachteln der Marken Benson und 555 am Straßenrand, achtlos weggeworfen von den Fahrern der Lastwagen, die aus den Wäldern die geschlagenen Bäume abtransportieren. Eines Abends bleiben die Nashornvögel aus. Vergeblich schauen die Bauern in den Himmel der untergehenden Sonne. Haben die Vögel ihre Route geändert? Was ist geschehen? Die Dorfleute, gewohnt, in den Zeichen der Natur zu lesen, befürchten Schlimmes. Dann verbreitet sich die Kunde. Die rabiaten Baumfäller haben in Übermut und Anmaßung auf die Vögel geschossen.

Outhine erzählt das eher beiläufig und in spröder Andeutung. Im engeren Sinne sind es unpolitische Geschichten, Parabeln, Legenden. Die Machtkämpfe der Menschen überträgt er auf ein futterneidisches Hunde-Duo. Den von den Oberen geforderten Patriotismus beschreibt er aus der Sicht eines Schusters. Aus dem thailändisch-laotischen Grenzkrieg von 1988 kehrt ein junger Soldat zurück, der zuvor ein Paar Schuhe zur Reparatur gebracht hatte. Der Schuhmacher, bereits erzürnt über die lange Wartezeit und den ausbleibenden Lohn, sieht den Kunden nun als Krüppel wieder: einbeinig. Er verzichtet auf die Bezahlung, stolz darauf, mit dieser Geste etwas für sein Land getan zu haben.

Korruption, Umweltzerstörung, die gefährdeten traditionellen Werte sind Themen, die verhalten, aber erkennbar angesprochen werden. Der Autor hütet sich vor spektakulären Ausbrüchen, wird niemals exzessiv, nimmt sich stets zurück und erzählt in meisterhafter Bescheidenheit vom Alltäglichen, das zum Besonderen wird.

Outhine Bounyavongs Leben ist einbezogen in die Zeit seit dem Zweiten Weltkrieg und spiegelt das halbe Jahrhundert wider, das unendliches Leid über Laos und die Laoten brachte. Er wurde 1942 im nordwestlichen Laos geboren, ging in Vientiane zur Schule, wo er vom Geist der französischen Kolonialherren beeinflußt wurde, deren Zeit unaufhaltsam zu Ende ging. Der verzweifelte Versuch der laotischen Politiker, neutral zu bleiben und Laos aus den Kämpfen der Großmächte herauszuhalten, ging im Vietnamkrieg unter, führte zur amerikanischen Intervention und zum „Geheimen Krieg", der offiziell nie erklärt worden war. In den 1960er Jahren hatten die Amerikaner das Sagen.

Outhines literarische Gehversuche waren davon geprägt. 1960 erschienen seine Kurzgeschichten erstmals als Buch. Er überlebte 1975 die kommunistische Machtübernahme, wurde Übersetzer propagandistischer Texte und arbeitete wie die meisten Autoren seiner Generation im Ministerium für Information und Kultur. Er war Journalist, Herausgeber offizieller Schriften, Kinderbuch-Autor. Zwei Reisen in die USA verhalfen zu alternativen Einsichten und weiteten das Weltbild eines leisen Mannes, der zum renommierten Beobachter und Chronisten der Veränderungen in seinem Lande wurde. Doch die Möglichkeiten des Schriftstellers in Laos sind begrenzt, äußerst begrenzt.

Von einem homogenen Staatsvolk kann wahrlich nicht die Rede sein. Dementsprechend ist die Sprachenvielfalt, die unterschiedliche Lebensweise, die kulturelle Besonderheit, für die einige der Minderheiten nicht einmal eigene Schriften haben. Die Laoten des Unterlandes am Mekong sind vorwiegend Anhänger des Theravada-Buddhismus, die Menschen der Bergregionen folgen den Überlieferungen der Naturreligionen. Doch die Übergänge sind fließend und keineswegs so starr abgegrenzt, wie es die Statistik glauben macht. Vientiane und die zentral gesteuerte Politik sind für die Mehrheit, die zu 80 Prozent in ländlichen Regionen als Selbstversorger lebt, weit weit weg. Diese Menschen waren arm und sie sind auch unter sozialistischen Vorzeichen arm geblieben. Das jährliche Pro-Kopf-Einkommen wird mit 300 US-Dollar angegeben, weniger als ein Dollar am Tag. Wenn man bedenkt, daß es eine sehr viel besser verdienende städtische Elite in Politik, Militär und Handel gibt, erwirtschaftet die Mehrheit der Laoten nicht mal diesen einen Dollar.

Demokratie, Zivilgesellschaft, Pressefreiheit sind den meisten Menschen unverständliche Fremdwörter. Die Analphabetenrate wird bei Männern mit 38 Prozent, bei Frauen mit 70 Prozent angegeben. Nahezu die Hälfte der Bevölkerung ist unter 15 Jahre alt. Was Einkommen, Gesundheitsversorgung, Basisdienste betrifft, so klafft die Schere zwischen Vientiane und den wenigen Städten und den ländlichen Regionen weit auseinander. Das ist verständlicherweise kein Markt für Bücher.

Von solchen Defiziten ist in der Nationalbibliothek die Rede. Unverkennbar Kolonialarchitektur: Das graue Gebäude im Zentrum von Vientiane stammt aus der Zeit, da die Franzosen nicht nur die politische Macht im Lande hatten, sondern auch mit ihrem Anspruch von frankophoner Kultur-Überlegenheit die intellektuellen Maßstäbe setzten. Die Herren aus Paris taten kaum etwas, die Allgemeinbildung zu heben – bei Grundschulen weitgehend Fehlanzeige; das erste Lyzeum wurde 1947 in Vientiane eingerichtet. Wer zur Elite gehörte, lernte die Sprache Moliéres und ging zum Studium nach Frankreich. Die Autoren aus der gebildeten Oberschicht jener Jahrzehnte publizierten in französisch und imitierten Vorbilder der französischen Geisteswelt. Die laotische Sprache war verpönt. In den letzten Jahren der Kolonialherrschaft gab es ernsthafte Versuche, die laotische Schrift zu latinisieren – was französische Jesuiten einige Jahrhunderte zuvor bereits mit der vietnamesischen Schrift getan hatten. In Vietnam setzte sich die Schreibweise mit lateinischen Buchstaben durch. In Laos – ebenso in Kambodscha – blieben diesbezügliche Ansätze der Kolonialbehörden auf der Strecke.

Mit dem nationalen Neubeginn entdeckten Autoren die Vielfalt der laotischen Kultur und setzten den bis heute andauernden Versuch in Gang, eigene Ausdrucksmöglichkeiten auszuprobieren. Die erste in laotischer Sprache regelmäßig erscheinende Zeitung kam 1940 heraus; der erste auf laotisch verfaßte moderne Roman wurde 1944 von Somchine Nginn publiziert. Die zeitgenössische Literatur reicht in ihren Anfängen also gerade ein halbes Jahrhundert zurück. Eine Zeitspanne wechselnder Fremdbestimmung. Jede der dominierenden Mächte beglückte die Laoten stets auch mit Lesematerial der eigenen weltanschaulich-ideologischen Provenienz. Die französischen und die amerikanischen Bücher jener Jahre sind mehr oder weniger aus dem Verkehr gezogen worden. Im Treppenaufgang der Nationalbibliothek stolpert der Besucher heute über eine andere Altlast. Da türmen sich Werke russisch-sowjetischer Autoren. Das sieht nach Entrümpelungsaktion im ehemaligen russischen Kulturinstitut aus. Unsortiert und in chaotischem Durcheinander vermitteln die Bücherberge den Eindruck, daß sich wohl nie mehr jemand intensiv damit beschäftigen wird.

Über die Schwierigkeiten der intellektuellen Szene von Laos äußert sich im Gespräch Dara Viravong Kanlaya, die Leiterin der Nationalbibliothek. Eine der eindrucksvollen Frauen im laotischen Kulturleben, eine Frau in den 60ern, französisch gebildet, bei Auslandsaufenthalten vorzüglich in der englischen Sprache geschult; zwei Jahre in den USA; auf internationalen Konferenzen erfahren. Das Gespräch in ihrem Büro fängt mit der charmant und lächelnd vorgebrachten Frage an, in welcher Sprache man denn zu kommunizieren wünsche. Die Gäste aus Deutschland spüren sofort eine gemeinsame Wellenlänge. Die Frau ist korpulent, hat ein breites volles Gesicht, graue Haare, kurz gewellt. Eine Dame mit warmherziger Ausstrahlung und in sich selbst ruhend. Sie hat Kurzgeschichten und Gedichte geschrieben: „Für die kleinen Leute", wie sie ausdrücklich vermerkt. „Aber unsere Auflagen sind eben nur bescheiden", fügt sie an, „und ohne internationale Finanzspritzen könnten wir kaum publizieren."

Die Hüterin der Bücher beklagt die thailändische Konkurrenz. Die Sprachen beiderseits der Grenze sind so miteinander verwandt, daß sie von Thais und Laoten verstanden werden. Billige Unterhaltungs-Schmöker kommen nach Laos und werden von jungen Leuten „verschlungen". Dara Viravong ergänzt: „Wenn die überhaupt noch ein Buch in die Hand nehmen. Das Fernsehen, gerade das von Thailand, ist viel populärer. Videofilme machen die Runde. Und vergessen Sie das Internet nicht." Sie lacht mit einem Anflug von Bitternis und meint: „In diesem Zusammenhang sind wir schon sehr international und weltoffen."

Es gibt ausschließlich staatliche Druckereien, nicht einen einzigen privaten Verlag und nur zwei, drei Buchläden. Ohne behördliche Erlaubnis kann kein Druckwerk erscheinen. Die hauptsächliche Produktion beschränkt sich auf Schul- und Lehrbücher, die – gemessen am Bedarf – noch immer in viel zu geringen Auflagen herauskommen. Kinderbücher, Sammlungen von Märchen und Volksgeschichten erscheinen mit Hilfe ausländischer Organisationen; eine Handvoll kartonierter Titel ist in englischen Ausgaben erhältlich. „Geschichten aus dem weiten Umfeld unserer buddhistisch geprägten Kultur, die schon mein Vater gesammelt und editiert hat", erklärt Dara Viravong, die mehrmals auf ihren in Laos sehr bekannten Vater verweist. Maha Sila Viravong gilt als der große Förderer und Bewahrer der traditionellen Literatur seines Landes.

Er hat vor Jahrzehnten schon die Vorarbeit geleistet zu jenem Rettungswerk, das seit 1992 mit deutscher Förderung landesweit betrieben wird: „Kulturhilfe-Projekt zur Erhaltung laotischer Handschriften", finanziert aus Mitteln des Auswärtigen Amtes in Berlin, wissenschaftlich betreut von der Universität Passau unter der Leitung von Professor Dr. Harald Hundius. Maha Sila Viravongs Tochter Dara ist auf laotischer Seite für das ambitionierte Unternehmen verantwortlich, das die geistigen Grundlagen ihrer Heimat der Nachwelt erhalten soll.

Im Oberschoß der Bibliothek liegen die Schätze ausgebreitet und gestapelt auf dem Boden. Es sind Handschriften, die auf schmalen Palmblattstreifen fixiert sind; drei bis fünf Zentimenter breit und 25 bis 40 Zentimeter lang; beidseitig beschrieben. Ein Dutzend und mehr übereinander gelegter Streifen werden von kunstvoll verzierten Bambusbrettchen zusammengehalten. Ein Loch in der Mitte oder zwei Löcher an beiden Seiten, durch die eine Schnur gezogen wird, erlauben das Auseinanderziehen und die Lektüre. Zugleich schützt diese Verpackung vor Beschädigung, vereint die Blätter in der gewünschten Reihenfolge und läßt sie mit wenigen Handgriffen nach dem Gebrauch flach lagern.

Bounleuth Thammachak, der stellvertretende Leiter der Bibliothek, demonstriert, wie solche Blätter beschrieben werden. Ein Holzstäbchen, einem Bleistift ähnlich, ist vorn mit einer Stahlspitze versehen, mit der die Buchstaben in die getrockneten weichen Palmblätter geritzt werden. Verriebene Holzkohle macht die Zeichen geschwärzt sicht- und haltbar. Der Restaurator führt das handwerkliche Schreiben mit gewisser Routine vor und erzählt erfreut vom Publikumsinteresse daran in Hannover. Das Konservierungsprojekt wurde auf der EXPO 2000 als laotischer Beitrag zu den Kulturen der Welt präsentiert; und Bounleuth Thammachak hatte die Genugtuung, in internationalem Umfeld für die Geistesleistung seines Landes werben zu können. Eine Premiere dieser Art.

Derartige Palmblatt-Bücher sind auf dem indischen Subkontinent seit dem 2. Jahrhundert bekannt und dienten der Verbreitung indischen Geistes als Vehikel. Von Indien bis Indonesien sind die hinduistischen und buddhistischen Tempel mit den Sammlungen solcher Zeugnisse geistiger Mitteilung und Meditation wohlausgestattet. Die auf Palmblättern festgehaltene Literatur von Laos reicht ins 15./16. Jahrhundert zurück. Die Werke werden in den Bibliotheken der etwa 2.800 buddhistischen Klöster verwahrt. Es ist das geistige Erbe von unschätzbarer Bedeutung. Die Texte enthalten nicht nur religiöse Schriften in Pali, sondern umfassen das gesamte Spektrum des

Heilige Texte auf Palmblättern

Wissens vergangener Jahrhunderte. Auf den Palmblättern ist von Geschichte ebenso zu lesen wie von Recht und Magie, von Astrologie und Ritualen, von Mythologie und traditoneller Medizin. Da sind die Märchen und Volkserzählungen aufgezeichnet; Schelmengeschichten und Tiererzählungen, die laotische Abwandlung des indischen Epos Ramayana ebenso wie Jataka-Legenden aus den versunkenen Königreichen.

Übrigens: „Die anonym überlieferte laotische Version des Ramayana – Pha Lak Pha Lam – ist wohl nicht direkt aus Indien, sondern über Kambodscha, Siam oder Lan Na nach Laos gekommen", stellt der deutsche Laos-Experte Volker Grabowsky fest, der an der Universität Münster lehrt, „stärker als alle anderen südostasiatischen Umarbeitungen des Ramayana hat sich die laotische Adaptation vom indischen Original entfernt." Auch daran läßt sich die geografische Besonderheit des laotischen „Hinterlands" erkennen. Personen- und Ortsnamen des großen Epos von Liebesleid, Tod und Macht sind der laotischen Umwelt angepaßt worden.

Als „das laotische Nationalepos par excellende" schätzt Volker Grabowsky das anonym überlieferte Epos Sang Sinsai ein. Es entstand wahrscheinlich um 1649/50 oder 1665/66 und ist damit in der langen Regierungszeit des Königs Suligna Vongsa (1638 bis 1695) zu datieren, Jahrzehnte der politischen und kulturellen Blüte. In dem Vers-Epos klingen Bezüge zur Geschichte des Landes an; Volker Grabowsky sieht in den thematisierten Konflikten die Widerspiegelung des tiefgreifenden ethnischen Gegensatzes zwischen den Lao, der politisch herrschenden Tieflandbevölkerung, und den authochthonen Stämmen, die „Kha" – wörtlich übersetzt: die Sklaven. Zur Erhaltung des Epos in gedruckter Form hat wesentlich Maha Sila Viravong beigetragen. Er veröffentlichte 1957 eine Handschrift, die er aus der Bohan-Schrift in die moderne laotische Schrift übertragen hatte.

Die populärste Figur der Volkserzählungen hat freilich nichts mit Mythologie oder sonstigen spirituellen Meditationshilfen zu tun, dafür aber sehr viel mit dem prallen Leben und seinen Unzulänglichkeiten. Es ist Xieng Mieng, ein pfiffiger Kerl, der überall auf der Welt geistige Verwandte hat, beispielsweise Till Eulenspiegel. Offenbar haben gerade die sogenannten kleinen Leute aller Kulturen das Bedürfnis, ihre Kümmernisse von unten nach oben in deftigen Episoden auszudrücken und ihre Wünsche von Gerechtigkeit und Anerkennung einem volkstümlichen Schelm in den Mund zu legen. Xieng Mieng ist ein Mann des Volkes, der mit Witz und Verstand auf Mißstände hinweist. Er prangert die Habgier eines Mönches an, kratzt an der vermeintlichen Allmacht eines Königs und entlarvt menschliche Schwächen. Sein Motto: nicht allein die niedere oder adlige Geburt bestimmt das Leben, sondern was der Einzelne mit seinem Grips daraus macht. Die zeitlos-moderne Figur blieb seit Jahrhunderten in weithin verbreiteten Humoresken und Satiren lebendig. Aber auch in Laos werden Großmütter immer seltener, die ihren Enkeln von Xieng Mieng erzählen – und die

Zahl der Enkel, die seine Geschichten gar nicht mehr hören wollen, nimmt rapide zu.

Dies alles macht das Handschriften-Projekt so wichtig, weil es die Möglichkeit erhält, daß sich künftige Generationen überhaupt noch mit den Wurzeln ihrer Kultur und ihrer geistigen Fundamente beschäftigen können. Die Palmblätter sind leicht zu beschaffen und zu beschriften, sind aber verständlicherweise nur jeweils kurze Zeit zu erhalten. Das schwül-heiße Klima läßt die Blätter relativ schnell verrotten – vor allem, wenn sie nicht sachgemäß gelagert werden. Insekten finden sie zum Fressen schön. Feuer, Regen und Zerfall der Klöster gefährden die Blätter sowieso. Sie wurden immer wieder kopiert und ihre Inhalte auf diese Weise über die jeweilige Haltbarkeit der einzelnen Bücher hinweg gerettet. Doch die verworrenen Zeitenläufte in Laos mit Kriegen, Verwüstung, Verwahrlosung haben längst unwiederbringlich Tausende solcher Blätter vernichtet. Zu retten, was noch zu retten ist, heißt die Devise, der sich die deutschen Helfer und die laotischen Mitarbeiter verschrieben haben. Verschiedene Teams sind im ganzen Lande unterwegs.

In der Nationalbibliothek ist nur ein Teil der Arbeit zu sehen. In einem Zeitrahmen von zehn Jahren werden die Bestände in 650 buddhistischen Klöstern inventarisiert. Bedeutende Dokumente werden an Ort und Stelle auf Mikrofilm aufgezeichnet. Die Handschriften gilt es systematisch zu sichten, zu ordnen, zu reinigen, zu betiteln, nach Inhalt zu klassifizieren und mit den bibliografischen Angaben in eine zentrale Datenbank aufzunehmen. Beschädigte Blätter werden restauriert. Den Mönchen wird gezeigt, wie sie die solcherart erhaltenen Manuskripte künftig vor Termitenbefall, Mäusefraß und Schimmelpilz schützen können.

Bisher wurden bereits mehr als 260.000 Palmblatt-Faszikeln – sogenannte „phuuk" – vor dem Verfall bewahrt. Auf nahezu 500 Mikrofilm-Rollen konnten 32.000 solcher Blatt-Bündel für die wissenschaftliche Auswertung verfügbar gemacht werden. Der Großteil dieser vielfältigen Literatur ist außerhalb ihres Herkunftsgebietes unbekannt und kaum erforscht. Nur von wenigen Texten liegen bisher Übersetzungen in westliche Sprachen vor. Ein endloses Feld der literarischen und historischen Entdeckungen ist noch ziemlich unbestellt: Arbeit und Herausforderung für Generationen von Fachleuten. Die Palmblatt-Literatur ist nicht nur physisch gefährdet, sie ist auch weitgehend in Vergessenheit geraten, weil auch von den Mönchen nur noch wenige die alten Schriften lesen können.

Eine Szene im Wat Khon Tai im südlichen Laos illustriert das Dilemma. Die Lateritgrundmauern stammen aus der Khmer-Epoche und wirken wie das solide Fundament, auf dem auch Laos' Geschichte ruht. Ein melodischer Gesang lockte uns an, der wie das Echo uralter Gebete weit über den Hof des Klosters schwang. Wir kletterten die Stufen hinauf und setzten uns im Dämmerlicht des Tempels auf den Boden. Dort hockte ein alter Mann, zahnlos, ein Bündel aus Fleisch und Knochen; sehnig die Gestalt mit welker Haut und eingefallenen Wangen, die nicht mehr männlich, nicht mehr weiblich, sondern greisenhaft verwaschen wirkten. In seiner linken Hand schwelte eine selbstgedrehte Zigarette. In der Rechten hielt er ein Bündel mit Palmblättern der überlieferten Art. Mit an- und abschwellender Stimme rezitierte er aus den Texten, wie er es als junger Novize in einem Kloster vor mehr als sechs Jahrzehnten gelernt hatte. Es tönte über die Zeiten hinweg, über Kolonisierung, über Kriege, über die Propaganda des Sozialismus à la Laos: eine Botschaft wie aus einer anderen Welt, nur den Eingeweihten noch verständlich. Zu seinen Füßen saßen die Novizen von heute. Die Jungen in den orangefarbenen Gewändern lauschten. Doch sie verstanden kein Wort. Als wir ihnen später eines der Blätter reichten und baten, sie mögen uns daraus vorlesen, schüttelten sie die Köpfe, verlegen, unsicher. Einer der Mönche hatte ein dickes Buch vor sich. Titel: „English for Beginners". Den Alten und diese Jungen trennen mehr als nur ein paar Generationen.

So ist dies in den meisten Wats. Mit der Erhaltung der Palmblätter und ihrem geistigen Reichtum, der sich nur den geschulten Lesern erschließt, ist ein erster wichtiger Schritt gemacht. Was weiter getan werden müßte, wird in den Projektpapieren aufgelistet: „Institutionalisierung der Handschriftenpflege und deren Erhaltung innerhalb der staatlichen Verwaltung; regelmäßige Nachbetreuung der erfaßten Bibliotheken, sachgemäße Aufbewahrung der Mikrofilme, fortdauernde Unterstützung des Gebrauchs und des Abschreibens traditioneller Handschriften; langfristige akademische Zusammenarbeit auf dem Gebiet der laotischen Sprache, Literatur und Kultur zum Zwecke der Heranbildung eines wissenschaftlichen Nachwuchses in staatlichen wie religiösen Institutionen höherer Bildung; die Wiederbelebung des öffentlichen Bewußtseins vom Wert traditioneller Literatur."

Das alles ist viel schwieriger zu erlangen als die physische Sicherung der Handschriften. Es ist wie in einer Geschichte von Outhine Bounyavong. Da waren alte Tamarindenbäume dem vermeintlichen Fortschritt im Wege gewesen. Für die Verlegung von elektrischen Leitungen hatten die Strippenzieher in Vientiane eine prächtige Allee einfach fällen lassen. „Die totale Vernichtung", klagt der Erzähler, „die totale Zerstörung." Es wird klar, daß er damit nicht nur den Verlust der Bäume beklagt, sondern im übertragenen Sinne das Verschwinden von gewachsenen Traditionen, Geborgenheit, Verläßlichkeit. Doch er beginnt mit bescheidenen Mitteln die Wiederbelebung, pflanzt Frangipani-Bäume, animiert die Nachbarn, seinem Beispiel zu folgen. Es ist die Geschichte vom laotischen Gemeinsinn, vom Trotzdem, vom sanften Widerstand. Die Frangipani-Blüten, auch Champa genannt, werden in Outines Geschichte zur „flower of glory for Laos".

Aber wen erreicht eine solch patriotische Botschaft in Laos? In den 1960er Jahren lief Outhine durch die Straßen von Vientiane und bot seine erste Kurzgeschichtensammlung in Hotels, Cafés und Geschäften an. Tausend Stück, die Hälfte der Auflage, ist er so losgeworden. Und die traurige Fortsetzung vier Jahrzehnte später: Outhines Frau und andere Verwandte versuchten im Frühjahr 2000, auf demselben Vertriebsweg das 1991 im laotischen Original und 1999 als englisch-laotische Ausgabe erschienene „Mother's Beloves" an Käufer und Leser zu bringen. Im Januar 2000 war Outhine Bounyavong gestorben.

 r.s.

Die Stimme ihrer Herren

Der junge Journalist hatte ein Aha-Erlebnis. Die Redaktion seiner Zeitung in Vientiane hatte ihn nach Phnom Penh geschickt. Drei Monate lange lernte er dort, wie im heutigen Kambodscha die Presse funktioniert. Er erfuhr bei einem internationalen Publizisten-Seminar etwas von der Vielfalt der Medien, von unterschiedlichen Möglichkeiten, selbständig zu recherchieren, zu kommentieren, zu reflektieren. Der junge Journalist aus Laos betrat geistiges Neuland, sperrte Augen und Ohren auf und ließ sich im Übungsraum der Fortbildung auf die Erkenntnis ein, daß es nicht nur eine Wahrheit gibt, sondern je nach Standort und Wahrnehmung deren viele. Der junge Journalist wagte das Abenteuer, Fragen zu stellen und nicht nur vorgefertigte Antworten weiterzugeben. Drei Monate lang bewegte er sich in einem Nachbarland und doch in einer ihm völlig fremden Welt. Ein Thema in Pro und Kontra darzustellen, war ihm neu. „Ja – aber…" zu sagen, verlangte die Überwindung verinnerlichter Hemmungen. Ein Streitgespräch unter Kollegen zu führen, erschien ihm für's erste wie die Mißachtung der guten Sitten. Eine Meinung mit Argumenten zu stützen und zu verteidigen, setzte einen Lernprozeß in Gang. Ein Interview mit bohrenden Nachfragen voranzutreiben, weckte bei ihm schlummernde Jagdinstinkte. Er kehrte schließlich nicht nur mit einem Diplom nach Vientiane zurück, sondern auch mit der Einsicht, daß Journalismus wohl doch etwas anderes sein könnte als die Arbeitsweise, der er sich diesbezüglich in der heimischen Medienwelt zu unterwerfen hatte.

Davon erzählte er uns; 25 Jahre alt, in einem Dorf geboren und aufgewachsen, nun ganz und gar ein Mann der Stadt, modischer Anzug, Krawatte. Er sprach begeistert wie jemand, der eine bislang verschlossene Tür einen Spalt breit aufmachen durfte und einen begehrenswerten, doch unerreichbaren Schatz geschaut hatte. Weil ihm aber klar geworden war, welche Grenzwanderung er absolviert hatte und daß er nun wieder in vertrauter Umgebung angekommen war, bat er augenzwinkernd, seinen Namen unerwähnt zu lassen. „Bei uns ist eben manches ganz anders", sagte er lachend.

Die englische Version benennt der Zeiten Lauf ganz allgemein: „Vientiane Times"; das französische Pendant gibt sich im Titel programmatisch: „Le Renovateur", der Erneuerer: Doch die beiden Zeitungen, die in Vientiane für vornehmlich ausländische Leser gedruckt werden, haben eines gemeinsam mit dem Dutzend in laotischer Sprache erscheinenden Publikationen: Sie alle sind die Stimme ihrer Herren aus Politbüro, Regierung und Militär. Da kann es hinter den Kulissen der Macht zu Meinungsver-

Neue Medien grenzenlos

schiedenheiten oder gar Richtungskämpfen kommen, da mögen sich in den hohen Rängen der Ämter deren Inhaber spinnefeind sein, da könnte im Geheimen manch kontroverses Wort gewechselt werden – in die Öffentlichkeit dringt es nicht; und in den Medien erscheint davon nicht die kleinste Silbe.

Laos befindet sich in einem Prozess des Übergangs. Oppositionelle Gruppen, so sie sich ansatzweise bilden, werden verfolgt. Als junge Leute am 26. Oktober 1999 in Vientiane eine friedliche Demonstration veranstalteten, um eine politische Wende anzuregen, wurden sie sofort verhaftet. Amnesty International forderte bisher vergeblich Aufklärung und Freilassung. Auch das Europaparlament in Straßburg hat der Volksrepublik Laos anhaltende Menschenrechtsverletzungen vorgeworfen und die Freilassung der politischen Gefangenen gefordert. Noch immer würden Oppositionelle willkürlich festgenommen und unter menschenverachtenden Bedingungen gefangengehalten, kritisierte das Europa-Parlament in einer Entschließung Mitte Februar 2001.

Nichts davon in laotischen Medien. Journalisten arbeiten allesamt im Dienste des Staates. Presse, Radio, Fernsehen sind Verlautbarungsorgane und Instrumente des Ministeriums für Information und Kultur. „Bild Dir keine Meinung" könnte das Motto in ironischer Abwandlung des Slogans einer deutschen Boulevardzeitung heißen. Was die Wahrheit ist, bestimmt die Partei. Was dem Land und seinen Leuten mitzuteilen ist und was nicht, wird im Politbüro entschieden. Zwischen den Behörden und den Redaktionsräumen herrscht eine Wechselbeziehung von Zensur und Selbstzensur. Im Juni 2001 wurden neue Presserichtlinien bekannt, die von Journalisten „konstruktive Beiträge" einfordern und bei Nichterfüllung des Auftrags, Sprachrohr der Partei zu sein, Gefängnisstrafen von bis zu 15 Jahren androhen. Dies ist vor allem an die Adresse von freien, in Laos lebenden Journalisten gerichtet, die im Ausland publizieren, möglicherweise unter Pseudonym, und dem Rest der Welt nicht die einzig gewünschte Sicht auf Laos vermitteln, wie sie die Herren über die einheimischen Medien darzustellen wünschen.

Dementsprechend betulich, um nicht zu sagen: langweilig, sind die laotischen Blätter. Die in Staatsorganen üblichen Fotos der Parteikongresse, Straßeneröffnungen, Fabrikgebäude und Übergabezeremonien von Diplomen beherrschen die Bilder. Der informative Gehalt ist bescheiden. Daß allmählich auch Alltagsgeschichten in die Zeitungen gelangen, harmlos und doch mit menschlichem Antlitz, ist auch den Ratgebern zu verdanken, die als Technical Adviser in mancher Redaktion vorsichtig und mit aller gebotenen Zurückhaltung agieren. Bei der „Vientiane Times" beispielsweise ein Journalist aus Australien. Mit solcher Hilfe wurde auch das elektronische Innenleben modernisiert. Die Zeitung war als Wochenblatt im April 1994 erstmals erschienen; und zwar am Vortag der Einweihung der sogenannten Freundschaftsbrücke über den Mekong, dieser folgenreichen und symbolträchtigen Öffnung des Landes. Das

Großraumbüro der „Vientiane Times" ist voll mit Personal-Computern ausgestattet. Der Umbruch wird auf dem Bildschirm gestaltet. Die Zeitung mit nun 4.000 Exemplaren erscheint neuerdings zweimal in der Woche. Das äußere Bild in seiner technischen Modernität unterscheidet sich nicht mehr von ähnlichen Einrichtungen sonstwo auf der Welt. Der weitgereiste journalistische Gast fühlt sich sofort auf vertrautem Terrain. Solche Gemeinsamkeit ist es dann aber auch schon.

Die Arbeitsatmosphäre in Redaktionen ebenso wie in den überalterten Studios des staatlichen Rundfunks ist von Hierachien und Beamtenmentalität geprägt. Oberstes Gebot: keine Experimente und immer die Oberen im Blick behalten. Bei LNR, Lao National Radio, hat man den Eindruck, ein Rundfunkmuseum zu betreten. Bandmaschinen, Mischpulte, Mikros, Kabelgewirr werden hauptsächlich vom Improvisationstalent der Techniker in Betrieb gehalten. Daß dann Vielzüngiges über den Äther geschickt werden kann, grenzt an ein technisches Wunder. In verschiedenen Landessprachen wie Lao, Hmong, Khamu, aber auch in Khmer, Vietnamesisch, Englisch und Französisch wird das gesendet, was das Politbüro für die richtigen Informationen hält.

Der junge Journalist, der in Phnom Penh auf der breiteren Klaviatur der publizistischen Ausdrucksmöglichkeiten hatte üben dürfen, kehrte nicht als Dissident nach Vientiane zurück, kein Aufmüpfiger, aber doch einer, der nachdenklich geworden war. Er lernte, Fragen zu stellen, Gegebenheiten infrage zu stellen. Das tut er nun keineswegs radikal, eher sanft, wie es übliche Art in Laos ist, aber – so der Eindruck – mit Ausdauer. Der junge Journalist begann zu begreifen, was die Altherrenriege der Macht am meisten fürchtet: daß über Alternativen nachzudenken ist und vor allem daß es Alternativen gibt, auch politische. Er hatte sein handwerkliches Können trainiert und die frische Luft der Weltoffenheit geschnuppert. Das macht geistig munter.

Da wächst auch in journalistischen Kreisen eine Generation heran, die unbekümmerter mit den Medien und ihren Machern umgeht, die Neues ausprobieren will. Pressefreiheit bleibt bis auf weiteres ein Fremdwort. Professionalität braucht Zeit. Und überhaupt: Was der junge Journalist vorerst noch mehr bedauert als fehlende Freiräume der kritischen Mitteilung, ist das geringe Salär, das ihm die Arbeit bei seiner Zeitung einbringt. „Davon könnte ich gar nicht leben", sagt er in erfrischender Offenheit, „die meisten von uns müssen in anderen Jobs dazuverdienen." So gesehen, ist das von der Partei propagierte Ziel, bis zum Jahre 2020 die Armut aus Laos zu vertreiben, auch das Anliegen des jungen Journalisten. Aus ureigenstem Interesse des Überlebens.

r.s.

Kleine Brötchen und das Filmemachen

Die Torten leuchten in den Farben des Regenbogens. „Happy Birthday" ist darauf in weißer Zuckergußschrift zu lesen und „Bon Anniversaire". Baguettes liegen gestapelt im Regal, kleine goldgelbe Brötchen daneben im Korb. Das appetitliche Angebot von Back- und Konditoreiwaren könnte das Schaufenster einer Boulangerie in einer französischen Provinzstadt füllen. Doch diese Auge und Gaumen erfreuenden Leckereien sind für Käufer in der Saylom Road in Vientiane bereitet, wo die neue städtische Mittelschicht nach solchen Nahrungsmitteln verlangt. Geburtstagstorten als Statussymbol gehobenen Konsums. Neben den Glasvitrinen laden zur Straße hin ein paar Tische und Stühle zum Imbiß ein. Hondas dröhnen vorbei.

Nichts indes verrät dem zufälligen Passanten, daß Teigwaren hier etwas mit dem Filmemachen zu tun haben oder doch wenigstens mit den kinematografischen Träumen des Bäckerei-Besitzers und seiner Frau. Nur ein kleines Firmenschild gibt über der Tür unscheinbar einen Hinweis. „Lao-Inter-Arts" steht darauf. Som Ock Southiphon erzählt uns von den kleinen Brötchen und den großen Plänen. Zurückhaltend tut er's: einerseits bereit, ausführlich zu berichten, was ihm auf dem Herzen liegt und durch den Kopf geht, andererseits zögernd, die Worte sorgsam wägend, unsicher, wie weit er dabei gehen darf, ohne in der Polit-Atmosphäre des allgemeinen Mißtrauens, vor allem Ausländern gegenüber, allzuviel von sich und seinen Visionen preiszugeben: die gebremste Art, à la Laos in Laos zu reden.

Ein ernsthafter Mann mit dünnem Oberlippenbart, 1954 in Luang Prabang geboren; Gründer und Chef der ersten und einzigen privaten Filmproduktionsfirma im Lande: „Das einzige Unternehmen dieser Art, das eine Lizenz des Ministeriums für Information und Kultur hat", präzisiert er mit erkennbarem Stolz und ergänzt: „Ich bin der einzige professionelle und unabhängige Filmemacher in Laos." Doch er macht keinen Hehl daraus, daß zwischen Titel und diesbezüglicher Urkunde und den Möglichkeiten, in Laos tatsächlich Filme seiner Vorstellung machen zu können, das Niemandsland des Wartens und des Hoffens liegt.

Eigentlich habe er Jura studieren wollen, damals Ende der 1970er Jahre, da die Regierung bestimmte, wer in welchem sozialistischen Bruderland was zu lernen habe. Aus der Rechtskunde ist nichts geworden; Som Ock Southipon wurde 1977 auserkoren, in Prag an der Karls-Universität die Film- und Fernsehakademie zu besuchen. 50 bis 60 laotische Studenten waren damals insgesamt in der Tschechoslowakei. Sechs sollten die Filmerei erlernen, fünf davon setzten sich nach Frankreich, Deutschland und in die Schweiz ab oder kehrten ohne Diplom nach Hause zurück. Som Ock hielt durch. Neun Jahre studierte er die Licht- und Schattenseiten des flimmernden Gewerbes; an die Zeit denkt er offenbar gern zurück. Er war der einzige Laote, der als graduierter Kinematograf das Klassenziel erreicht hatte.

In seiner Heimat konnte er an keine Filmgeschichte anknüpfen oder gar eine filmische Tradition fortsetzen, als er mit geschärftem Blick für Bilder die Erfahrungen aus Prag für das heimische Publikum gestalten wollte. In punkto Kino ist Laos ein ziemlich unterbelichtetes Territorium. Als die französischen Dokumentarfilmer zwischen 1910 und 1930 in Indochina auf Motivsuche gingen, blieb Laos weitgehend ausgeblendet.

„Wir verfügen nur über eine sehr begrenzte und lückenhafte Dokumentation dessen, was man als laotischen Film bezeichnen könnte", berichtet Som Ock bedauernd, „wer was in diesem Bereich getan hat und wann, bleibt ein Rätsel." Der älteste Streifen, der im nationalen Archiv neben etwa tausend Titeln auf 16- und 35-Millimeter-Rollen aufbewahrt wird, datiert von 1950, eine Szenenfolge über das damalige Königshaus. In den folgenden Jahrzehnten war Kriegsberichterstattung angesagt. Nach 1975 hatte das Medium der laufenden Bilder der Revolution zu dienen und wurde und wird als Propagandamittel im Dienste der Partei eingesetzt.

So entstand als einer der ersten laotischen Spielfilme 1983 das Heldenmelodram zur Verklärung eines selbstlos-mutigen Soldaten vom zweiten Bataillon der laotischen Volksarmee. Titel des 35-Millimeter-Werkes in Farbe: „Die Stimme des Gewehrs in der Ebene der Tonkrüge". Aber offenbar war die Botschaft nicht klassenkämpferisch genug. Ock Som: „Unglücklicherweise wurde der Film von der Zensur zurückgehalten."

Solches Ungemach widerfuhr ihm selbst nicht. Für seine beiden Gesellenstücke nach der Rückkehr aus Prag in Diensten des Staates ward ihm Lob zuteil. In Farbe lichtete er 1987 einen Parteikongreß ab; und ein Jahr danach wagte er sich an einen Spielfilm in schwarz-weiß, der unter dem Titel „Roter Lotus" eine revolutionäre Liebesgeschichte auf die Leinwand brachte. Das Drama spielt während des „geheimen Krieges", kurz bevor sich der Pathet Lao durchsetzen und in Vientiane die rote Fahne mit Hammer und Sichel ihrer Machtergreifung hissen konnte. Ein Dorfmädchen gerät zwischen die Fronten des Kriegs und der Ideologien. Den von den Eltern ausgewählten, reaktionären Ehemann will sie nicht; den geliebten Kämpfer für das sozialistische Laos kriegt sie nicht; der stirbt den Heldentod. 83 Minuten lang wird gehofft, geweint und gelitten. Som Ock erinnert sich offenbar mit gemischten Gefühlen daran. „Es war ein Propagandafilm, was sonst hätten wir denn drehen können. Gesellschaftskritik?" Er lacht eher gequält denn belustigt.

Derweil schenkt uns eine Frau mittleren Alters den Kaffee nach. Feine Gesichtszüge hat sie, eine Schönheit mit Charme und gewinnender Freundlichkeit. Ist sie die klassenbewußte Heldin im „Roten Lotus?" Unsere angedeutete Frage wird mit herzlichem Lachen beantwortet. Somchith Vongsam Ang, so ihr Name, war der Star und ist nun die Frau des Regisseurs. Auch sie stammt aus Luang Prabang und hatte ein typisches Kriegsschicksal zu bestehen. Mit sieben Jahren war sie mit der Familie nach Vietnam geflüchtet, dort ist sie aufgewachsen und hat Literatur studiert. Der Ehemann erwähnt die für's Politbüro zurechtgeschneiderte Film-Lovestory nur nebenbei, berichtet aber ausführlich von den miserablen Arbeitsbedingungen. Improvisation war alles. „Wir hatten nichts, wirklich nichts", erinnert er sich. Mit einer sowjetischen 35-Millimeter-Kamera aus dem Zweiten Weltkrieg, die es mal tat, mal nicht, und bescheidenen 5.000 US-Dollar wurde der ganze Film in 22 Tagen produziert, in Hanoi schließlich entwickelt und geschnitten. In der früheren Sowjetunion, in Japan und Thailand wurde der „Rote Lotus" gezeigt. Beim ersten Südostasiatischen Filmfestival in Phnom Penh wurde er mit einem Preis geehrt.

Seither ist Som Ock auf der Suche nach künstlerischen Freiräumen. Aus der direkten Abhängigkeit von staatlichen Medien und deren Kadern hat er sich entfernen können; aber zum Überleben reicht die eigene Firma „Lao-Inter-Arts" keineswegs aus. So richteten er und seine Frau die Bäckerei ein, um vom Erlös der kleinen Brötchen die ambitionierten Filmvisionen anzupeilen. Bei einem Wettbewerb, den das französische Kultusministerium in der frankophonen Welt ausgeschrieben hatte, gewann das Paar 1993 einen 16.000-US-Dollar-Zuschuß. Damit wurde ein Videofilm über eine Volksgruppe in der Bokeo-Provinz gestaltet. Es folgten Dokumentarfilme über traditionelle laotische Rituale, Kulte, Tänze. „Wir wollen festhalten, was auch in Laos mehr und mehr verloren geht", so das Motiv. Der große Traum aber bleibt der Spielfilm nach eigenen künstlerischen Maßstäben und nicht nach parteilichen Vorgaben.

Der Traum hat schon einen Titel: „Les Amis / The Friends / Die Freunde". Die Geschichte soll das heutige Laos in der Spannung zwischen traditionellen Werten und globalisiertem Profitstreben widerspiegeln. Schauplatz: Luang Prabang, das längst aus dem Dornröschenschlaf seiner Tempel-Heiligkeit herausgerissen wurde. Unter Mißbrauch von Freundschaft und Vertrauen wird einem alten, kranken Reisbauern das Feld abgeschwätzt, das ehedem die Lebensgrundlage der Familie bot und nun für die transnationale Fernstraße gebraucht wird, die Laos zwischen Kambodscha, Vietnam und Thailand als Durchgangsregion ins südliche China öffnen soll. Eine eher banale Erzählung, simpel gestrickt, auf sieben Protagonisten beschränkt. Es geht auch um Liebe, unerfüllt wiederum, um Veränderungen im Land und um die schmerzliche Erkenntnis, daß die Straßenbauer stärker sind als die Reisbauern. Som Ock erzählt begeistert davon, kommt in Fahrt, zeigt sich als der Künstler, der am liebsten um die Kultur gängelnde Kader einen weiten Bogen macht. In diesen Minuten geht er aus sich heraus, und dem Gast wird klar, was einem Mann wie ihm wirklich wichtig und was da im behördlichen Gestrüpp aus sozialistischem Trott und Gleichgültigkeit alles schon an kreativem Geist hängengeblieben ist.

An Ideen ist kein Mangel, aber die Einsicht in die praktischen Möglichkeiten schwankt zwischen Tatendrang und Resignation: „Solange es in unserem Land andere und eiligere Prioritäten als eine Filmproduktion gibt, solange bleibt das laotische Kino ein Traum in den Köpfen der wenigen Filmemacher", resümiert Som Ock. Bewundernd blickt er zu den Nachbarn. Die vietnamesischen Filme haben längst internationales Format und werden auf den großen Festivals ausgezeichnet. In Kambodscha wird gegenwärtig versucht, eine Tradition zu beleben, die der umtriebige König Sihanouk begründete. In den 1960ern bannte der Monarch, vor und hinter der Kamera aktiv und kreativ, neun dramatische Geschichten aus Kambodschas kulturellem Fundus auf Zelluloid. Zum berühmtesten Film der leidgeprüften Region sollte 1984 das Mörderdrama „Killing Fields" werden; die filmische Darstellung des Wütens der Roten Khmer – eine britische Produktion mit kambodschanischer Beteiligung. Eine neue Generation einheimischer Cineasten ist gegenwärtig dabei, das Vermächtnis der Khmer-Reiche in Filmstories publikumswirksam aufzubereiten. Der Kampf der Thais gegen die Kambodschaner im 15. Jahrhundert mit dem Titel „Der Held Dom Din" ist eines der jüngsten Beispiele, einen 100.000-US-Dollar-Streifen mit einer kanadischen Produktionsfirma auf die Leinwände zu bringen. Längst hat auch Hollywood die Kulissenwirkung von Angkor Wat entdeckt und spektakulär vermarktet. Für den 2001 weltweit gestarteten Film „Tomb Raider / Grabräuber" war die virtuelle Kultfigur Lara Croft zu einer leibhaftigen Superfrau mutiert und in den Angkor-Ruinen auf die Jagd nach dem Bösen geschickt worden. Das digitale Zeitalter drang endgültig auch in die Jahrhunderte von der Natur behütete Tempelwelt der Khmer-Könige ein. Den Paramount-Leuten war das einige Millionen US-Dollar wert: die Investition in den Weltmarkt der perfekt organisierten Unterhaltung.

Davon ist in der Bäckerei in der Saylom Road in Vientiane gar keine Rede. Som Ock hat Phantasie, aber er ist kein Phantast. Zusammen mit einer Handvoll gleichgesinnter filmbegeisterter Idealisten gehört er zu den Außenseitern in der staatlich kontrollierten kulturellen Szene Vientianes. Som Ock bemüht sich um Ko-Produzenten, denn aus eigenen Mitteln ist ein größeres Projekt gar nicht zu verwirklichen. Selbstbewußtsein ist das einzige Kapital. Aber was liegt da alles brach an Ideen, schöpferischer Kraft, an Initiative und Innovation. So der Eindruck an jenem Nachmittag. „Eine Ko-Produktion bedeutet: die 100-prozentige Finanzierung aus dem Ausland kombiniert mit 100-prozentigem laotischem Talent", sagt Som Ock Southipon lächelnd. Bis dies freilich in ein filmisches Szenario gesteckt werden kann, müssen wohl noch viele Torten und Brötchen ihre Käufer finden.

r.s.

Frauen, Schnaps und Selbstbewußtsein

Das Dorf von Familie Ngeun liegt im „Goldenen Dreieck", im gebirgigen Grenzgebiet am Mekong zwischen Laos, Thailand und Burma, im Distrikt Huay Sai in der Provinz Bokeo. In dieser Region bestimmen kleine Volksgruppen den Rhythmus des Lebens, sie kennen keine nationalen Grenzen und pflegen Beziehungen über den Mekong hinweg zu den Angehörigen ihrer Ethnien in allen drei Ländern. Das Dorf gehört zu einer Siedlung der Mon-Khmer sprechenden Halbnomaden der Lamet auf der laotischen Seite des Mekong. Wer keine Reisfelder besaß, wurde von der Provinzverwaltung 1996 aus den Bergen vertrieben und am Mekong angesiedelt, um den Opiumanbau abzuschaffen und die Brandrodung zu unterbinden. Ines Wiedemann, Gartenbauingenieurin und Beraterin des Deutschen Entwicklungsdienstes (DED), ist unsere Begleiterin. Wir genießen das Vertrauen der Dorfbewohner zu ihr und haben eine gute Dolmetscherin.

Erfolgreicher Abschluß der dritten Klasse

Die Männer des Dorfs sind in den Wäldern und schlagen Bambus für Zäune um ihre Felder. Auf dem Wege zu einem Versuchsfeld für Obstbäume am Berghang hält uns eine kleine sympathische Frau mit einem Kind auf dem Arm an und lädt uns in ihr Haus ein. Eine willkommene Unterbrechung, um der brütenden Mittagshitze zu entgehen. Sie bittet uns, die Leiter zu ihrem bescheidenen Haus hinaufzusteigen, einer Hütte auf Bambusstelzen mit luftigen Wänden und durchlässigem Fußboden.

Wir sitzen an der erloschenen Feuerstelle im Haus, um uns herum der kleine Wohnraum und ein abgetrennter Schlafraum für die Eltern. Die ganze Habe der Familie hängt an den Wänden der Hütte, ärmliche Kleidung, ein paar Kochtöpfe und Vorräte für die Küche. Die zierliche Frau beobachtet uns mit prüfenden Blicken und freut sich, uns die Geschichte ihrer Familie und des Dorfes zu erzählen. Ihren jüngsten Sohn von 12 Monaten hält sie auf ihrem Schoß, neben ihr der 17-jährige Sohn und ein 12-jähriger behinderter Junge aus der Nachbarschaft. Ihr von der Sonne gebräuntes Gesicht ist mit einem freundlichen Lächeln auf uns gerichtet, ihre Stimme ist leicht und angenehm. Sie hat neun Kinder zur Welt gebracht, von denen ihr nur diese zwei geblieben sind. Das Leben in den Bergen ist sehr karg, die Nahrung in den Wäldern reicht nicht zum Sattwerden, und bei Krankheit gibt es nur den Medizinmann. Den jüngsten Sohn hat sie im Hospital in Chiang Khong in Thailand auf der gegenüberliegenden Mekongseite zur Welt gebracht. Verwandte in Thailand haben die Kosten übernommen, 4.000 Bath (100 US-Dollar). Die Beziehung zu den Lamet in Thailand und Burma ist sehr eng, in Chiang Khong gibt es ein jährliches Treffen und Fest aller Angehörigen der Lamet im Dreiländereck.

Der Umzug aus den Bergen 1996 war schwierig, aber dafür sind die Felder im Tal fruchtbarer, es gibt genügend Regen, und man kann sogar etwas Naßreis anbauen. Jede Familie hat jetzt ein eigenes Stück Land, und das Dorf besitzt Gemeinschaftsfelder. Es gibt eine Gesundheitsstation und eine Schule für die Kinder. Beim Stichwort Schule fällt ihr der eigene Unterricht ein, sie nimmt voller Stolz eine eingerahmte Urkunde von der Wand, die erst ein paar Monate alt ist. Da steht es für alle lesbar: „Frau Yoi Ngeun, 1962 geboren, hat den Schulabschluß der dritten Klasse erreicht", ausgestellt vom Büro für informelle Bildung der Provinz Bokeo. Sie ist stolz auf das Zeugnis, und ihr Gesicht strahlt vor Freude. Sie spricht außer Lamet auch Khamu und natürlich Laotisch. Mit festem Griff nimmt sie unser Mikrophon in die Hand und gibt uns ein paar Beispiele ihrer Sprachkünste. Eine selbstbewußte Frau, freundlich und sympathisch. Wäre ihr Ehemann zu Hause gewesen, hätte er die Unterhaltung dominiert, und Frau Yoi wäre selbst kaum zu Wort gekommen, merkt Ines Wiedemann an. Die Entwicklungshelferin kennt den Einfluß von selbstbewußten Frauen auf die Veränderung der Verhältnisse, nicht zuletzt aus eigener Erfahrung in Ostdeutschland.

Yoi Ngeun schickt ihren Sohn mit uns auf das Gemeinschaftsfeld des Dorfes, wo wir veredelte Obstbäume bewundern können. Wenn sich die Bäume weiter so gut entwickeln, wird es bald einen Obstgarten mit reichlich Tamarinden und Zitronen sowie Mangos und Lychees geben, Köstlichkeiten für das Dorf, aber auch begehrte Produkte auf den Märkten von Huay Sai und Chiang Khong.

Seide für den Markt in Vientiane

Weiter nördlich am Mekong, im Dorf Dong Chan im Distrikt Ton Pheung in der Provinz Bokeo, haben Frauen die Tradition der Tai-Dörfer aufgegriffen und stellen Seide her. Sie züchten Seidenraupen und verkaufen die Seide in Vientiane. Von 15 Familien des Dorfes beteiligen sich acht am neuen Projekt. Frau Nang Na ist die verantwortliche Koordinatorin und zeigt uns unter dem Vordach ihres Hauses die großen flachen Bambuswannen, auf denen sich Tausende von Raupen über frische Maulbeerblätter hermachen. In ihrem Haus sammelt sie die fertige weiße und gelbe Seide, sorgfältig gebündelt und verpackt für den Transport nach Vientiane.

Futter für gefräßige Seidenraupen

Es dauert sechs Wochen, bis eine Raupe aus dem Ei geschlüpft ist, die fette Raupe sich in einen Kokon gehüllt hat und die Seidenfäden aufgespult und gereinigt sind. Dreimal am Tag brauchen die Raupen Futter, nachts müssen die Ratten von den Raupen und der Seide ferngehalten werden. Es war ein Erfolgserlebnis, die ersten 30 Kilogramm Rohseide an eine Seidenweberei in Vientiane zu verkaufen. Das Kilo Seide bringt 150.000 laotische Kip oder 700 thailändische Bath oder 17,5 US-Dollar. Die Frauen kennen die Wechselkurse im „Goldenen Dreieck" und rechnen schnell von einer Währung in die andere um. Der Erfolg mit der Seide hat den Frauen Selbstbewußtsein gegeben und ihnen die Anerkennung des Dorfes eingebracht. Auch ihre Männer respektieren die Leistung und haben sich nicht lange gegen die Wahl einer Frau zur Bürgermeisterin gewehrt.

Die Zucht von Seidenraupen und die Herstellung von Rohseide ist ein mobiles Projekt und sehr praktisch, weil das Dorf umgesiedelt und in die Nähe der Straße verlegt werden soll. Die Bewohner des Dorfes, Angehörige der Ethnie der Tai Dam (Schwarze Tai), sind 1978 aus den Bergen in Burma und Thailand an den Mekong auf laotischer Seite gezogen. Seitdem ist das Dorf jedoch stark gewachsen, die Familien leben zu eng beieinander, und das Land reicht nicht mehr aus, das ganze Dorf zu ernähren. Der Boden ist auch zu feucht und nicht besonders fruchtbar. An der Straße soll jede Familie ein eigenes Stück Land erhalten, außerdem haben sich dort bereits früher Angehörige der Tai Dam angesiedelt.

Das alles erzählt Nang La mit ruhiger und angenehmer Stimme, während sie den gefräßigen Raupen frische Blätter zuschiebt. Sie ist groß, hat ein schön geformtes Gesicht und ihr glattes Haar im Nacken zusammengebunden. Die Tai Dam in Dong Chan selbst können sich keine Kleider aus Seide leisten. Krieg, Vertreibung und Umsiedlung haben sie arm gemacht. Nang La trägt ein modisches T-Shirt und einen bunten Rock aus Thailand. Ein kleines Kind sitzt auf ihrem Schoß und hört uns neugierig zu. Nang Las ältere Schwester, Nang Keo, und weitere Nachbarinnen gesellen sich zu uns und tragen ihren Teil zum Gespräch bei. Unser Begleiter, Holger Grages, Agraringenieur und Berater des Deutschen Entwicklungsdienstes (DED), kennt die Erfolgsgeschichte der Frauen und übersetzt uns alle Feinheiten ihrer Erzählung. Wir sind beeindruckt von den selbstbewußten Frauen, wie sie einen Wirtschaftszweig des Dorfes managen und kompetent die Vermarktung eines Produktes betreiben.

Frauen schenken ein

Im Dorf Phu Van Neua im Distrikt Huay Sai am Mekong feiern 30 Bäuerinnen und Bauern den Abschluß einer viertägigen Fortbildung in landwirtschaftlicher Pro-

Die Abschlußfeier der Frauen

jektplanung. Die Laotische Frauenunion hat die Bürgermeister und Vertreter aus fünf „Zieldörfern" dazu eingeladen. Ines Wiedemann vom DED hat uns überredet, ebenfalls die Party zu besuchen.

Die Frauen sind gerade damit beschäftigt, die Dorfschule zum Partyraum umzuräumen, als wir eintreffen. Die Wandzeitungen werden abgenommen, umgedreht und als Decke auf den Schultischen ausgebreitet. Wir können nicht mehr sehen, was die Versammlung diskutiert und beschlossen hat. Die Tische füllen sich mit gekochtem und gebratenem Huhn, Gemüse und Bergen von süß-herbem Klebreis. Die Frauen haben das Essen vorbereitet und die Party fest in der Hand, genau so wie die Planung von Projekten in ihren Dörfern, wie wir hören. Die Bäuerinnen machen auf uns den Eindruck selbstbewußter Frauen, die die ganze Last ihrer Familien und deren Ernährung tragen, aber auch zu feiern verstehen und es sich gut gehen zu lassen. Sie sind es, die Flasche und Glas in der Hand halten und den Versammelten und sich selbst Lao Lao-Reisschnaps einschenken. Auf das Wohl der Gäste wird besonders gerne angestoßen. Aber wer ausschenkt, trinkt auch selbst mit. Während sich die braunen Gesichter der Frauen leicht röten, schütten die Männer den hochprozentigen Schnaps aus Plastikkanistern in die Flaschen nach.

Selbst am Ehrentisch bei den Sprecherinnen der Frauenunion und der Bürgermeisterin können wir nicht erfahren, was die Fortbildung gebracht hat. Über Entwicklungsprojekte und die beteiligten Hilfsorganisationen aus Deutschland und Norwegen zu reden, scheint tabu zu sein. Wir haben den Eindruck, als ob man nur auf die Abschlußfeier gewartet hat, um nicht mehr die komplizierten Vorstellungen der Geberorganisationen über Entwicklung diskutieren zu müssen. Geplant sind Projekte für Obstbäume, Erdnüsse, Seide, Trockenreis, Gemüse, Fischzucht und Kreditgenossenschaften, erfahren wir später. Der Lao Lao löst die Zungen zu beachtlicher Lautstärke, aber die Atmosphäre ist locker und fröhlich.

Emanzipation durch Handel

In Laos sind Handel und Geldgeschäfte in den Händen von Frauen am besten aufgehoben, schlußfolgert der australische Anthropologe Andrew Walker in einer Untersuchung des Handels im Nordwesten von Laos mit Thailand und China. Danach hat der Handel in der Region einen weiblichen Charakter und ist eine „Domäne der Frauen". Das widerspricht der buddhistischen Vorstellung von der Frau als Mutter und Behüterin des Hauses und der paternalistischen Auffassung von der unnatürlichen Beschäftigung der Frau außerhalb des Hauses und den gefährlichen Konsequenzen, wenn Frauen sich frei in der Öffentlichkeit bewegen und sich sexuellen Gefahren aussetzen. Aber die Tätigkeit der Frau im Handel und Transport von Waren stärkt ihr Selbstbewußtsein und fördert ihr Ansehen in der Öffentlichkeit. Reisen und Handeln stiften eine kulturelle Identität der laotischen Frau.

Frauen kaufen in der thailändischen Hafenstadt Chiang Khong am Mekong Konsumgüter und Baustoffe ein, verzollen sie in Huay Sai am gegenüberliegenden laotischen Ufer und verschiffen sie auf dem Mekong zum Hafen von Pak Beng am mittleren Mekong. Die Fahrt dauert vier Stunden mit dem Schnellboot (speed boat) oder zwei Tage mit dem Frachtschiff (slow boat). In Pak Beng übernehmen Lastwagen die Ware und transportieren sie 150 Kilometer auf der schlechten Straße nach Oudomxay, eine Fahrt von sechs bis acht Stunden. In Oudomxay warten Kleinlaster auf die Beförderung der Ware nach Luang Namtha, Müang Sing oder selbst nach Phong Saly im Norden und Sam Neua an der vietnamesischen Grenze. Neuerdings lassen sich laotische Frauen auch auf den Handel zwischen Oudomxay und Mengla im südchinesischen Yünnan ein und nehmen die Konkurrenz mit chinesischen Händlern auf.

Die Händlerinnen nehmen in ihre Warenpalette auf, wofür es in den Bergen eine Nachfrage gibt: Kondensmilch, Getränke, Kaffee, Kekse, Speiseöl und Zucker, auch Toilettenpapier, Seife, Waschpulver, Zahnpasta, Bekleidung und sogar Zement, Steine, Fliesen, Zinkblech und Batterien, Autoöl, Fahrräder, Fernsehgeräte und Medikamente.

Sie heuern in Chiang Khong 5-10-Tonnen-Boote an, die das ganze Jahr den mittleren Mekong befahren können, oder chartern 20-Tonnen-Frachter, die bei höherem Wasserstand in der Regenzeit auf der Strecke nach Pak Beng fahren. Während der Fahrt leben die Frauen auf den Booten, verhandeln mit den Zollbeamten und schützen die Ware vor Übergriffen an Kontrollposten des Militärs, ein Leben voller Risiken und Gefahren. Sie verstehen, mit Geld umzugehen, ob Kip, Bath, US-Dollar oder chinesische Yüan, handeln in Chiang Khong günstige Kredite aus und führen große Mengen Bargeld mit sich.

Die Rolle der laotischen Frauen im Fernhandel der Region ist eine jüngere Entwicklung mit mehreren Rückschlägen und Neuanfängen. Der Ursprung liegt in der Versorgung von etwa 30.000 Flüchtlingen im Gebiet von Huay Sai während des Indochinakrieges der USA. Angesichts maßloser Korruption bei Hilfslieferungen aus dem Ausland nehmen laotische Flüchtlingsfrauen den Transport und die Verteilung von Versorgungsgütern selbst in die Hand und leiten auch Gelder aus dem Holzhandel und Drogengeschäft in die Flüchtlingslager um. Ihre Initiative dient auch dazu, aus der Opferrolle herauszukommen und das Image der Prostitution los zu werden.

Nach der Machtübernahme der Kommunistischen Partei 1975 endet die Rolle der Frau im Handel. Mit der Abschaffung des privaten Handels zerstört der Staat die Basis ihrer Macht und Autonomie. Die Leitung der staatlichen Handelsgenossenschaften liegt in der Hand von Kadern, die nicht nach Qualifikation und Erfolg, sondern aufgrund ihrer Stellung zur Partei eingesetzt werden. Teilweise gelingt es den Frauen, über die Ehefrauen und Töchter oder Verwandte von Provinzfunktionären wieder ins Handelsgeschäft zurückzukehren.

Während des thailändischen Handelsembargos gegen Laos in den 1980er Jahren entsteht in Müang Mom am Mekong, nördlich des Dreiländerecks, ein großer Markt für Schmuggelware aus Thailand über Burma, fast ausschließlich von laotischen Frauen kontrolliert und verwaltet. Sie können sogar die Regierung überreden, eine Verbindungsstraße von Müang Mom nach Huay Sai zu bauen. Mit der Öffnung des Grenzverkehrs zwischen Laos und Thailand 1988 kehren die Frauen in ihre alte Rolle zurück und nehmen seit der Öffnung der Grenze zu China 1990 auch die neue Herausforderung des Chinahandels an.

Reisen und Handeln der laotischen Frauen zeigen, daß sie die Rolle der Mutter mit der Aufgabe der Ernährerin auf ganz neue Weise verknüpfen. Das verschafft ihnen Respekt in der Familie und Ansehen in der Öffentlichkeit, auch darin manifestiert, daß die Ehemänner häufig ins Geschäft ihrer Frauen einsteigen. Die Frauen kennen also auch nicht nur die Last und Gefahr des Gewerbes, sondern genießen die Unabhängigkeit und ihre neue Identität. Sie kaufen sich schöne Kleider und Schmuck und lassen sich von niemandem ihre Form des Umgangs mit ihren männlichen Kollegen im Handelsgeschäft vorschreiben. Ehe, Mutterschaft, Geld, Reisen und Vergnügen lassen sich offensichtlich doch miteinander vereinbaren.

Frauenrechte

Die matrilinearen Regeln der Clanordnung und des Erbrechtes in der Kultur der Tai-Völker, bzw. im Siedlungsraum der Lao Lum, verleihen den laotischen Frauen eine starke Stellung in der Gesellschaft und Wirtschaft des Landes. Daher rührt ihre große Erfahrung im Umgang mit Land, Handel und Geld.

Während der sozialistischen Revolution und der Befreiungskriege herrscht eine konkrete und aus der Not geborene Gleichberechtigung der Geschlechter. Aber es gibt keine Anstrengung, die Gleichberechtigung zum Teil der revolutionären Veränderung der Gesellschaft zu erklären und politisch und rechtlich zu verankern.

Nach der Machtübernahme 1975 setzt sich die paternalistische Parteistruktur durch, und Frauen werden aus dem politischen Leben des Landes zurückgedrängt. Die Verfassung von 1991 spricht den Frauen zwar gleiche Rechte zu, aber ohne konkrete Konsequenzen. Alle Gesetze zur Regelung von Privateigentum, Landrechten, Löhnen, Ausbildung und Krediten fallen zum Nachteil der Frauen aus. In der staatlichen Entwicklungsplanung wird die Gleichberechtigung der Geschlechter überhaupt nicht thematisiert.

Mit der wirtschaftlichen Öffnung Anfang der 1990er Jahre kommt die „kapitalistisch-patriarchale Modernisierung" der westlichen Industrieländer ins Land, wie die holländische Anthropologin Loes Schenk-Sandbergen und die laotische Ärztin Outhaki Choulamany-Khamphoui in einer Untersuchung feststellen. Nach ihrer Beobachtung werden in der wirtschaftlichen und kulturellen Transformation des Landes dieselben Fehler wie in anderen Ländern gemacht und die traditionellen Rechte der Frauen systematisch zurückgenommen. Auf der mittleren und höheren Ebene von Gesellschaft, Partei und Wirtschaft haben Frauen in Laos überhaupt keine Chancen.

Andererseits ist die Laotische Frauenunion über die Lao National Front in Entwicklungsfragen des Landes einbezogen. Ob darin Chancen für die Rechte der Frauen und die Entwicklung der Zivilgesellschaft des Landes liegen? Im partizipatorischen Ansatz von Entwicklungsprojekten sehen manche Beobachter eine Form von rudimentärer Demokratie und Sicherung von Menschenrechten. Ob solche Fragen auch auf dem Fortbildungsseminar der Frauen im „goldenen Dreieck" thematisiert wurden, das mit einem feuchtfröhlichen Abschlußfest endete?

h.k.

Das Land dazwischen: Laos wohin?

Laos ist ein Land ohne Demokratie, Menschenrechte und Zivilgesellschaft und in der Hand einer kommunistischen Gerontokratie. Die laotische Bevölkerung ist sehr jung und strebt nach Teilnahme am bescheidenen Wohlstand und freier Entfaltung der Persönlichkeit. Selbst arm, ist das Land von aufstrebenden Nachbarn umgeben und in eine Wachstumsregion eingebunden. Eine große Gemeinde von Exillaoten wartet auf die Möglichkeit, ohne Angst in die Heimat zurückzukehren und unter demokratischen Bedingungen zum Aufbau des Landes beizutragen.

Hier werden vier Szenarien einer möglichen Entwicklung des Landes vorgestellt und in überspitzter Form skizziert, um mögliche Trends zu verdeutlichen. Die reale Entwicklung basiert möglicherweise auf verschiedenen Elementen der Szenarien oder unvorhersehbaren Ereignissen ganz anderer Art. Die Szenarien sind in Anlehnung an eine Untersuchung über Laos entstanden, die das Nordic Institute for Asian Studies (NIAS) in Kopenhagen gemacht hat.

Szenario A: Zusammenbruch des Systems

Die laotische Wirtschaft ist aufs engste mit Thailand verbunden. Thailand liefert alles, was in Laos gebraucht wird, und rüstet sogar die laotische Armee auf und trainiert ihre Offiziere. Laos versorgt Thailand mit billigem Strom, wertvollem Holz und billigen Arbeitskräften. Fast alle Geschäfte und Investitionen des Auslands laufen über thailändische Firmen und Banken. Die Parteiführung hat sich den thailändischen Stil der Verknüpfung von Geschäft, Armee und Verwaltung aus der Zeit der Militärdiktatur zu eigen gemacht, um das Land fest im Griff zu halten.

Das Einkommensgefälle zwischen den Städten am Mekong und dem Hochland hat dramatische Formen angenommen. Die Hardliner der Parteiführung stehen unter Kritik, denn Angehörige der Bergvölker in Verwaltung und Armee protestieren gegen die Benachteiligung ihrer Regionen. Nationalisten kritisieren die Abhängigkeit des Landes von Thailand, die Korruption der Neureichen und den Einfluß ausländischer Experten auf die Entwicklung des Landes. In Vientiane erscheinen Flugblätter mit Karikaturen der Regierung als Marionette Thailands. Studenten fordern auf Kundgebungen bürgerliche Freiheiten, ein Mehrparteiensystem und freie Wahlen. Die Polizei verhaftet Studentenführer und geht brutal gegen Demonstranten vor, ist aber nicht in der Lage, die Proteste zu unterdrücken. Von der laotischen Presse werden die Proteste totgeschwiegen, aber das thailändische Fernsehen und Radio berichten ausführlich über die Ereignisse, so daß sie im ganzen Land verfolgt werden können. Die Parteiführung ist sich nicht einig, wie man gegen die Protestbewegung vorgehen soll, und spaltet sich in Fraktionen. Viele Funktionäre verlassen Vientiane und ziehen sich vorsorglich auf ihre Machtbasis in den Provinzen zurück.

Exillaoten in Frankreich und den USA gründen eine neue Bewegung Lao Issara (Freies Laos) und haben großen Zulauf unter den Flüchtlingen. Sie stehen in Verbindung mit Intellektuellen und Arbeitern in der Bau- und Textilindustrie in Laos. Es entsteht eine Streikwelle, die nicht mehr aufzuhalten ist.

Royalisten in Luang Prabang, Vientiane und im Ausland gewinnen das Königshaus in Bangkok für die Idee, den Kronprinzen Soulivong Savang aus dem Pariser Exil nach Laos zurückzubringen.

Auslandsinvestitionen bleiben aus, und die internationalen Geberorganisationen halten die Lage des Landes für hoffnungslos. Sie stellen ihre Hilfe ein, bis wieder stabile Verhältnisse eingetreten sind. Die internationalen Experten und Entwicklungshelfer werden abgezogen.

Guerillas der Hmong erhalten wieder Waffen von der thailändischen Armee und werden von Exillaoten in den USA unterstützt. Überfälle und Anschläge nehmen im ganzen Lande zu, die Nationalstraßen und Vientiane sind wieder unsicher.

Die Zentralregierung in Vientiane ist geschwächt und verliert die Kontrolle über die Provinzen. Die Einheiten des Militärs verweigern die Befehle der Armeeführung in der Hauptstadt. Eine Gruppe „Jungtürken" aus Nordlaos putscht und übernimmt die Macht in Vientiane. Die Einheiten in Südlaos leisten Widerstand. Es kommt zum Bürgerkrieg, der im Ausland „große Besorgnis" auslöst.

Szenario B: Wirtschaftswachstum unter politischer Stabilität

Die Wirtschaft Chinas und Südostasiens floriert, die Finanzkrise von 1997 ist weitgehend überwunden. Handel und Geldverkehr innerhalb Asiens haben mächtig zugenommen. Die zwischenstaatlichen Konflikte in der ASEAN-Region sind größtenteils beigelegt, China hat eine friedliche Einigung über die Ölquellen im Südchinesischen Meer signalisiert.

China ist das Vorbild der Kommunistischen Parteien in Vietnam und Laos. Die Kommunistische Partei Chinas ist in der Hand von Technokraten, die Menschenrechte und die Bildung einer Zivilgesellschaft rigoros unterdrücken und ihr Vorgehen mit Wachstumserfolgen legitimieren. Ausländische Investoren sind vom „autoritären Wachstumsmodell" auch unter kommunistischen Vorzeichen angetan, das aus dem antikommunistischen Singapur stammt. Nur die Philippinen und Thailand halten in der Region am demokratischen System fest.

Thailändische Unternehmer haben großen Einfluß auf die laotische Wirtschaft und nutzen Laos als Transitland für den Handel mit Südchina und Vietnam. Auch Laos pflegt eine enge Wirtschaftsbeziehung zur südchinesischen Wachstumsregion Yünnan.

Die informelle Wirtschaft in Laos ist größtenteils in die Geldwirtschaft einbezogen, die Infrastruktur verbessert worden, und die staatliche Verwaltung hat das Land weitgehend durchdrungen. Die Regierung widersteht allen Forderungen nach einem Mehrparteiensystem, Demokratie und der Respektierung der Menschenrechte. Eine Reihe ausländischer Nichtregierungsorganisationen (NRO) ist wegen ihrer Unterstützung von Bergvölkern gegen den Raubbau der Wälder und den Bau von hydroelektrischen Kraftwerken in ihren Lebensräumen ausgewiesen worden.

In der Partei und Regierung habe junge Technokraten und eine neue, im westlichen Ausland ausgebildete Elite an Einfluß gewonnen. Sie setzen auf unkontrolliertes Wirtschaftswachstum und vertreten die Ansicht, daß Laos noch nicht „reif für die Demokratie" ist und die ungebildeten Subsistenzbauern und primitiven Bergvölker mit „harter Hand" regiert werden müssen.

Szenario C: Demokratie durch äußeren Druck

Laos bleibt von bilateralen und multilateralen Geldgebern abhängig, die das jährliche Handelsdefizit ausgleichen und über die Hälfte des nationalen Budgets finanzieren.

Exillaoten in Frankreich und den USA nehmen Kontakt mit ausländischen Experten in Laos auf und können sie überzeugen, daß zur Modernisierung des Landes auch gewisse Formen der Zivilgesellschaft gehören. Frankreich knüpft seine Hilfe an die Pflege der laotischen Geschichte und Tradition und fördert das Selbstbewußtsein der Elite. Luang Prabang wird mit Hilfe Frankreichs und der UNESCO wieder aufgebaut, und das französische Lycée wird zum Zentrum einer frankophonen Renaissance. Der Buddhismus wird wieder als offizielle Religion des Landes anerkannt und die Unabhängigkeit der Sangha wiederhergestellt.

Wohlhabende Exillaoten folgen der Einladung der Regierung zurückzukehren und investieren ihr Geld in Laos. Diese „Auslandspaß-Elite" hat Beziehungen zu laotischen Experten in der Weltbank und der Asian Development Bank geknüpft und sich gegen Übergriffe der Partei rückversichert. Bei der Verhaftung eines Exillaoten wegen angeblicher Spionagetätigkeit stellt sich heraus, daß er Mitglied einer Elitefamilie aus der Zeit vor 1975 und Mitarbeiter der Asian Development Bank ist und außerdem die US-Staatsbürgerschaft besitzt. Er wird auf Intervention der US-Botschaft in Vientiane unmittelbar wieder freigelassen.

Frankreich und Schweden greifen die Forderung von Amnesty International auf, prominente Regimekritiker aus den Arbeitslagern an der vietnamesischen Grenze in Nordlaos freizulassen, die 1992 zu 14 Jahren Zwangsarbeit verurteilt wurden. Einer ist 1998 den Strapazen erlegen und in der Haft gestorben, die beiden anderen werden tatsächlich aus medizinischen Gründen in ein Hospital verlegt.

Schweden nutzt seine langjährigen Beziehungen zu Laos und fordert zusammen mit Frankreich und der EU, die Menschenrechte einzuhalten und gewisse demokratische Spielregeln einzuführen. Für Europa, das sich den neuen Demokratien Osteuropas öffnet, ist die Unterstützung einer Einparteiendiktatur in Asien nicht länger akzeptabel. Mit Unterstützung der USA und Japans gelingt es der EU, alle Hilfsgelder des Internationalen Währungsfonds (IWF), der Weltbank (WB) und der Asian Development Bank (ADB) für Laos einzufrieren, bis die Menschenrechte eingehalten, freie Wahlen unter internationaler Aufsicht durchgeführt und Oppositionsparteien zur Wahl zugelassen werden.

Die laotische Regierung kann einem solchen Druck allein nicht widerstehen. Singapur, Indonesien und Malaysia üben scharfe Kritik an der „westlichen Arroganz". Thailand hält sich neutral, sympathisiert aber mit der europäischen Forderung. Beijing und Hanoi bestärken Laos, dem ausländischen Druck standzuhalten, machen aber klar, daß sie keine Kredite zur Lösung der finanziellen Krise in Laos beisteuern können.

Angesichts des völligen Zusammenbruchs der laotischen Wirtschaft stimmt die Regierung in Vientiane der Bildung einer Koalitionsregierung zu und bereitet allgemeine Wahlen vor, zu der auch Oppositionsparteien zugelassen werden. Man spricht von einer „kambodschanischen Lösung" in Laos.

Szenario D: Demokratie durch innere Dynamik

Die Durchsetzung der Demokratie auf den Philippinen, in Taiwan und Südkorea und die Abwendung eines Militärputsches 1992 in Thailand haben in Südostasien die Auffassung gefestigt, daß die Einhaltung der Menschenrechte und Demokratie nützliche Instrumente für die gesellschaftliche Modernisierung eines Landes sind. Die städtische Bildungselite und neue Mittelklasse in vielen Ländern Asiens fordern mehr demokratische Freiheiten und setzen sich für freie Wahlen und Demokratie ein.

Politologen an den Universitäten von Bangkok und Manila suchen eine Synthese zwischen den Wertvorstellungen des „unmoralischen Westens" von individuellen Rechten und den asiatischen Tugenden von „kollektiver Solidarität, Moral und Verpflichtung". Beide Wertvorstellungen hält man als Grundlage demokratischer Verhältnisse für geeignet und schlägt als Kompromiß die „Rechtsstaatlichkeit" (Rule of Law) vor. Die Führungseliten Asiens und Investoren aus Japan und dem Westen sind sich einig, daß Gesetze und ihre Durchsetzung durch unabhängige Gerichte eine ebenso große Stabilität garantieren wie eine Diktatur.

In Laos erkennen Intellektuelle innerhalb und außerhalb der Partei, daß die Verteidigung der „asiatischen Werte" ein Vorwand für die autoritäre Herrschaft der Parteielite ist. Man verlangt Mitsprache bei der Auswahl von Kandidaten und fordert eine unabhängige Kontrolle der Wahlen. Es setzt sich eine allgemeine Auffassung durch, daß auch eine kommunistische Regierung zurücktreten sollte, wenn sie keine Mehrheit mehr in der Nationalversammlung besitzt. Solche Forderungen nach Freiheit und Bürgerrechten werden von der Presse aufgegriffen und trotz der Zensur verbreitet.

Auf dem Parteikongreß im März 2001 sind hochfliegende Pläne für die Entwicklung der Infrastruktur, den Bau von hydroelektrischen Kraftwerken und Investitionen in Bergbau und Industrie beschlossen worden, die keine Basis in der realen Wirtschaftskraft des Landes haben und keine Rücksicht auf die sozialen und ökologischen Auswirkungen nehmen. Die Parteiführung hält unbeirrt am Machtanspruch und Einparteiensystem fest, weil alles andere ins Chaos führen würde.

Dagegen greifen jüngere Abgeordnete in der Nationalversammlung Fragen der Entwicklung des Landes auf und diskutieren sie mit Kompetenz und kritischem Bewußtsein. Man bemängelt, daß wichtige Entscheidungen über die Zukunft des Landes von ausländischen Experten getroffen werden, die wenig Kenntnis von den wirklichen Bedürfnissen der Bevölkerung haben. Kritisiert wird auch, daß ausländische Firmen zu große Gewinne aus der Ausbeute von natürlichen Ressourcen ziehen. Die Regierung wird für die weit verbreitete Korruption und Ineffizienz der Verwaltung verantwortlich gemacht.

Presse und Radio berichten ausführlich über die Debatten in der Nationalversammlung und lassen Kritiker zu Wort kommen. Die Herausgeber der Medien riskieren ihre Existenz, sehen sich aber gezwungen, mit den thailändischen Medien zu konkurrieren, die überall in Laos verfolgt werden können. In der Bevölkerung entsteht ein kritisches Bewußtsein, das nicht mehr zu unterdrücken ist.

In der Öffentlichkeit entzündet sich eine Debatte um den Bau und die Nutzung hydroelektrischer Großprojekte durch ausländische Firmen. Die Regierung versucht vergeblich, die Kritik an den sozialen Auswirkungen und ökologischen Schäden, an der erzwungenen Umsiedlung der Bevölkerung aus den überfluteten Tälern und der Zerstörung der Wälder zu unterdrücken.

Es bildet sich eine Allianz aus umweltbewußten Technokraten und lokalen Protestbewegungen, denen sich Veteranen der Partei anschließen. Sie unterscheiden sich zwar in ihren politischen Auffassungen, fordern aber gemeinsam eine stärkere Kontrolle ausländischer Unternehmer und soziale und ökologische Auflagen für Großprojekte. Eine Gruppe strengt einen Prozeß gegen eine ausländische Firma wegen Bestechung an, eine andere erarbeitet eine Gesetzesvorlage zur Revision aller Konzessionen zum Holzeinschlag seit Beginn der 1990er Jahre. Das „Anti-Konzessions-Gesetz" wird in der neugewählten Nationalversammlung angenommen. Die aufgedeckten Skandale lösen in der Öffentlichkeit so große Proteste aus, daß die Regierung gezwungen ist zurückzutreten. Die neue Regierung verspricht, sich an die Verfassung zu halten und die Menschenrechte zu respektieren.

Die Führung der Partei hat sich in der politischen Auseinandersetzung neutral verhalten, weil ihre Anhänger auf alle Lager verteilt sind. Sie steht vor der Entscheidung, unter dem „Druck der Straße" abzudanken oder eine symbolische Rolle zur Garantie der Einheit des Landes zu übernehmen. In der internationalen Presse ist bereits von einer „konstitutionellen kommunistischen Monarchie" in Laos die Rede.

Und die reale Entwicklung?

Alle vier Szenarien bergen Gefahren und Perspektiven für die Entwicklung von Laos in sich. Wie sich eine Synergie von Kräften für demokratische Verhältnisse unter Beteiligung der Bevölkerung an Politik und Wirtschaft, Einhaltung der Menschenrechte und Entwicklung zivilgesellschaftlicher Verhältnisse entfalten könnte, ist schwer einzuschätzen.

Die Immobilität der Gesellschaft mit dem starken Einfluß des Militärs auf Partei und Regierung kann leicht zu blutigen Formen der Auseinandersetzung und zur Destabilisierung des Landes führen, wie die Bombenanschläge im Jahre 2000 zeigen (Szenario: Zusammenbruch des Systems).

Die Wirtschaft und Investoren fordern stabile politische Verhältnisse, unabhängig von moralischen Vorzeichen und ohne Rücksicht auf das Wohl der Bevölkerung. Aber selbst Wirtschaftsinteressen sind ohne minimale Teilhabe der Bevölkerung am Fortschritt nicht durchsetzbar und haben ohne demokratische Öffnung des Systems keine längerfristige Basis. (Szenario: Wirtschaftswachstum unter politischer Stabilität).

Menschenrechte, Demokratie und Zivilgesellschaft spielen in internationalen Wirtschaftsbeziehungen keine Rolle, nicht einmal in der öffentlichen Entwicklungszusammenarbeit, obwohl ihre universale Gültigkeit weitgehend anerkannt ist. Kurzfristige Profitinteressen ohne politische und kulturelle Inhalte bestimmen das Geschäft. Wirtschaftskapitäne scheinen so unsicher zu sein, daß sie durch die Thematisierung humanitärer Forderungen ihre Interessen aufs Spiel zu setzen glauben. Daß verbesserte Haftbedingungen für politische Gefangene und ihre Freilassung durchaus an Wirtschaftsverhandlungen geknüpft werden können, ohne ihren Erfolg zu gefährden, hat sogar die Clinton-Administration der USA in den vergangenen Jahren gezeigt. Es bedarf vor allem der stärkeren Herausforderung des diplomatischen Dienstes und der öffentlichen Entwicklungshilfe für die Durchsetzung der Menschenrechte in Laos. Der Sinn der Entwicklungshilfe liegt nicht in der Förderung von Wirtschaftsinteressen, sondern dient der Entwicklung einer politischen Kultur des Landes, in der sich Menschenrechte und Zivilgesellschaft entfalten können. (Szenario: Demokratie durch äußeren Druck).

Die gewaltlose Durchsetzung von Demokratie und Rechtsstaatlichkeit auf der Grundlage eines Mehrparteiensystems und der Gewaltenteilung zur Lösung der internen Konflikte, ohne die nationale Einheit des multiethnischen Landes zu gefährden, ist durchaus eine denkbare Entwicklung. Dafür müßten sich die Bildungselite und Mittelklasse für grundlegende Veränderungen des Landes einsetzen und die Bevölkerung in den politischen Prozeß einbeziehen. Daß ein solcher Prozeß der Konfliktlösung ohne Anwendung von Gewalt möglich ist, haben die Philippinen und Thailand, aber auch Taiwan und Südkorea in den vergangenen Jahren gezeigt. (Szenario: Demokratie durch innere Dynamik).

h.k.

Discolärm nach Sonnenuntergang

Früher Abend in Savannakhet. Sonnenuntergang. Der Blick vom hochgezogenen Ufer des Mekong versinkt in einer Farbenpracht. Der Fluß leuchtet rot-golden auf. Wassermassen, natürlich, wälzen sich südwärts; doch es scheint, als glitzerte und funkelte flüssiges Edelmetall im breiten Strom, der in diesen Regionen die Grenze zwischen Laos und Thailand bildet. Drüben ragen moderne Häuser übers Ufer. Allerweltskästen der internationalen Art, seltsam nah und doch weit weg. Als schwarze Quadrate mit Fenstern, die erloschenen Augen gleichen, heben sie sich gegen die Sonne ab. Eine andere Welt.

Vom nahegelegenen Wat Sayaphum schlendern die Mönche zu den Bäumen am Ufer, gemächlich, plaudernd, gelassen. Einige der jungen Männer mit kahlgeschorenen Köpfen lächeln uns zu, fragen nach Woher, Wohin. Ihr Erscheinen läßt an Ursprüngliches denken, an Gespräche von Belang. Wir wissen: Die meisten dieser jungen Mönche sind von einfacher Herkunft, schlichte Gemüter, die sich mühen, in geistlicher Versenkung und gemeinschaftlicher Übereinkunft ihrer Sangha, ihrer Ordensgemeinde, das Wichtige vom Unwichtigen im Leben unterscheiden zu lernen. In ihrer Bedürfnislosigkeit verkörpern sie ein Modell vom Anders-Sein, ungeachtet, ob es der einzelne dieser jungen Männer tatsächlich erreicht. Sie strahlen Freundlichkeit und Zufriedenheit aus, mit sich und dieser Welt im Einklang. Der milde Wind bläht die orangenen Gewänder wie Fahnen, die aufblühen zu kräftigen Farbtupfern im weitgespannten Panorama der Mekonglandschaft. Ein Bild der Zeitlosigkeit in dieser halben Stunde zwischen Tag und Nacht.

Die Menschen umfängt eine wunderbare Ruhe. Nach der Gluthitze wird die aufkommende Kühle zum Labsal. Essensstände laden zum Verweilen ein. Die Mädchen hinter den Töpfen und Schüsseln packen Klebreis auf den Teller, zusammenpappende grauweiße Klumpen. Dazu handtellergroße gebratene Fische aus dem Mekong. Unter der festen Haut, die wie eine pergamentene Verpackung abgezogen wird, regt weißes Fleisch den Appetit an. Papayasalat ist die Spezialität der Gegend, höllisch scharf mit Paprikaschoten gewürzt, leicht fermentiert. Tief einatmen. Lao-Flaschenbier aus der Kühlbox löscht das Feuer in der Kehle. Verständnisvolles Lächeln ringsum. In der Luft liegt die verführerische Illusion von der Leichtigkeit des Seins.

Doch wir werden aufgeschreckt. Von wegen Zeitlosigkeit! Gekocht und gebraten und gebrutzelt wird hier genauso wie ehedem in Mutters Küche auf offenem Holzkohlengrill. Den Klebreis gibt's seit Generationen. Das Zeitgefühl der Menschen mag ja vom Gebetsrhythmus der Mönche geprägt sein; die laotische Variante von Morgen-ist-auch-noch-ein-Tag hüllt sich in ein Lächeln und überdauert alle bisherigen Veränderungen. Aber für die Unterhaltung ist der letzte technische Schrei gerade recht. Mit sinkender Sonne geht auch die Ruhe dahin. Jede Garküche ist mit Geräten ausgestattet, die der Teufel persönlich erfunden haben könnte. Made in Japan oder Made in Korea oder Made in China steht auf den Lautsprechern und Kassettenrekordern und CD-Playern. Einer nach dem anderen dieser Modernität in die Nacht brüllenden Dinger wird angestellt. Und an jedem Stand tönt's anders. Das hohe Ufer mit den alten Bäumen wird von einem Gedröhn eingenebelt, das die Vorstellung vermeintlicher Geruhsamkeit gnadenlos verjagt. Die Mönche sind längst in ihre Pagode zurückgekehrt. Auf der thailändischen Seite leuchten neonweiß die Fensteraugen der Häuserkästen auf. Die Stadt Mukdahan dort drüben hüllt sich in einen hellen Lichtermantel, der in den Abendhimmel schimmert. An den Essenständen hier brennen dämmrige 25-Watt-Birnen. Der Stromverbrauch ist dies- und jenseits der fließenden Grenze auffallend unterschiedlich, obwohl doch Laos selbst über unermeßlich viele Elektrizitätsreserven in seinen Flüssen und Staudämmen verfügt. Die Beleuchtungsverhältnisse sind symptomatisch.

Laos ist der Hinterhof geblieben, wo die armen Verwandten der asiatischen Nachbarschaft leben. Doch Stille halten – in des Wortes doppeltem Sinne – wollen auch sie schon lange nicht mehr. Die Geräuschkulisse erstickt schwärmerische oder gar idealisierende Gedanken, die zuvor bei der Begegnung mit den Mönchen aufkamen. Wir sind nicht in irgendeinem abgelegenen Winkel einer unzugänglichen Welt. Wir sind im heutigen Laos. Und das ist unüberhörbar. Alles, was die internationale Musikmaschinerie produziert, schallt durch die Dunkelheit. Von Raubkopien und sonstigen Tonträgern der elektronischen Hexenküchen. Für deren Verbreitung und die Begehrlichkeit nach ihnen gibt es keine Grenzen. Es stampft und röhrt und scheppert. Wo wir eben noch meinten, eine lauschige Nacht am Mekong genießen zu dürfen, geraten wir in eine improvisierte Discothek unter freiem Himmel. Da werkeln Dutzende von DJs, junge Mädchen meist oder deren Mütter, die an den gastronomischen Gerätschaften mit der selben Selbstverständlichkeit hantieren wie an den Knöpfen der Lautsprecheranlagen.

Es wird noch aufdringlicher. Hinter dem nächsten Baum, der uns die Sicht auf den benachbarten Essensstand verbirgt, gellt Geschrei in amerikanischem Akzent durch das allgemeine Gedröhn. Geraten sich da Touristen aus der Heimat der einstigen Feinde in die Haare? Wer nur muß sich derart ungebührlich aufspielen. In einem fremden Land! Haben die Leute denn gar keinen Anstand? Aufschreckend diese Stimmen voller Haß und Leidenschaft. Schließlich sind wir Farangs in Laos nur Gäste, die sich höflich zurückhalten sollten. Wir gehen empört zu dem vermeintlichen Streit, bereit, mäßigend einzugreifen. Der Augenschein klärt das Mißverständnis auf. Der Live-Disput in malträtiertem Englisch flimmert über einen Bildschirm. Eine der Garküchen-Familien lagert sich über ein Feldbett und Rotanstühle verteilt vor einem Fernsehgerät, die Freiluft-Disco auch als offenes Wohnzimmer nutzend. Vater, Mutter, mehrere Kinder. Ein Bild trauter Gemeinsamkeit. Irgendwie rührend – aber unerfreulich laut. Gebannt verfolgen sie das Geschehen, das ihnen das thailändische Fernsehen vorgaukelt. Eine dieser endlosen Seifen-Opern aus der amerikanischen TV-Mottenkiste. Deren unerschöpflichen Stücke verbreiten in aller Welt den konsumanregenden Lifestyle, der von Jeans, McDonald's und Coca Cola zusammengehalten wird. Zwischendurch hopst und quakt Donald Duck durchs Bild. Dann flammen aggressive Werbespots in allen Farben der psychologischen Kriegs-Verführung auf. Und wieder giften sich irgendwelche Rabauken in Yankee-Gekreisch an. Eine Karikatur eigentlich der Medienwelt und ihrer Konsumenten – doch das ist die Wirklichkeit.

Die Kulturkritiker mögen sich streiten, ob diese Art von westlich durchdrungenem Fernsehen die Lebenswirklichkeit widerspiegelt oder vorbildhaft prägt oder in einer Wechselbeziehung zwischen Sender und Empfänger je nach wirtschaftspolitischen Interessen der TV-Produzenten und ihrer Auftraggeber die existenziellen Fundamente der Zuschauer verändert. Komplizierte Zusammenhänge, zweifellos. Aber eines steht fest: Der Bildschirm wird zum Schaufenster; und die ferngesteuerten Inhalte, ob harmlose Unterhaltung, ob politische Botschaft, sind Teil der globalisierten Welt, über deren Markt, Macht und Maßstäbe jenseits von Laos entschieden wird.

In Vientiane werden zwei Kanäle des staatlichen Lao National Television mit parteikonformen Programmen gefüllt. Die TV-Kader versehen mit betagtem technischen Equipment ihren Dienst für's Vaterland. Allabendlich gehen sie auf Sendung und preisen den Fortschritt an, wie er im Politbüro gesehen wird. Offenbar ein Ladenhüter. Niemand schaut hin. Fast keiner. Das Fernsehen der thailändischen Brüder und Schwestern ist das Guckloch zur als attraktiver empfundenen Welt. Die ist zwar nicht mehr so vernagelt und verriegelt wie noch vor einigen Jahren. Der Mekong, ehedem nur von Flüchtlingen unter Lebensgefahr zu überqueren, ist durchlässig geworden, aber er trennt nach wie vor gesellschaftspolitische Systeme und deren Bewohner. Die Lichter da drüben mögen für viele Laoten verlockend erscheinen, unerreichbar sind sie gleichwohl, wenn die Leute nicht alles aufgeben wollen, was sie besitzen und was sie sind. Da verhilft das Fernsehen zu imaginärem Ortswechsel.

Den deutschen Gast erinnert das an die Sehgewohnheiten der einstigen DDR-Bewohner. Wenn sie nicht gerade im sächsischen „Tal der Ahnungslosen" wohnten, unerreicht von den westlichen Fernsehwellen, dann verfolgten die Ossis, was ARD und ZDF zu bieten hatten: vor allem die bunten Auslagen der Werbung. Das war zwar nur ein mißverständlicher Ausschnitt der Lebensverhältnisse im angeblich Goldenen Westen, aber derartige Einblicke prägten Werte und Wünsche und trugen wesentlich zum enttäuschten Erwachen nach der deutschen Wiedervereinigung bei. Dann erst wurde vielen Ossis klar, daß die Wirklichkeit anders ist als das, was die Kulissen der Werbefilmer zwischen dem sonnenbeschienenen Rama-Frühstück und der After-Eight-Eleganz vorführten.

Wir sind beim Anblick des amerikanisierten Thai-Fernsehens mal wieder verblüfft. So viel optischer Firlefanz, schnelle Schnitte, ständig wechselnde Szenen, Themen, Reize, Spots. Es ist Oberflächlichkeit pur, die sich fundamental von der Verinnerlichung als dem mönchischen Ideal unterscheidet. Gerade im thailändisch-laotischen Grenzbereich wird einem dies so deutlich bewußt. In seinen Ursprüngen kannte die buddhistische Lehre keine Bilder, vermied sie konsequent, wie später und bis heute der Islam. Auch Buddhas Weisheit wurde in den ersten Jahrhunderten nach seinem Tode nur in Symbolen dargestellt. Das Rad der Erkenntnis beispielsweise oder die stilisierte Lotusblüte oder ein Fußabdruck. Dem Volke war's offenbar dann doch zu abstrakt. Interessant und aufschlußreich für das Verlangen populärer Erwartung an Religion: in einem anderen Grenzbereich, nämlich der Region zwischen dem hellenistisch beeinflußten Ost-Iran und dem buddhistisch geprägten Indien (heute Pakistan und Afghanistan) entstand die Ghandara-Kultur mit eben jener Buddha-Ikonographie, die seit zwei Jahrtausenden die Tempel und Riten beherrscht. So kamen die Statuen, Gemälde und Porträts auch in die buddhistische Welt – im weitesten Sinne wohl vergleichbar mit den bunten Fenstern christlicher Kirchen. All diese Bilder aber sind statisch, laden zur Versenkung ein, regen die Phantasie der Betrachter an, sind Teil spiritueller Suche nach dem Sinn des Seins. Es ist der Blick nach innen. Was die Fernsehwelt als globaler Ausdruck unserer Zeit provozierend und vordergründig in endloser Folge produziert, ist der Blick nach außen. Wir schauen am Ufer des Mekong noch einmal hin. Eben noch der Ganovenkrach in Cowboy-Slang, nun eine virtuelle Fantasy-Sequenz im Cyberspace – Cyber-Spaß? –, dann die Reklame für Instantnudeln. Alles in brutaler Direktheit, übergangslos, eine Flut von Bildern. Sekundenschnell.

Diese Geister haben die Politkader sicher nicht gerufen, aber nachdem sie sie erstmal duldeten in unausgesprochener Resignation, letztlich doch kein grenzüberschreitendes Medium aufhalten zu können, werden sie die nun auch nicht mehr los. Diese Einsicht vermitteln auf spektakuläre Weise die Internetcafés, die in einer Stadt nach der anderen eingerichtet werden. Unaufhaltsam. Und unkontrollierbar. In der „Vientiane Times" war dazu zu lesen: „Der positive Nutzen, den das Internet bietet, ist größer als eventuelle negative Auswirkungen auf das Land." Damit wurde das Medium abgesegnet, in dem unter www.vientianetimes.com just auch die Informationen und parteilich gefärbten Beiträge abrufbar sind, die eben nicht in Vientiane ins Netz gestellt werden, sondern von in den USA lebenden Exil-Laoten, die der jetzigen Regierung alles andere als freundlich gesinnt sind. Internet grenzenlos. Die mit PC ausgestatteten Cafés sind zum Treffpunkt der Jugend geworden. Auch in Savannakhet.

Den Beobachter, der Laos im Abstand der Jahre besucht, fällt die Geschwindigkeit derartiger Neuerungen auf. Da hocken die Jugendlichen wie hypnotisiert vor den Bildschirmen, hämmern auf der Tastatur herum, ziehen sich die große weite Welt herein und reihen sich nicht etwa in die Kampffront der Arbeiterklasse ein, sondern in die weltumspannende Gemeinde der Surfer und Chatter und der neuen Generation der Überflieger und Oberflächen-Benutzer. Ein virtueller Nährboden für freie Gedanken? Wohl auch. Eine Öffnung für neue Ideen? Möglich. Aber was packt die jungen Leute wirklich? Zumeist dann, wenn wir ihnen in einem der Internetcafés über die Schulter schauten und auf dem Bildschirm verbotene Informationen erwarteten oder sonstwie Schriftliches und Geistanregendes, dann sahen wir Mord und Totschlag: Computer-Spiele der westlichen Machart und Macher, die einen kosmischen Feldzug zur Verfolgung von virtuellen Monstern ausgerufen haben. Sie sind unausrottbar. Proletarier aller Länder haben es in der Globalisierung längst aufgegeben, sich zu vereinen. In jedem Internetcafé findet die Völkerfamilie auf elektronischem Wege zueinander. Laos hat den Anschluß gefunden. Das Politbüro verliert ihn zusehends.

Zwischentöne am Ufer des Mekong? Nichts da! Volksfestrummel als Dauerinszenierung. Wir stopfen uns mit den Fingern die Ohren zu und zeigen dann gequält grinsend auf den Fernsehapparat, mit derartig internationaler Gebärdensprache auf Verständnis hoffend. Es dauert eine Weile, bis uns im Zwielicht überhaupt ein Mitglied der Familie wahrnimmt. Die Mädchen blicken uns fragend an, offenbar nicht verstehend, was unser Begehr sei. Daß jemanden der aus dem Äther kommende Lärm stören könnte? Unbegreiflich. Erst der Vater, der mit T-Schirt und kurzen Hosen auf der Pritsche liegt, den Bildschirm fest im Auge, ahnt unser Ruhebedürfnis. Mißmutig räkelt er sich hoch, dreht am Knopf und nimmt einige Dezibel weg, ohne das Gerät auf Zimmerlautstärke zu stellen. Wir sind vermutlich in dieser Runde die einzigen, die überhaupt an Programm und Lärm etwas auszusetzen haben. Zufrieden? Der Mann hebt beide Handflächen und signalisiert Unverständnis ob der Langnasen Empfindlichkeit.

Da hilft nur noch die Flucht in einen Spaziergang. Auf dem Hochufer, das wie ein Damm dem Mekong den Weg weist, laufen wir weiter. Da unten auf dem nun schwarzen Fluß ziehen einsame Boote ihre Bahn, die Rücklichter glimmen wie glühende Zigaretten. Im Mekong spiegeln sich die Sterne. Erst als wir aus dem spärlichen Licht der Essensstände und ihrem Musikdschungel herauskommen, einige hundert Meter flußabwärts, hören wir ein Geräusch, das wahrzunehmen wir zuvor keine Chance hatten: Grillengezirp, das monoton auf- und abschwellende Nachtkonzert der Tropen.

r.s.

Im Wirbel der Geschichte

Im Felsen findet der Mekong seinen Meister. Es sprüht und gurgelt und zischt. Der Strom wütet gegen kantiges schwarzes Gestein und will in kraftvollem Aufwallen die massiven Barrieren wegspülen. Vergebens. Mit Gischt und weißen Wirbeln stürzt das Wasser in die Tiefe. Der Mekong bäumt sich auf in elementarem Zweikampf. Die Khone-Fälle – Khong Phapheng – bieten ein tosendes Schauspiel und werden zum großen Finale dieser Reise. Das Panorama der Kaskaden zieht sich als gigantische Bühne durch die amphibische Landschaft im Süden von Laos; die größten Fälle der Region, aber nicht die einzigen, die den Mekong hier in Rage bringen. Es ist, als habe sich der Schöpfer dieser Erdformation nicht entscheiden können zwischen dem Festen und dem Flüssigen; beides verschwimmt wie die Farben eines frischen Aquarells zu Siphandone: zu 4.000 Inseln. So nennen die Laoten den südlichsten Teil der Provinz Champasak. Über 14 Kilometer in der Breite entfernen sich die ausgreifenden, mäandrierenden Mekong-Arme voneinander und bilden eine einzigartige Wasser-Land-Region. Kilometer bevor sich der Mekong auf das Getöse der Khone-Fälle einläßt, fließt er weit verzweigt in unerschütterlichem Gleichmaß. Es ist die Ruhe vor dem Sturm.

Stundenlang tuckern wir mit kleinen Motorbooten durch das Labyrinth der Flußläufe und Inseln. Die Ufer sind von Palmen gesäumt und tauchen die schmalen Wasserrinnen in grünen Schatten. Schlingpflanzen treiben dahin. Tropische Fruchtbarkeit ringsum. Die Fischerdörfer laden zu Robinsonaden ein. In Ban Khon sind einige der auf Stelzen stehenden Holzhäuser in spartanische Hotelchen verwandelt worden. Bett, Kleiderhaken, Fensterläden zum Zumachen und eine Veranda – was braucht der Mensch mehr? Dazu bedurfte es keiner Experten-Fachberatung, keiner Marktanalyse, keines touristischen Entwicklungsplans. Die Freundlichkeit der Menschen spricht sich herum. Die Traveller kommen. In den Schulheften, in denen sie ihre Namen hinterlassen, tauchen als Herkunftsbezeichnung Frankreich, Deutschland, Holland, die USA besonders häufig auf. Das erste Müsli wird angeboten. Kokosnüsse sowieso. Lächelnd die Gesichter der Reisbauern, der Marktfrauen, der Fischer. Man hat das Gefühl, Gast zu sein, Familienmitglied auf Zeit.

Die Atmosphäre erinnert an das Bali der 1950er Jahre. Doch hier bestimmen nicht hinduistische Gebräuche den Alltag, hier ist der Buddhismus zuhause. Die Inselvielfalt ist geschichtsträchtiger Siedlungsraum seit Jahrtausenden. Historische Schichtungen sind am Wat Khon Tai zu sehen. Der neuere Tempel ruht auf schwarz-braunen

Die Khone-Fälle

Lateritblöcken, die aus der Zeit der Khmer-Reiche stammen und zu Fundamenten laotischer Kultur geworden sind. Ein Lingam, hinduistisches Erbe, wird auf erhöhtem Podest verehrt. Das weibliche Gegenstück, die steinere Yoni, liegt zerbrochen auf dem Boden. Entlang der Ufer ziehen sich sandige Wege hin. Kein Lautsprecher mit sozialistischen Parolen reißt die Menschen aus dem Schlaf, wie es das propagandistische Gedröhn in den Städten tut. Hier sind Vögel zu hören. Heiter die Stimmung. Mild das Klima. In den frühen Stunden steigen die grauen Rauchvorhänge der Morgenfeuer auf. Kinderlachen. Zwei Mönche machen ihre Runde. Ein Junge wirft sein Netz ins Wasser, in dem sich die aufsteigende Sonne golden verströmt. Zwei kleine Mädchen kämmen sich gegenseitig die langen schwarzen Haare und wirken in aller Öffentlichkeit sehr intim und zärtlich. Man hat Zeit füreinander. Der Radfahrer steigt ab für ein Schwätzchen. Bis hierher dringt kein Auto vor, es fehlen die Straßen. Man meint, in Gauguins verzauberten Garten geraten zu sein, wohl wissend, daß schon seine in leuchtenden Farben auf die Leinwand gebannte Südsee-Verklärung weniger Abbild damaliger Wirklichkeit als Wunschtraum gewesen war, der über die Epochen hinweg weiter schwebt.

In die Leichtigkeit des Seins, die der Fremde an den Ufern mit Blick auf die Kinder des Mekong empfindet, schleicht sich der Gedanke, was denn rigorose, rücksichtslose Vermarktung auch aus diesem vermeintlichen Paradies in wenigen Jahren machen werde. Das benachbarte Thailand gibt darauf längst niederschmetternde Antworten. Noch liegt die halbwegs heile Flußregion hinter den sieben Bergen der organisierten Reisen, ist Treffpunkt für Individualisten, eine Nische der Welt-Flüchtlinge. Der donnernde Wasserfall weiter südlich, so nah und doch entfernt, ist wie die Ahnung von all den Bedrängnissen, den Nöten, den politischen Gewitterwolken, die über der vordergründigen Idylle liegen. Es gibt kein Paradies, natürlich nicht. Aber hier kann man sich wenigstens der Illusion zeitlich begrenzter Sorglosigkeit hingeben. Spätestens wenn in den Abendstunden die Nachrichten aus dem Transistorradio tönen, wenn von Ozonloch, Kriegen, gescheiterten Gipfelkonferenzen und sonstigen Meldungen von der Menschen Unfähigkeit, ihren Globus bewohnbar zu halten, die Rede ist, holt einen die Welt da draußen wieder ein. Es gibt kein Entrinnen im globalisierten Dorf.

Das galt schon vor hundert Jahren. Die industriell-imperialen Spuren von damals haben sich eingegraben. Beim Bummel durch die Flußsiedlung Ban Khon sind stählerne Fundstücke aus der Welt jenseits von Eden zu entdecken. In einem Hof liegt die Achse eines Eisenbahnwagens herum. Der Zaun der Schule war mal eine Schiene; erst bei genauerem Hinsehen zu erkennen, so unauffällig und doch nützlich fügt sich das rostige Eisenband in die Umgebung. Zur Nachbarinsel Don Det führt eine stabile Steinbrücke, über die ehedem die Lokomotive ihre Waggons zog, die nun hinter Bäumen und Sträuchern für immer auf der Strecke geblieben ist. In solch abgelegenem Winkel auf die Hinterlassenschaft französischer Eroberer zu stoßen, verblüfft denn doch. Wenn an anderer Stelle dieses Buches zu lesen ist, in Laos sei keine Eisenbahn gefahren, so trifft das zu – mit eben dieser Einschränkung in Siphandone. Dickbauchig rosten die Lok und ein paar Meter weiter der Tender vor sich hin. Das war koloniales Werkzeug raumgreifender Nutzung. Gründerzeit. Kurz nach der Jahrhundertwende haben französische Ingenieure versucht, der Natur ein Schnippchen zu schlagen. Es heißt, auch der Großvater von De Gaulle sei dabei gewesen. Die Khone-Fälle hatten sich für die Schiffahrt als unüberwindbar erwiesen. Da kamen findige Köpfe auf die Idee, drumherum eine Eisenbahn fahren zu lassen, auf deren Ladeflächen die Fracht der Schiffe zwischen den Anlegestellen nördlich und südlich der Wasserfälle transportiert werden konnte. Bis in den Zweiten Weltkrieg war die zehn Kilometer lange Strecke benutzt worden. Ein paar Kilometer von Lok und Brücke entfernt ragen noch heute die Verladerampen in den Himmel. Das Betonskelett hat die Zeiten überdauert. Ein gespenstisches Monument westlichen Geistes, der sich nicht mit den geographischen Gegebenheiten abfinden wollte und in Macher-Manie eingriff in die Natur. Die Nieten im Eisenblech des Kessels künden vom Selbstbewußtsein ihrer Erbauer. Die Schrauben halten weiterhin den Fahrerstand zusammen, vor dem sich nun die wenigen Touristen fotografieren lassen wie vor einem vorzeitlichen Dinosaurier.

Drei Männer aus Vientiane stellen sich in Positur. Wir werden gebeten, auf den

Auslöser zu drücken. Anlaß für ein Gespräch. Ein Englischlehrer ist dabei, der auf seinem T-Shirt eine Aids-Warnung vor sich herträgt. Die beiden anderen arbeiten im Vorzimmer der Macht. Von ihren Ministern, denen sie Sekretäre sind, wird erzählt. Wir hören gespannt zu und machen einen Vorschlag: Leider sei ja aus der Eisenbahn in Laos bislang nichts geworden, sagen wir leichthin, bei diesen Anfängen sei es geblieben. Immerhin hätten die Europäer gezeigt, wie man's macht. Jetzt wäre es doch an der Zeit, daß die Laoten selbst solche Verkehrswege in Gang brächten. Es ist ein bißchen spöttisch gemeint, augenzwinkernd dem heiteren Nachmittag angepaßt. Die abwehrende Antwort aus Sekretärs-Mund kommt prompt und ohne einen Anflug von Ironie: „Wenn Sie das bezahlen und bauen – herzlich gern." Wir erhalten eine Lektion in laotischem Selbstverständnis. Der Regierungsmitarbeiter sagte nicht, ein Eisenbahnprojekt wäre zu teuer, überflüssig oder unmöglich – nein, er ließ spontan die offene Hand erkennen. Wer die Macht hat, muß eben noch lange kein Macher sein. Wir stehen an einem Abstellgleis der Geschichte. Die Schienen sind längst abgebaut. Der Dampf dieser Lok wurde vor Generationen schon abgelassen.

Großes hatten die Franzosen vor. Der Mekong sollte ihnen als Türöffner zum Eindringen in China dienen. Von der Sorge getrieben, die Briten könnten dieses Ziel von Burma aus schneller erreichen und den chinesischen Markt für sich gewinnen, suchten die Franzosen von Süden her eine Passage auf dem Mekong. In Saigon war am 5. Juni 1866 eine Expedition mit 22 Männern aufgebrochen. Der französische Gesandte am kambodschanischen Königshof, Doudart de Lagrée, leitete die Truppe, die sich auf einen der weißen Flecken damaliger Landkarten vorwagte. Zwei Jahre arbeitete sich die Mannschaft flußaufwärts bis nach China. Doch eigentlich ließ sich bereits in den Augusttagen 1866 klar erkennen, daß das Unternehmen zum Scheitern verurteilt war. Die Männer hatten unterhalb der Khone-Fälle ihr Zeltlager aufgeschlagen und mußten angesichts der bis zu 20 Meter herabstürzenden Wassermassen begreifen, daß hier das Ende jeglicher Schiffahrt erreicht war.

Die Expedition verbindet sich mit Franzosen, die Kolonialgeschichte machten und auf tragische Weise ums Leben gekommen sind. Doudart de Lagrée erlag am 12. März 1868 in Yünnan den Folgen tropischen Fiebers. Sein Stellvertreter, der Marineoffizier Francis Garnier, wurde 1873 mit 34 Jahren bei Hanoi von chinesischen Banden umgebracht; Opfer seines Machtwillens und der Ignoranz, sich auf Land und Leute einlassen zu wollen. Der ambitionierte Soldat war offenbar seiner Karrieresucht wegen berüchtigt. Die Kameraden verpaßten ihm den Spitznamen Mademoiselle Bonaparte. 1839 war er in Saint-Etienne geboren worden, 1863 kam er nach Vietnam. Gerade mal Mitte 20 verwaltete er Cholon, die Chinesenstadt von Saigon; solch ein Posten kann zu Selbstüberschätzung führen und weitere Machtgelüste wecken. Francis Garnier hatte maßgeblich die Pläne für den China-Vorstoß am Mekong ausgearbeitet und wurde zum Chronisten der Expedition; auch seine Aufzeichnungen erschienen Jahre danach in der französischen Zeitschrift „Le Tour du Monde". Auf dem Wege zu den Khone-Fällen war er schwer erkrankt, dämmerte im Fieber dahin und mußte in einer Hängematte getragen werden: zwischendurch ohnmächtig und schwebend zwischen Leben und Tod. Davon berichtet er. Die Khone-Fälle wurden zur aufrüttelnden Wiedergeburt. Der Blick in das tosende Wasser muß auf seltsame Weise belebend gewesen sein. „Alles in dieser gigantischen Landschaft atmet Kraft und sprengt alles Gleichmaß", schreibt der genesende Soldat, der nicht nur die strategische Bedeutung und die Unüberwindlichkeit der Fälle erfaßt, sondern auch das Naturereignis wahrnimmt, „diese Größe schließt keineswegs Anmut aus: Die Vegetation, die die Felsen ringsum bedeckt und in die Wasserfälle hineinhängt, mildert die Ehrfurcht erheischende Erscheinung in gewissen Aspekten des Bildes mit angenehmen und eindrucksvollen Gegensätzen."

Wir folgen diesen Spuren. Das Rauschen wird zum Rausch. Der Blick schweift über den gewaltigen Kessel und ertrinkt in den vermeintlich kochenden Fluten. Nichts haben die Khone-Fälle seit Garniers Zeiten an Faszination verloren, wenn auch mancher Fels unter dem Ansturm des Mekong kleiner geworden ist in einem weiteren Jahrhundert andauernden Wütens der Wasser. Wir zwängen uns durch Felsspalten, rutschen glitschige Steinbrocken herab, turnen in den scharfkantigen Falten des Gebirges herum, das der Mekong so aufbrausend mit all seiner Wucht überschwemmt. Grundsätzliches trifft unversöhnlich aufeinander: das Beharrende der Erde und das aufgebrachte Wasser als Inbegriff der Unstetigkeit. Jeder Felsvorsprung öffnet einen anderen Ausschnitt im Getöse der Urgewalten und verhilft zu Einsichten in die unauflöslichen Zusammenhänge von Sterben und Werden. Aus schäumenden Wirbeln wird Neues geboren. Erst Kilometer weiter südlich, der Grenze zu Kambodscha bereits nahe, beruhigt sich der Mekong in seiner weißen Wut, wechselt die Farbe und wird in gebändigter Fließfolge wieder braun.

In den gemächlicheren Gewässern tummelt sich eine lebende Legende – noch: seltene Delphine, sogenannte Irrawadi-Delphine. Die Säugetiere mit dem freundlichen Grinsen sind in tropischen Flüssen und Seen heimisch und können über zwei Meter lang werden. Die Umweltverschmutzung hat sie bereits aus den meisten ihrer angestammten Lebensräume vertrieben und stark dezimiert. Im Mekong zwischen der laotischen Grenze und flußabwärts in Kambodscha haben einige Dutzend Delphine überlebt. Eigentlich werden sie nicht gefangen, ja, die Tiere gelten den laotischen Fischern als heilig. Man erzählt sich von Delphinen, die Menschen vor dem Ertrinken gerettet haben. Delphine werden als Wiedergeburten menschlicher Existenzen verehrt; man fühlt sich mit den gewichtigen hellhäutigen Wesen im Wasser verwandt. Doch die Nylonnetze moderner Technik werden ihnen zum Verhängnis. Das Bombenfischen, die auf kambodschanischer Seite berüchtigte Fangmethode, bedroht vollends das Le-

ben der Delphine. Wenn Sprengkörper in die Fluten geworfen werden, tötet die Druckwelle nicht nur kleinere Fische und treibt sie an die Wasseroberfläche, sondern läßt auch die Lungen der Delphine platzen. Umweltschützer fürchten, daß in den Grenzregionen des Mekong die Delphine bald nur noch eine Legende sein werden.

Wir hocken schließlich auf einer der Felskuppen, um die herum die Wirbel toben. Ein kleiner Pavillon steht da oben auf der Plattform, eigentlich nur ein paar Holzpfähle und ein Dach darüber. Unterschlupf, Ruhepunkt im lautstark dröhnenden Lärm, der kein Gespräch erlaubt. Ein alter Mann sitzt mit übereinandergeschlagenen Beinen im Schatten, in sich versunken, schweigend, einem Buddha ähnlich, scheinbar weltabgewandt. Doch seine Konzentration gilt nicht meditativer Innerlichkeit. Mit zusammengekniffenen Augen beobachtet er die Gischt. Plötzlich erhebt sich der Alte, krempelt die Hosenbeine auf, zieht das T-Shirt aus. Der muskulöse Mann, eben noch regungslos, strahlt auf einmal Entschlossenheit aus. Sicheren Schrittes geht er barfuß in das schäumende Inferno. Raubtierhaft kraxelt er die Felsen hinab, den winzigsten Absatz nutzend, bald eins mit Stein und Wasser. Katzengleich setzt er die Füße. Immer kleiner wird er auf dem Weg in den Abgrund.

Ein Bild voller Spannung. Der Mensch in seinem Mühen, es mit den Gewalten der Natur aufzunehmen. Nicht Abenteuerlust treibt ihn in die Tiefe, nicht Show für zahlende Zuschauer. Ein Fischer ist's, der nach den im tobenden Wasser versteckten Reusen schaut. Die Szene läßt an chinesische Landschaftsbilder denken. Winzig der Mensch, grandios die Komposition aus Felsen und Fällen. Die Leute hier haben ihren eigenen Namen für den Katarakt. „Liphi" sagen sie: Geisterfalle. Darin stecken der uralte Glaube von der Beseeltheit der Natur und die Vorstellung, die flüchtigen und flüssigen und letztlich gestaltlosen Wesen wohlgesonnen zu stimmen: sie zu fürchten und zu verehren, nicht ihnen den Garaus machen zu wollen. Es wird einem klar, wie unsinnig Pläne sind, dem Mekong die Hindernisse mit Dynamit aus dem Wege zu räumen. Der Mensch stößt an Grenzen. Hier ist es zu erfahren. Macht euch die Erde untertan – das ist nicht des Fischers Begehr. Er ist Teil dieser Natur und holt sich seinen Teil, den er mit List und Tücke und unter Lebensgefahr den Fluten abgewinnt. Mit festem Griff öffnet er eine Reuse und zieht einen Fisch heraus, umbrandet von Wasserwolken. Dann die zweite Reuse, deren Bambusgeflecht in den Felsen klemmt. Ein zweiter Fisch. Zwei prächtige Exemplare, silbern schimmernd im Sonnenlicht. Der Mann bindet die Beute mit Stricken zusammen, hält sie in der Linken und steigt wieder auf. Später hält er uns lachend die Lachse hin. Lang wie ein halber Männerarm sind die Fische, mehrere Kilo schwer. Der Alte ist nun entspannt, entblößt die schadhaften Zähne. Ein Mensch, der einen Kampf gewonnen hat.

r.s.

Zeittafel

2000 – 500 v. Chr.

Funde von Keramikgefäßen für den Hausgebrauch und Bronzetrommeln für den religiösen Kult zeugen von einer frühen Besiedlung und entwickelten Kultur am mittleren Mekong im heutigen Laos.

1. – 6. Jahrhundert n. Chr.:

Das hinduistisch geprägte Reich Funan, aufgebaut auf Reiskultur und Handel, entfaltet seinen Machtbereich im Mekongdelta des heutigen Vietnam (Ausgrabungen von Oc Eo) und verpflichtet die Fürstentümer am mittleren Mekong zu Tributzahlungen.
Bis Ende des 5. Jahrhunderts nimmt das Volk der Cham Besitz von der Region Champasak und dem Heiligtum Wat Phu in Südlaos und verpflichtet die Fürsten zur Tributzahlung an ihr Reich Champa im heutigen Mittelvietnam.

6. – 8. Jahrhundert:

Das Reich Chenla mit den Machtzentren im Mekongdelta („Wasser-Chenla") und in Sambor Prei Kuk im heutigen Kambodscha („Land-Chenla") beherrscht Champasak mit dem Heiligtum Wat Phu im heutigen Südlaos.

8. – 13. Jahrhundert:

Der größte Teil der südostasiatischen Halbinsel steht unter der Herrschaft und Tributbeziehung von Angkor, dem heutigen Kambodscha, einschließlich der Fürstentümer Champasak und Vientiane im heutigen Laos. (Ausgrabungen und restaurierte Tempelanlagen in Laos und Thailand zeugen von der Kraft und dem Ausmaß des kulturellen Einflusses von Angkor in der Region.)

1351 – 1438

Prinz Fa Ngum (1353-1373), am Hof von Angkor erzogen, sagt sich von Angkor los und vereinigt die Fürstentümer der eingewanderten Tai-Völker und der austro-asiatischen Urbevölkerung am Mekong zum Reich Lane Xang (Eine Million Elefanten) mit Sitz im heutigen Luang Prabang. Das Königreich Lane Xang expandiert durch Kriege und Tributbeziehungen zum größten Reich auf der Halbinsel und erlebt eine 350-jährige Blütezeit. (Südlich von Lane Xang lösen sich die ersten Tai-Fürstentümer 1351 von Angkor und bilden das Königreich Sukhotai, das 1438 von Ayutthaya eingenommen wird, dem Machtzentrum des aufstrebenden Königreichs Siam am unteren Chao Phraya, dem heutigen Thailand.)

1638 – 1695

Nach ständiger Bedrohung und Überfällen von burmesischen Truppen auf Lane Xang und Verlegung der Hauptstadt nach Vientiane aus Sicherheitsgründen im 16. Jahrhundert führt König Suligna Vongsa (1638-1695) das Königreich im 17. Jahrhundert in ein „goldenes Zeitalter" mit der Pflege von Buddhismus, Kunst und Architektur. Aber er überschreitet auch den Höhepunkt von Macht und Einfluß des Reiches. Nach seinem Tod zerfällt Lane Xang in die Teilreiche Luang Prabang, Vientiane und Champasak, die von den mächtigen Nachbarländern Siam, Vietnam und Burma bedroht werden.

18. und 19. Jahrhundert:

Die Könige Siams unterwerfen Lane Xang (1765 Luang Prabang, 1776 Vientiane, 1778 Champasak), zerstören die Städte und verschleppen die Bevölkerung zur Fronarbeit nach Siam. Ein Aufstand von König Anuvong (1826-1828) mißlingt 1827, worauf Siam das Land annektiert und einen Großteil der Bevölkerung erneut verschleppt. Zu Beginn des 19. Jahrhunderts besiedeln Völker der Hmong und Yao aus China und Tibeto-Burmanen das entvölkerte Land. Mitte des 19. Jahrhunderts treffen die französischen „Forscher" Henri Mouhot und Auguste Pavie in Luang Prabang ein.

1890 – 1893

Frankreich unterwirft das Territorium östlich des Mekong, das heutige „Laos" (nach der Ethnie der Tai Lao „Le Laos" genannt), und vereinbart im Abkommen mit Siam von 1893 den Mekong als Grenze zwischen Französisch-Indochina und Siam, ohne Rücksicht auf die ethnische Zugehörigkeit der Bevölkerung. Laos erhält den Status eines Protektorats, wird aber wie eine Kolonie und Provinz Indochinas behandelt und von vietnamesischen Kolonialbeamten verwaltet.

1945 – 1954

Im Zweiten Weltkrieg besetzt Japan vorübergehend Laos. Am 15. September 1945 erklärt Prinz Phetsarat die Unabhängigkeit des Landes und gründet die provisorische Regierung des Lao Issara (Freies Laos). Das nach dem Zweiten Weltkrieg zurückgekehrte französische Militär treibt die Lao Issara 1949 nach Thailand in die Flucht und versucht, die Kolonialherrschaft wieder über ganz Indochina zu errichten. Trotz militärischen Beistands der USA werden die französischen Truppen am 7. Mai 1954 vom Vietminh in Dien Bien Phu vernichtend geschlagen.

1954 – 1961

Das 1. Genfer Indochina-Abkommen vom 20. Juli 1954 verfügt die Teilung von Laos. Dem Pathet Lao (Land der Laoten), den kommunistischen pro-vietnamesischen Kräften, werden die Provinzen Phong Saly im Norden und Hua Phan im Nordosten zugesprochen, die übrigen Provinzen werden der Königlichen Regierung von Laos unterstellt.
Die 1. Koalitionsregierung von 1957, gebildet vom neutralen Prinzen Suvanna Phuma als Premierminister und Prinz Suphanuvong als Vertreter des Pathet Lao, scheitert nach acht Monaten an der Intervention der USA wegen der Beteiligung des kommunistischen Pathet Lao an der Koalitionsregierung.
Auf den Militärputsch des neutralen Offiziers Kong Le von 1960 folgt ein von den USA unterstützter Gegenputsch von General Phoumi Nosavan. Eine Luftbrücke der Sowjetunion zur Versorgung der geflüchteten Truppen Kong Les und der Regierung von Prinz Souvanna Phuma auf der Ebene der Tonkrüge führt zu Spannungen mit den USA, zwischen Chruschtschow und Kennedy.

1961 – 1963

Auf der 2. Genfer Konferenz vom 16. Mai 1961 bis 23. Juni 1962, von Großbritannien und der Sowjetunion zur Entspannung zwischen den Supermächten USA und Sowjetunion einberufen, wird die „Unabhängigkeit und Neutralität von Laos" bestätigt, aber keine Garantie zur Verwirklichung gegeben. Die 2. Koalitionsregierung von 1962, zusammengesetzt aus den Neutralisten der Königlichen Regierung unter Prinz Suvanna Phuma, dem pro-vietnamesischen Pathet Lao unter Prinz Suphanuvong und den pro-amerikanischen Kräften unter Prinz Bun Oum, bricht im September 1963 zusammen. Die Spannung zwischen dem Lager der USA und Vietnams sind unüberwindbar geworden.

1964 – 1973

Die USA führen unter Präsident Nixon einen neunjährigen Luftkrieg – von 1964 bis 1969 geheim gehalten – gegen den Pathet Lao und vietnamesische Truppen am Ho-Chi-Minh-Pfad und auf der Ebene der Tonkrüge. Über Laos werden zwei Millionen Tonnen Bomben abgeworfen, mehr als an allen Fronten im Zweiten Weltkrieg, die unbeschreibliches Leid für die Bevölkerung und eine große Verwüstung des Landes anrichten. Die USA mißbrauchen das Autonomiebestreben des Volkes der Hmong und bauen mit ihnen eine 10.000 Mann starke Söldnerarmee unter General Vang Pao zum Kampf gegen den Pathet Lao und Vietnam auf.

1973 – 1975

Das Pariser Abkommen vom 27. Januar 1973, bzw. die folgende Vereinbarung von Vientiane, sieht einen Waffenstillstand und die Bildung einer 3. Koalitionsregierung in Laos vor, die aufgrund der Polarisierung der Lager nicht mehr zustande kommt. Das Abkommen dient mehr der Wahrung des Gesichtes der USA beim Rückzug aus Indochina als einer Friedensregelung für Vietnam, Kambodscha und Laos.

Nach dem Fall von Phnom Penh am 17. April 1975 an die Roten Khmer und Saigon am 30. April 1975 an Nordvietnam ist auch das Schicksal von Laos besiegelt. Der Pathet Lao übernimmt mit vietnamesischer Unterstützung am 2. Dezember 1975 kampflos die Macht in Vientiane. Die Regierung liegt in der Hand der „Demokratischen Volksrepublik Laos" mit Prinz Suphanuvong als Präsident und Kaysone Phomvihan als Premierminister. Prinz Suvanna Phuma wird zum Sonderberater der Regierung ernannt. König Savang Vatthana wird gezwungen abzudanken und 1977 in ein „Umerziehungslager" geschickt, wo er und der größte Teil seiner Familie und des Königshauses umkommen. Nahezu ein Drittel der Bevölkerung verläßt das Land und flieht nach Thailand, 10.000 bis 15.000 Angehörige des gestürzten Regimes werden in Umerziehungslager verschleppt, wo etwa ein Drittel von ihnen umkommt.

1975 – 1986

Nach vietnamesischem Vorbild werden Landwirtschaft, Industrie und Dienstleistungen verstaatlicht und einer zentralistischen Planwirtschaft unterworfen. Kriegsfolgen, Flucht von Fachkräften, Mißwirtschaft und das Embargo des Westens bringen die Wirtschaft an den Rand des Ruins. Die Sowjetunion und der Ostblock übernehmen die Finanzierung von Fünf-Jahres-Plänen (1976-80, 1981-85, 1986-90). Mit Vietnam wird 1977 ein 25-jähriger Vertrag zur „Freundschaft und Zusammenarbeit" abgeschlossen. Prinz Suvanna Phuma stirbt 1982 im Alter von 82 Jahren.

1986 – 1996

Auf dem Vierten Parteitag 1986 wird die Wirtschaftsreform NEM (New Economic Mechanism) mit Einführung der Marktwirtschaft beschlossen. Infolge der veränderten Asienpolitik der Sowjetunion unter Gorbatschow müssen sich die vietnamesischen Truppen 1989 aus Laos zurückziehen. 1989 finden die ersten Wahlen zur Nationalversammlung nach 1975 statt. Während der öffentlich zugelassenen Debatte einer neuen Verfassung werden 1990 zwei Vizeminister und ein Regierungsdirektor wegen Kritik am Machtmonopol der Partei und Forderungen nach Demokratie und Menschenrechten verhaftet und 1992 zu 14 Jahren Arbeitslager verurteilt. (Thongsouk Saysangkhi, Vizeminister für Wirtschaft und Planung, stirbt 1998 im Arbeitslager in Hua Phan.) Die Nationalversammlung verabschiedet im August 1991 die neue Verfassung, in der die Marktwirtschaft festgeschrieben, aber auch das Machtmonopol der Partei bestätigt wird. Auf dem Fünften Parteitag 1991 tritt Prinz Suphanuvong als Staatspräsident zurück, Kaysone Phomvihan wird zu seinem Nachfolger und Khamtay Siphandone zum Premierminister ernannt. Nach dem Tod von Kaysone Phomvihan am 21. November 1992 übernimmt Khamtay Siphandone das Amt des Partei- und Staatspräsidenten. 1994 wird ein Investitionsgesetz mit äußerst liberalen Bedingungen für Auslandsinvestitionen verabschiedet. Im selben Jahr werden bei Vientiane die „Freundschaftsbrücke" über den Mekong eröffnet und die Reisebeschränkungen für Touristen gelockert.

1996 – 2001

Auf dem Sechsten Parteitag 1996 erhält das Militär auf Betreiben von Partei- und Staatspräsident Khamtay Siphandone größeren Einfluß auf Partei und Wirtschaft, wie die Vergabe von Lizenzen zum Holzeinschlag in den Bergregionen. Laos wird am 23. Juli 1997 als zehntes Mitglied in die Staatengemeinschaft der ASEAN aufgenommen. Infolge der Finanzkrise in Südostasien von 1997 erlebt das Land 1998 eine Hyperinflation. Im selben Jahr wird der 210-Megawatt Nam Theun-Hinboon-Staudamm in der Provinz Khammouane in Betrieb genommen. Eine Protestveranstaltung der „Laotischen Studentenbewegung für Demokratie" am 26. Oktober 1999 vor dem Präsidentenpalast in Vientiane wird gewaltsam aufgelöst und löst eine Verhaftungswelle unter Studenten und Schülern aus. Fünf Studentenführer werden seitdem vermißt. Im Jahre 2000 finden im ganzen Land Feiern zum 25. Jahrestag der Machtübernahme statt. Bei Paksé wird 2000 die zweite Brücke über den Mekong eröffnet. Das öffentliche Leben wird 2000 durch eine Serie von Bombenanschlägen und einen Überfall auf die Grenzstation Chong Mek bei Paksé erschüttert. Auslandinvestitionen gehen 2000 drastisch zurück (auf 20 Millionen US-Dollar im Vergleich zu 2,6 Milliarden US-Dollar 1995). Auf dem Siebten Parteitag 2001 wird der Einfluß des Militärs auf Partei und Wirtschaft ausgebaut und die Machtposition von Präsident Khamtay Siphandone bestätigt. Es zeichnet sich keine Entschärfung der Wirtschaftskrise ab, und die unkontrollierte Marktwirtschaft verursacht große soziale Spannungen.

Glossar

Agent Orange: Hochgiftiges Pflanzenvernichtungsmittel mit reinem Dioxin, das zwischen 1961 und 1971 über dem Ho-Chi-Minh-Pfad zur Vernichtung der Vegetation und von Reisfeldern gesprüht wird. Der krebserregende Effekt und die Erbsubstanz schädigende Langzeitwirkung sind für Kriegsveteranen in den USA anerkannt, jedoch nicht für Opfer in Vietnam, Kambodscha und Laos. Die Bezeichnung „Orange" stammt von der Farbe der Fässer, in denen das Gift geliefert wird.

Angkor: Abgeleitet von Nagara oder Nokor (Hauptstadt), Bezeichnung für das Machtzentrum des mächtigen Reiches der Khmer am nordwestlichen Ufer des Tonle Sap Sees mit den Tempelanlagen Angkor Wat, Angkor Thom und Bayon; Synonym für das Reich selbst, das vom 8. bis 13. Jahrhundert die südostasiatische Halbinsel beherrscht.

Asian Development Bank (ADB): Regionale Entwicklungsbank in der Hand von 47 asiatischen Staaten und westlichen Banken; 1967 zur Finanzierung von Projekten in asiatischen Entwicklungsländern mit Sitz in Manila gegründet.

Association of Southeast Asian Nations (ASEAN): Verband von zehn südostasiatischen Staaten (Laos jüngstes Mitglied seit 1997), 1967 zur Abwehr des Kommunismus in Südostasien gegründet; seit Ende des Kalten Krieges mit der wirtschaftlichen Kooperation in der Region befaßt.

Ban: Laotische Bezeichnung für Haus und Dorf; häufiges Präfix von Ortsnamen; kleinste Einheit in der Verwaltungsstruktur des Staates.

Build-Operate-Transfer (BOT): Finanzierungsmodell für hydroelektrische Kraftwerke in Laos: Finanzierung von einem internationalen Konsortium mit oder ohne Beteiligung des laotischen Staates, Nutzung von 25 bis 30 Jahren und danach Überschreibung an den Staat von Laos.

Cham/Champa: Volk von Seefahrern und Reisbauern malayisch-polynesischen Ursprungs mit dem Reich Champa und der Hauptstadt My Son in Mittelvietnam; seit Ende des 5. Jahrhunderts Herrscher über Champasak und Wat Phu in Südlaos; kriegerische Auseinandersetzung mit Angkor im 12. Jahrhundert; von den südwärts wandernden Vietnamesen geschlagen (1471) und bis zum 17. Jahrhundert fast vollständig aufgerieben; als ethnische Minderheit in Kambodscha und Vietnam anzutreffen; aus Gründen der Abgrenzung und Identität dem Islam beigetreten.

Chenla: Hinduistisch geprägtes Reich der Khmer am Mekong vom 6. bis 8. Jahrhundert mit dem Machtzentrum von „Wasser-Chenla" im Mekongdelta und „Land-Chenla" in Sambor Prei Kuk nördlich des Tonle Sap-Sees.

Chiang: Residenzstadt eines Königs oder Fürsten; häufiges Präfix von Namen größerer Ortschaften oder Städte.

Funan: Königreich vom 1. bis 6. Jahrhundert am Mekong mit der von Archäologen freigelegten Hauptstadt Oc Eo im nördlichen Mekongdelta des heutigen Vietnam; archäologische Zeugnisse von hochentwickeltem Reisanbau, Handelsbeziehungen mit China und dem Römischen Reich und hinduistischen Tempelanlagen.

Ho-Chi-Minh-Pfad: System von Wegen und Straßen, Werkstätten und Krankenhäusern Nordvietnams in Südlaos und Ostkambodscha zur Versorgung der Guerillafront in Südvietnam mit Truppen und Waffen während des Indochinakrieges der USA von 1964 bis 1975; die am stärksten bombardierte Region während des Zweiten Indochinakriegs.

Indochina-Kriege: Erster Indochinakrieg: Befreiungskampf des Vietminh gegen die Wiedererrichtung der französischen Kolonialherrschaft über Vietnam, Kambodscha und Laos nach 1945, der in der Niederlage der französischen Truppen in Dien Bien Phu 1954 endet.
Zweiter Indochinakrieg: Kampf des Vietcong und Nordvietnams gegen die Streitkräfte der USA von 1964 bis 1975, der mit der Flucht der letzten US-Truppen aus Saigon am 30. April 1975 endet.
Dritter Indochinakrieg: Vertreibung der Roten Khmer und Besetzung Kambodschas durch vietnamesische Truppen 1979, der mit dem Abzug der vietnamesischen Besatzungstruppen 1989 bzw. mit dem Pariser Friedensabkommen 1991 endet.

Isan: Die Region und das Reisanbaugebiet im Nordosten Thailands, das bis zum 17. Jahrhundert zu Lane Xang, dem heutigen Laos, gehört und im 19. Jahrhundert von der französischen Kolonialmacht Siam zugesprochen wird; überwiegend von Tai Lao bewohnt, die im 18. Jahrhundert in den Kämpfen zwischen Lane Xang und Siam verschleppt wurden.

Karma: Die „Tat" und „Lebensbilanz" in der buddhistischen Lehre von Belohnung und Bestrafung für Wohltaten und Vergehen des einzelnen Menschen.

Kip: Laotische Währung (Ende 2001: 9000 Kip = 1 US-Dollar)

Lane Xang Hom Khao (Eine Million Elefanten und der Weiße Schirm): Bezeichnung des ersten Königreiches, von Prinz Fa Ngum 1353 begründet und nach dem Tode von König Suligna Vongsa 1697 in die Teilreiche Luang Prabang, Vientiane und Champasak zerfallen.

Lao Issara (Freies Laos): Von Prinz Phetsarat ins Leben gerufene Widerstandsbewegung gegen die französische Kolonialherrschaft, die am 15. September 1945 die Unabhängigkeit von Laos ausruft, jedoch von den Kolonialtruppen nach Thailand in die Flucht geschlagen wird.

Lao Lum (Laoten der Ebene), Lao Theung (Laoten der Hänge), Lao Sung (Laoten der Berge): Geographische Klassifizierung der Bevölkerung, von Frankreich zur Unterscheidung von Ethnien eingeführt und vom Pathet Lao zur Einigung der Ethnien für den nationalen Befreiungskampf übernommen; der Klassifizierung werden von der Regierung offiziell fünf Sprachgruppen und 47 Ethnien zugeordnet.

Lao People's Revolutionary Party (LPRP – Phak Pasason Pativat Lao): 1955 im Untergrund von Mitgliedern der aufgelösten „Kommunistischen Partei Indochinas" (KPI) gegründet; seit der Machtübernahme 1975 die herrschende Einheitspartei des Landes, die alle Positionen in der Regierung der „Demokratischen Volksrepublik Laos", in der Nationalversammlung und im Militär besetzt.

Mekong: Abgeleitet vom thai-laotischen Namen „Mae Nam Khong" (Mutter aller Wasser), Lebensader und Kulturraum von Yünnan, Burma, Laos, Thailand, Kambodscha und Vietnam; mit 4.842 Kilometern der fünflängste Strom der Erde mit einer reichen Flora und Fauna.

Mekong River Commission (MRC): Aus nationalen Mekongkomitees der Anrainerstaaten des Mekong (außer Yünnan/China und Burma) zusammengesetztes Gremium zum Bau hydroelektrischer Projekte am Mekong; von regierungsunabhängigen Umweltorganisationen wegen umstrittener Großprojekte ohne soziale und ökologische Auflagen kritisiert.

Missed in Action (MIA): Im Indochinakrieg vermißte US-Soldaten; in Laos werden etwa 400 auf dem „anderen Schauplatz", Code für die geheime Kriegführung in Laos, vermißte Soldaten seit einem Abkommen der USA mit Laos von 1988 gesucht.

Müang: Stadt, Distrikt oder Bezirk; häufiges Präfix von Kleinstädten und Distriktverwaltungen.

Nam: Wasser; häufig Kurzform für Fluß.

New Economic Mechanism (NEM): Auf dem Vierten Parteitag 1986 eingeführte Öffnung der Wirtschaft für private Unternehmer und ausländische Investoren; Abschaffung der Planwirtschaft zugunsten der Marktwirtschaft, jedoch ohne politische Transparenz und demokratische Kontrolle der Wirtschaft.

Nixon-Doktrin: Strategie der US-Kriegführung von 1973 bis 1975, Bodentruppen aus Indochina abzuziehen und durch massive Bombardierung zu ersetzen, die Kriegführung zu „vietnamisieren" und „Asiaten gegen Asiaten" im Interesse der USA kämpfen zu lassen.

Nichtregierungsorganisation (NRO): Zusammenschluß von engagierten Personen, die ohne Profitinteresse und unabhängig von der Regierung an der Lösung sozialer, politischer und ökologischer Probleme mit dem Ziel einer zivilen Gesellschaft arbeiten; von der „Revolutionären Volkspartei Laos" nicht geduldet.

Pathet Lao (Land der Laoten): Ursprüngliche Bezeichnung für die „Volksbefreiungsarmee von Laos", dem bewaffneten Arm der „Patriotischen Front von Laos", Sammelbegriff für alle von der „Revolutionären Volkspartei Laos" kontrollierten Institutionen.

Royal Lao Government (RLG): Regierung des Landes von 1947 bis zur kommunistischen Machtübernahme 1975; drei vergebliche Versuche von Premierminister Suvanna Phouma, mit einer Koalitionsregierung aus allen Kräften des Landes einen neutralen Kurs zwischen den USA und Vietnam zu steuern.

South East Asia Treaty Organisation (SEATO): Militärbündnis Südostasiens unter Führung der USA, 1954 zur Eindämmung des Kommunismus in Asien gegründet, 1977 nach der kommunistischen Machtübernahme in Vietnam, Kambodscha und Laos aufgelöst.

Theravada-Buddhismus: Die „Lehre der Alten", Rückbesinnung auf den Ursprung des Buddhismus, der über Ceylon/Sri Lanka in Südostasien verbreitet wurde; identisch mit dem Hinayana-Buddhismus, dem „kleinen Weg" oder der „kleinen Fähre", im Unterschied zum Mahayana-Buddhismus, der „großen Fähre" zur Überquerung des Meeres der Existenz zum Heil des Nirwana.

That Luang: Heilige Stupa des Buddhismus in Vientiane und Ort einer jährlichen Wallfahrt (zum Vollmond des 12. Monats); seit 1989 wieder als nationales Symbol ins Staatswappen des Landes aufgenommen.

Umerziehung: Politische „Seminare" (Sammana) der neuen Machthaber in Marxismus/Leninismus nach 1975 für 10.000 bis 15.000 Angehörige des alten Regimes; durchgeführt in Lagern in entlegenen Regionen, in denen ein Drittel der Insassen den Strapazen der Lebensbedingungen erlegen ist, einschließlich des Königs Savang Vatthana und des größten Teils des Königshauses.

Unexploded Ordnance (UXO): Minen und „Blindgänger" von zwei Millionen Tonnen Bomben, die von 1964 bis 1973 über Laos abgeworfen wurden; ein Drittel nicht explodierter Munition macht 25 Jahre nach Ende des Kriege noch ganze Regionen unbewohnbar, hauptsächlich auf der Ebene der Tonkrüge in Xiang Khuang und am Ho-Chi-Minh-Pfad in Südlaos.

Vietcong: Kurzform von „Vietnam Cong San" (Vietnamesische Kommunisten); von der US-Kriegführung gebräuchliche Bezeichnung für alle Institutionen der „Kommunistischen Arbeiterpartei Vietnams".

Vietminh: Kurzform für „Vietnam Doc Lap Dong Minh Hoi" (Liga für die Unabhängigkeit Vietnams); unter vietnamesischer Führung von Angehörigen Vietnams, Kambodschas und Laos 1941 für die Befreiung Indochinas von der französischen Kolonialherrschaft und japanischen Besetzung gegründet; nach blutigen Gefechten hat der Vietminh 1954 die französische Kolonialmacht in Dien Bien Phu geschlagen.

Wat (auch Vat): Buddhistische Klosteranlage, die gewöhnlich aus einem Tempel, der Ausbildungsstätte und Unterkunft für Mönche und einer Schule für die Bevölkerung besteht.

Literaturauswahl

Berger, Hans Georg: Bilder, Riten des Todes. Berlin 2000

Bounyavong, Outhine: Mother's Beloved – Stories from Laos. Silkworm Books, Chiang Mai 1999

Branfman, Fred: Voices from the Plain of Jares. Life under an Air War. Harper & Row, New York 1972

Brown, McAlister/Zasloff, Joseph J.: Apprentice Revolutionaries. The Communist Revolutionaries in Laos. 1930-1985. Hoover Institution Press, Stanford 1986

Chazée, Laurent: The People of Laos. Rural and Ethnic Diversities. White Lotus, Bangkok 1999

Deydier, Henri: Lo Kapala – Dämonen, Totems und Zauberer von Nord-Laos. Scientia Verlag, Zürich 1954

Domen, Arthur J.: Laos, Keystone of Indochina. Westview Press, Boulder 1985

Frey, Marc: Geschichte des Vietnamkrieges. Die Tragödie in Asien und das Ende des Amerikanischen Traums. Beck-Verlag, München 1999

Geo Special: Vietnam. Laos. Kambodscha. Gruner + Jahr Verlag, Hamburg Nr. 4, August 1998

Giesenfeld, Günter: Land der Reisfelder – Vietnam, Kambodscha, Laos. Geschichte und Gegenwart. Pahl-Rugenstein-Verlag, Köln 1988

Girrbach, Bernd u.a.: Der Mekong. Wilder Fluß und Lebensader Südostasiens. Marino-Verlag, München 1995

Grabowsky, Volker (Edit.): The Isan up to its Integration into the Siamese State. Regions and National Integration in Thailand 1892-1992. Harrassowitz-Verlag, Wiesbaden 1995

Grant, Evans (Edit.): Laos. Culture and Society. Silk Worm Books, Bangkok 1999

—: Laos' Peasants under Socialism and Post-Socialism. Silk Worm Books, Bangkok 1998

Hoffmann, Thomas (Hrsg.): Wasser in Asien. Elementare Konflikte. Asienhaus Essen/ secolo Verlag, Osnabrück 1997

Horlemann, Jürgen/Gäng, Peter: Vietnam. Genesis eines Konflikts. edition suhrkamp, Frankfurt 1966

Ivarson, Sören u.a.: The Quest for Balance in a Changing Laos. A Political Analysis. Nordic Institute of Asian Studies (NIAS), Report Series No. 25, Copenhagen 1995

Kotte, Heinz/Siebert, Rüdiger: Vietnam. Die neue Zeit auf hundert Uhren. Lamuv-Verlag, Göttingen 2001

—: Der Traum von Angkor. Kambodscha. Vietnam. Laos. Horlemann Verlag, Bad Honnef 2001

Luther, Hans U.: Notes on the Economic Development in the the Lao P.D.R. Vientiane 1998

—: Socialism in a Subsistence Economy: The Laotian Way. An Analysis of Development Patterns in Laos after 1975. Chulalongkorn University Social Research Institute, Bangkok 1983

McCoy, Alfred W.: The Politics of Heroin in Southeast Asia. Harper and Row, Singapore 1972

Mayoury, Ngaosyvathn: Lao Women Yesterday and Today. Lao State Publishing Enterprise, Vientiane 1993

Merian: Vietnam. Laos. Kambodscha. Hoffmann und Campe Verlag, Hamburg Nr. 9, September 1995

Osborn, Milton: The Mekong: Turbulent Past, Uncertain Future. Allen & Unwin, Sydney 2000

Parnwell, Michael J./Bryant, Raymond L. (Edit.): Environmental Change in South-East-Asia. People, Politics and Sustainable Development. Global Environmental Change Programme, Roudledge, London 1996

Pavie, Auguste: Eine friedliche Eroberung. Indochina 1888. Erdmann-Verlag, Herrenalb 1975

Scharlau, Winfried: Vier Drachen am Mekong – Asien im Umbruch, Stuttgart 1989

Schenk-Sandbergen, Loes/Choulamany-Khampoui, Outhaki: Women in Ricefields and Offices: Gender specific Case Stuides in Four Villages. Empowerment, Heiloo/Netherlands 1995

Schulze, Michael: Die Geschichte von Laos. Von den Anfängen bis zum Beginn der neunziger Jahre. Mitteilungen des Instituts für Asienkunde, Nr. 236, Hamburg 1994

—: Laos. Handbuch für individuelles Reisen und Entdecken. Reise Know How Verlag, Bielefeld 1999

Sisouphanthong, Bounthavy/Taillard, Christian: Atlas of Laos. Spacial Structures of the Economic and Social Development of the Lao People's Democratic Republic. Nordic Institute of Asian Studies (NIAS) Publishing, Copenhagen 2000

Sluiter, Lisbeth: The Mekong Currency. Project for Ecological Recovery/TERRA, Bangkok 1992

Stuart-Fox, Martin: A History of Laos. Cambridge University Press, Cambridge 1999
—: Buddhist Kingdom, Marxist State: The Making of Modern Laos. White Lotus, Bangkok 1996
—: Laos. Politics, Economics and Society. Francis Pinter, London 1986
Tschesnow, Jan W.: Historische Ethnographie der Länder Indochinas. Akademie-Verlag, Berlin 1985
Unger, Ann H./Unger, Walter: Laos. Land zwischen Gestern und Morgen. Hirmer-Verlag, München 1999
Walker, Andrew: The Legend of the Golden Boat. Regulation, Trade and Traders in the Borderland of Laos, Thailand, China and Burma. University of Hawai'i Press, Honolulu 1999
Weggel, Oscar: Indochina. Vietnam, Kambodscha, Laos. C.H. Beck-Verlag, München 1990

Die Autoren

Heinz Kotte (Jahrgang 1936; im Bild rechts) studierte Theologie in Münster. Während des Vietnamkriegs der USA war er in der humanitären Hilfe für Kriegsopfer in Vietnam tätig (1968–1974). Später folgte ein Lehrauftrag am Asian Social Institute in Manila (1983–1989). Seither in der entwicklungspolitischen Arbeit engagiert. Er ist freier Journalist und lebt in Köln.
Rüdiger Siebert (Jahrgang 1944, im Bild links) ist Leiter des indonesischen Programms der Deutschen Welle in Köln und Autor zahlreicher Bücher über Südostasien. Er beschäftigt sich seit nahezu dreißig Jahren mit Geschichte und Kultur und gilt als einer der profiliertesten Kenner der Region.

Dr. Hans U. Luther (Vorwort) ist Südostasienwissenschaftler und beschäftigt sich seit 35 Jahren mit der wirtschaftlichen und politischen Entwicklung der Region. Seit 1993 ist er für die GTZ (Gesellschaft für Technische Zusammenarbeit) in Vientiane/Laos tätig und unterrichtet Entwicklungsökonomie an der NOSPA (National Organisation for the Studies of Policy and Administration). Außerdem berät er die laotische Regierung zu Problemen der wirtschaftlichen Transformation des Landes.

Heinz Kotte / Rüdiger Siebert
Der Traum von Angkor
Kambodscha • Laos • Vietnam

256 S., br., zahlr. s/w-Fotos und Karten, ISBN 3-89502-11-3

Die Autoren haben ihren Traum von einer Reise durch das Mekong-Delta in Südvietnam bis nach Angkor im Norden Kambodschas verwirklicht.

„Mit Reportagen, Porträts, Interviews und Kurzgeschichten präsentieren sie das Panorama einer weltgeschichtlich einzigartigen Region mit ihren Menschen und Mächten. Nicht nur Reisenden empfohlen."
ekz

„...aufschlussreiche, detaillierte und gut recherchierte Informationen aus erster Hand."
Buchprofile

„Wer mehr sehen möchte als die touristische Fassade, kann ... profitieren."
Forum Eine Welt

Bitte fordern Sie das aktuelle Gesamtverzeichnis an

Horlemann Verlag • Postfach 1307 • 53583 Bad Honnef
Telefax 0 22 24 / 54 29 • E-Mail info@horlemann-verlag.de
www.horlemann-verlag.de

Ma Thanegi
Pilgerreise in Myanmar
208 Seiten, br., zahlr. s/w-Abb., ISBN 3-89502-146-6

Die Autorin, zeitweise Mitarbeiterin der Oppositionspolitikerin und Friedensnobelpreisträgerin Aung San Suu Kyi, schildert spannend und humorvoll mit einem liebevoll kritischen Blick auf die Menschen und die Kultur ihres Landes eine Pilgerreise durch Myanmar auf einer Route, die bereits seit Jahrhunderten zur religiösen Tradition gehört. Nur haben sich die Fortbewegungsmittel und die äußeren Umstände geändert. Die Rundreise führt von der Hauptstadt Yangon (Rangoon) aus „in nicht weniger als 29 Städte, zu 60 berühmten Pagoden, zu einigen außerordentlichen Sehenswürdigkeiten (Brodelnde Drachenhöhle, Schwankende Schirmpagode, Schlangenpagode), zu herausragenden Landschaftswundern (Inle-See, der See in den Bergen des Staates Shan; Gärten von Pyin Oo Lwin) und ... in eine chinesische Stadt jenseits der Grenze im Norden".

So ist das Buch für jeden, der Myanmar kennenlernen oder selbst bereisen möchte, eine unverzichtbare Lektüre.

Bitte fordern Sie das aktuelle Gesamtverzeichnis an

Horlemann Verlag • Postfach 1307 • 53583 Bad Honnef
Telefax 0 22 24 / 54 29 • E-Mail info@horlemann-verlag.de
www.horlemann-verlag.de